金持ち父さんの
セカンドチャンス

お金と人生と世界の再生のために

ロバート・キヨサキ
岩下慶一・訳

筑摩書房

金持ち父さんのセカンドチャンス

目次

パート3（未来）

Second Chance
For Your Money, Your Life and Our World
By Robert T. Kiyosaki

金持ち父さんのセカンドチャンス　お金と人生と世界の再生のために

著者による覚書

本書は政府や宗教に言及しているが、いかなる政治的目標も持たない。著者は共和党も民主党も特に支持しない。しいて言えば無党派である。

本書には神やスピリットという表現が出てくるが、宗教の本ではない。宗教的な意図はまったくない。著者は信教の自由を尊重し、神を信じる自由、あるいは信じない自由を信奉するものである。

我々は未来の設計者である。断じて犠牲者ではない。
――リチャード・バックミンスター・フラー

献辞

本書をリチャード・バックミンスター・フラー博士（一八九五―一九八三）に捧げる。フラー博士という人物について説明すること、彼を特定のカテゴリーに収めることはほとんど不可能に近い。

フラー博士は、未来学者、発明家、教師、哲学者、建築家などさまざまに称される。ハーバード大学に二回合格し、二回退学している。米国建築家協会（ＡＩＡ）のゴールドメダルやレーガン大統領から授与された自由勲章を含め、多くの博士号、米国特許、さまざまな賞や栄誉を受けている。

なかでも、バッキー（フラー博士の愛称）の最も知られた功績は、今日世界中で用いられている構造、ジオデシック・ドームだろう。ディズニーワールドのエプコットセンターにはこの形式のドームがある。彼はまた、最初の未来学者と呼ばれ、未来予測を科学にまで高めたとされる。その未来予測の多くは現実となっており、また今日実現しつつある。

彼はその人間性ゆえに人々に深く愛され、「地球にやさしい天才」「未来の祖父」などと呼ばれている。一九八二年、ジョン・デンバーは“What One Man Can Do”（一人の男にできること）という曲を作り、フラーに捧げた。

前頁の写真は、一九六七年のカナダ、モントリオールの万国博覧会の米国パビリオンとなったフラーのジオデシック・ドームだ。

本書『金持ち父さんのセカンドチャンス』は、私の六七年万国博覧会への旅から始まる。当時私はニューヨークからモントリオールまでヒッチハイクをした。フラーのドームと、未来の世界を垣間見るために。

まえがき

かつて……米国は世界でもっとも豊かな債権国だった。
かつて……米ドルは金（ゴールド）によって価値を裏付けられていた。
かつて……紙幣を印刷することは「偽造」という歴（れっき）とした犯罪だった。
かつて……人々は学校に行き、就職し、若くして引退し、幸福な余生を送った。
かつて……誰もが家を購入し、その価値が上昇すると金持ちになれた。
かつて……誰もが株式市場に投資し、株価が上昇すれば金持ちになれた。
かつて……大学の学位は高い給料を保証した。
かつて……年齢を重ねることは財産だった。
かつて……引退したら、社会保障や高齢者向け医療保険制度に頼ることができた。

残念なことに、「かつて」の時代は終わってしまった。おとぎ話は過去のものになったのだ。世界は変わってしまい、現在も変化し続けている。

Q　我々はどうすればよいのだろう？
A　それが本書のテーマだ。この本では、あなたのお金、あなたの人生にとってのセカンドチャンスを探る。

この本は三つの部分からなる。過去、現在、そして未来だ。
過去……現在の金融危機をひきおこした真の原因をさぐる。
現在……あなたの現在の状況を分析する。

未来……お金と人生におけるあなたのセカンドチャンスを探索し、危機や逆境の中でいかにチャンスをつかみ、自分の望みどおりの人生を創造するかをさぐる。

今日、最も重要な言葉は「危機」だ。危機という言葉には二つの面があることを覚えておこう。「危険」と「好機（チャンス）」だ。セカンドチャンスをつかむためには、まず、やがて来る危機を回避し、悪化する世界規模の経済危機の中にひそむチャンスをものにする準備をしなければならない。

パート1

過去

【昔の方法論】……学校に通って、就職し、良く働き、貯金をし、家を買い、借金を返し、株式市場で長期投資をする。

序章

先日、私はスターバックスで友人と数年ぶりに再会した。会えたのはうれしかったが、彼がカウンターの中で働いていたのには少なからぬショックを受けた。

「どのくらい働いてるんだい？」私は聞いた。

「五か月くらいかな」注文を取りながら彼は答えた。

「いったい何があったんだ？」私は再び聞いた。

「二〇〇七年の市場の暴落で仕事を失くしてね、別の仕事についたんだけどそれもお払い箱さ。最後には私と妻の退職金や貯金まで使い果たして、家も失った。にっちもさっちも行かなくなったというわけさ」。彼は続けた。「大丈夫さ、失業者ってわけじゃない。二人とも仕事はしているよ。それほどは稼げないけどね。俺はスターバックスで働いて、わずかな金を得ている。分かるかい？　スターバックスで数ドル（バックス）を稼ぐというわけさ」。そう言うと彼はさもおかしそうに笑った。

後ろの客のために場所をあけながら私は聞いた。「これからのプランは？」

「学校に行ってるんだ。二つめの修士号を取ろうと思ってね。学校に戻るのは面白いよ。実は、息子と同じ授業をとってるんだ。あいつにとっては最初の修士号だ」

「学資ローンを使ってるのかい？」私は聞いた。

「ああ。ひどいローンだってことは知ってるが、他に方法がないんでね。ローンの返済で残りの人生は働き詰めになるだろうな。息子は時間があるからゆっくり返済すればいいが。でも良い給料をもらうにはもっと教育が必要だよ。お金を稼がないとね、生活費を。だから学校に行くのさ」

私は代金を払い、湯気の立っているコーヒーをもらった。チップを渡そうとしたが彼は断った。理由は明らかだった。彼の幸運を祈りながら私は店を出た。

本書の第一部は過去についてだ。より詳しく言えば、なぜ我々が今日の世界規模の金融危機に陥ったかだ。ジョージ・オーウェルは『一九八四年』の中で言っている。

「偽りがはびこる時代に、真実を語るのは革命的行為だ」

第一章

なぜ金持ちはお金のために働かないか

「奴らはお金でゲームをしているのだ。私たちの富は私たちが稼いだお金を通して盗まれている」――バックミンスター・フラー

『金持ち父さん　貧乏父さん』は一九九七年に自費出版された。大手出版社にはすべて断られたので、自費出版しかなかった。「あなたは自分が何を言っているかわかっていない」。原稿を読んでそうコメントした出版社もあった。とりわけ彼らが同意しなかったのは、金持ち父さんの以下の主張だった。

1. 持ち家は資産ではない
2. 貯金をすると損をする
3. 金持ちはお金のためには働かない

一〇年後の二〇〇七年、サブプライムショックが襲い、数百万人のホームオーナーが、持ち家は資産ではないという事実を思い知らされた。二〇〇八年になると、米国政府と連邦準備銀行は数兆ドルの紙幣を印刷し始め、貯金をしていた多くの人々がインフレによる購買力の低下や増税、預金金利の低下によって富を失った。

『金持ち父さん　貧乏父さん』の中の、金持ち父さんの第一の教えは「金持ちはお金のためには働かない」だった。これは、三つの主張の中では最も批判の少なかったものだ。この章では、なぜこれが金持ち父さんの教えの中で一番大切なのか、新たなる富と人生のセカンドチャンスについて考える前にこれを理解してお

くことがなぜ重要なのかを見ていく。

●お金について知っておくべきこと

お金という話題は非常に複雑で、人々を脅かしがちだ。しかし、基礎から始めて土台を作れば、お金を理解し、投資し、自分のために働かせるのに必要な知識を身につけられる。お金について知っておくべき一番のことは、この分野について賢くなることは可能であり、情報に基づいた分別ある決定をする自信が持てるようになるということだ。

Q　セカンドチャンスを必要としているのは誰か?

A　私たち全員だ。

Q　それはなぜ?

A　お金というものが変わってしまったから、そして今も変わり続けているからだ。

Q　それがどうして大ごとなのか?

A　貧しい人はますます貧しくなり、中流層がどんどん少なくなり、金持ちはますます金持ちになるからだ。

Q　そのことはみんな知っている。それは「金持ちはますます金持ちになり、それ以外は貧しくなる」というのとどう違うのか?

A　現在金持ちとされている人々が新たな貧困層になる、ということだ。

Q　なぜ金持ちが貧しくなるのか?

A　理由はたくさんあるが、そのひとつは多くの金持ちが、自分の富をお金で計っていることだ。

Q　どうしてそれがまずいのか？

A　お金が、以前のようなお金ではなくなったからだ。

Q　お金がもはやお金でないなら、現在のお金は何なのか？

A　知識こそが新しいお金だ。

Q　なるほど、知識こそがお金か。では今日の貧困層や中流層も、将来金持ちになるチャンスがある？

A　その通り。かつて金持ちとは土地や石油のような資源、武器、巨大企業などをコントロールしている人々だった。だが時代は変わり、我々は情報時代に生きている。情報はそこら中にあふれ、しかもその多くが無料だ。

Q　では、皆が金持ちにならないのはなぜか？

A　情報を知識に変えるには教育が必要だからだ。お金の教育なしには情報を富に変えることはできない。

Q　だがアメリカは教育に莫大な金をつぎ込んできた。それなのに金持ちより貧乏人が多いのはなぜか？

A　確かに数千億ドルが教育につぎ込まれた。しかしファイナンシャル教育にはほとんど使われていない。

Q　なぜ学校でファイナンシャル教育を行わないのか？

A　私は九歳の時からそれを疑問に思ってきた。

Q　それで、どんな答えが出た？

A　知識は力だということだ。人々の人生をコントロールしたいなら、彼らの知識を制限することだ。だからこそ独裁者は本を焼き、権力を脅かす知識人を追放し、殺しさえしてきたのだ。南北戦争以前の米国では、奴隷に読み書きを教えることは多くの州で禁じられていた。知識は最も強力な武器だからだ。権力を握るためには知識をコントロールすることが不可欠だった。

公式で表せば、情報×教育＝知識、となる。知識は力だ。そして知識の欠如は弱さにつながる。

私の父である貧乏父さんは最高の教育を受け、博士号まで持っていたが、ファイナンシャル教育は受けていなかった。学校関係では大きな力を持っていたが、現実社会ではほとんど無力だった。

一方、金持ち父さんはまともに学校を卒業していなかったが、お金には精通していた。正式な教育は受けていなかったが、現実の社会では父などとても及ばない力を持っていた。

Q　権力を握るものたちが学校教育をコントロールし、人々の知識を制限することで力を保持しているということか。だから学校にはファイナンシャル教育がないと？

A　そうに違いない。今日、金融の知識をコントロールすることは銃やムチ、奴隷の足枷などよりもずっと有効だ。ファイナンシャル教育をしないことで、世界中の数十億という人々を奴隷化できるのだ。

Q　今日、ムチや足枷や銃の代わりに使われているのは何だ？

A　貨幣制度だ。

Q　貨幣制度？　お金か？　どうして貨幣制度が人々をコントロールするのか？

A　貨幣制度は人々を貧困にしておくように作られている。決して金持ちにはしない。人々がお金のために必死で働くようにつくられているのだ。お金は金融の知識のない人々を奴隷にする。ファイナンシャル教育がないと給料のために働く奴隷になってしまう。そして資産はお金を通して搾取されている。人々が一生かけて稼ぐ、まさにそのお金によって。お金のために必死で働く「ワーキングプア」と呼ばれる人々が、どんなに働いても金持ちどころかますます貧乏になっていくのはこのためだ。

Q お金という形で私たちの富を奪うというが、実際どうやるのか？

A やり方はたくさんある。いくつかはあなたもすでに知っているものだ。

1．税金……あなたの労働は税金として搾取される

2．インフレ……政府がお金を刷れば物価は上がる。物価が上がると人々はいっそう働くが、さらなる税金とインフレを招くだけだ。

3．預金……銀行も、部分準備制度によって預金者の富を奪っている。仮に部分準備比率が一〇だとしよう。預金者が口座に一ドルを預けると、この一ドルをもとに銀行は一〇ドルを貸し付けることができる。これは「紙幣の印刷」に類似したやり方で、インフレを引き起こすばかりでなく預金者の購買力を下げる。金持ち父さんが「預金をすると損をする」と主張する多くの理由のひとつだ。

あなたのお金を搾取する他の方法はまた後で説明しよう。繰り返すが、貨幣制度は人々を貧乏にこそすれ、決して金持ちにはしてくれない。

Q それを証明できる？

A グラフで示そう。「一枚の絵は千の言葉に勝る」と言うからね。このグラフは決定的証拠ではないが、政府の援助を必要とする人々が増えていることを示している。

●貧困との戦い

一九六四年、リンドン・ジョンソン大統領は貧困に対して宣戦布告した。多くの人が勝利を疑わなかったが、懐疑的な人もいた。グラフ①は、フードスタンプ（食料配給券）、今日ではSNAP（補助的栄養支援プログラム）と呼ばれるものの受給者の数だ。現在、多くの人が我々は貧困との戦いに勝利したと考えてい

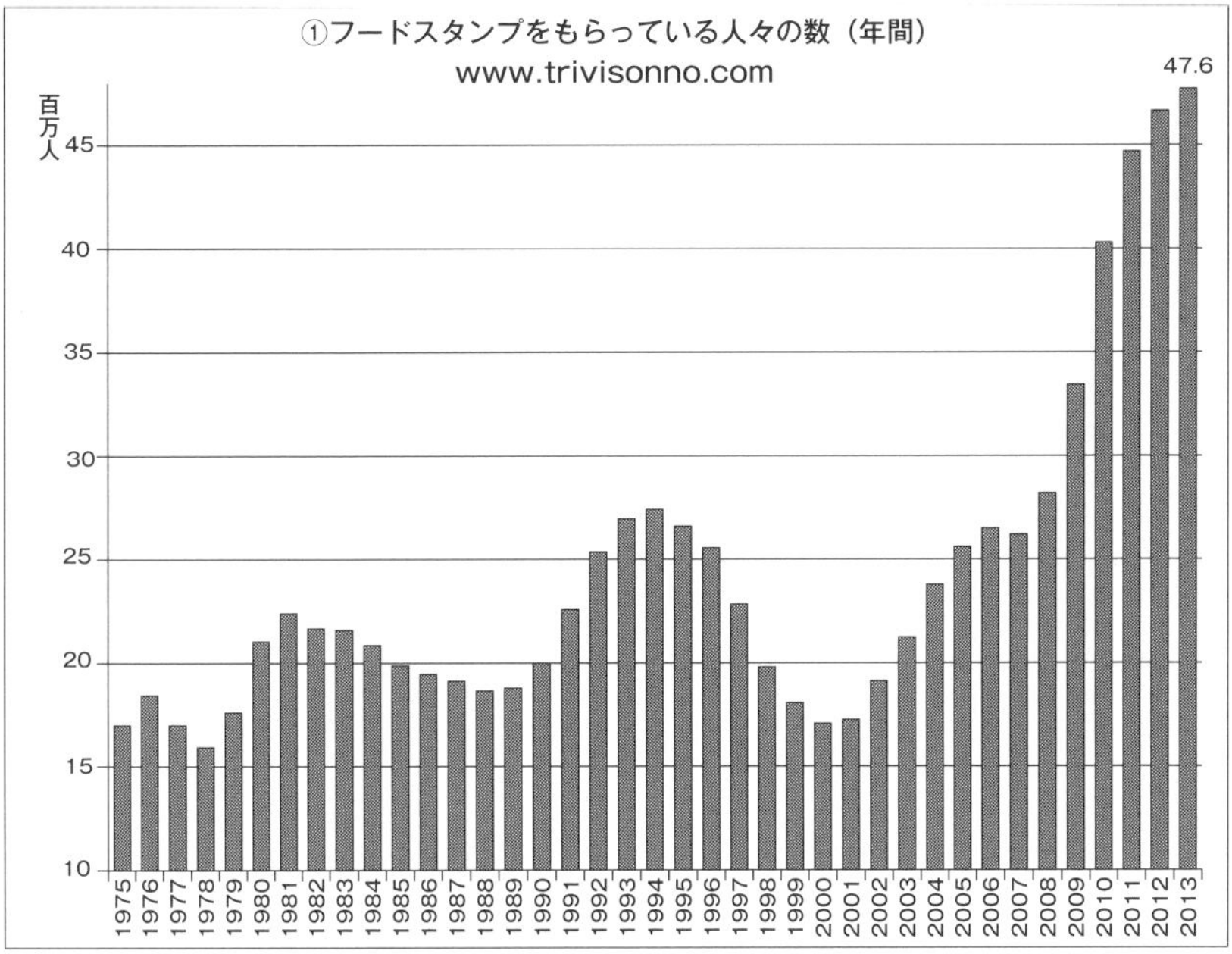

るが、フードスタンプへの依存の高まりは別の面を見せている。一九七五年には約一七〇〇万人がフードスタンプをもらっていたが、二〇一三年には四七〇〇万人に跳ね上がり、さらに上昇を続けている。

Q　新しい貧困層はどこから来るんだ？

A　中流層からだ。貧困層のほとんどは、ほんの数年前まで米国の中流だった人々だ。

●中流層の戦い

グラフ②は中流層に何が起こっているかを表している。

数年前、TVジャーナリストのルー・ドブスが、『ミドル・クラスの戦争——米国政府や大企業、利益団体がアメリカンドリームに仕掛けた戦争と、それに対する反撃の方法』（War on the Middle Class: How the Government, Big Business, and Special Interest Groups are waging War on the American Dream and How to Fight Back）を上梓した。ドブスは、

中流層は米国経済の原動力であり、その衰退はアメリカの弱体化を意味すると主張した。

二〇一二年の大統領選挙では、二人の候補者、バラク・オバマとミット・ロムニーが中流層を救済すると約束した。多少の探求心がある人は「なぜ中流層に助けが必要なんだ？」と思ったことだろう。皆さんもご存知の通り、政府が救済を約束する時、それはすでに敗北しているのだ。

●インフレが富を略奪する

貨幣制度はインフレによって人々の富を奪う。グラフ③は、中流層と貧困層が必死に働いても苦境から抜け出せない理由を示している。

Q　なぜ貨幣制度はインフレを生み出すのか？

A　第一の原因は、紙幣を印刷していることだ。銀行や政府が紙幣を印刷すると二つのことが起こる。まずインフレになり、つぎに税金が引き上げられる。物価や税金が上がると人々は経済的な困難に陥る。

Q　物価が上がった時、どうやって生き延びればよいのか？

A　物価が上がると人々はクレジットカードを使って凌ごうとする。多くの人がヘルシーな食材や歯の治療などを控えることで支出を抑えざるを得なくなる。人々は借金の奴隷になる。そしてさらに多くが、年季奉公よりも少しましな立場か、給料の奴隷となる。

中流層の収入が減り物価や税金が上がると、誰もがクレジットカードを使って乗り切ろうとする。そして借金の奴隷になってしまうのだ。グラフ④はそのからくりを説明している。

税金、借金、そしてインフレは、現代の奴隷をつなぎ止める鋼鉄の足枷である。

②中流の収入を得ている家庭の減少

中流層の収入が伸び悩んでいるだけではない。1970 年代から中流層そのものが減り続けている。米国人の収入の中間値の 50%から 150%までの範囲の収入を得ている家庭は、1970 年は 50.3%だったが、2010 年は 42.2%に下がっている。

年収の中央値から 50%以内の家庭のパーセンテージ

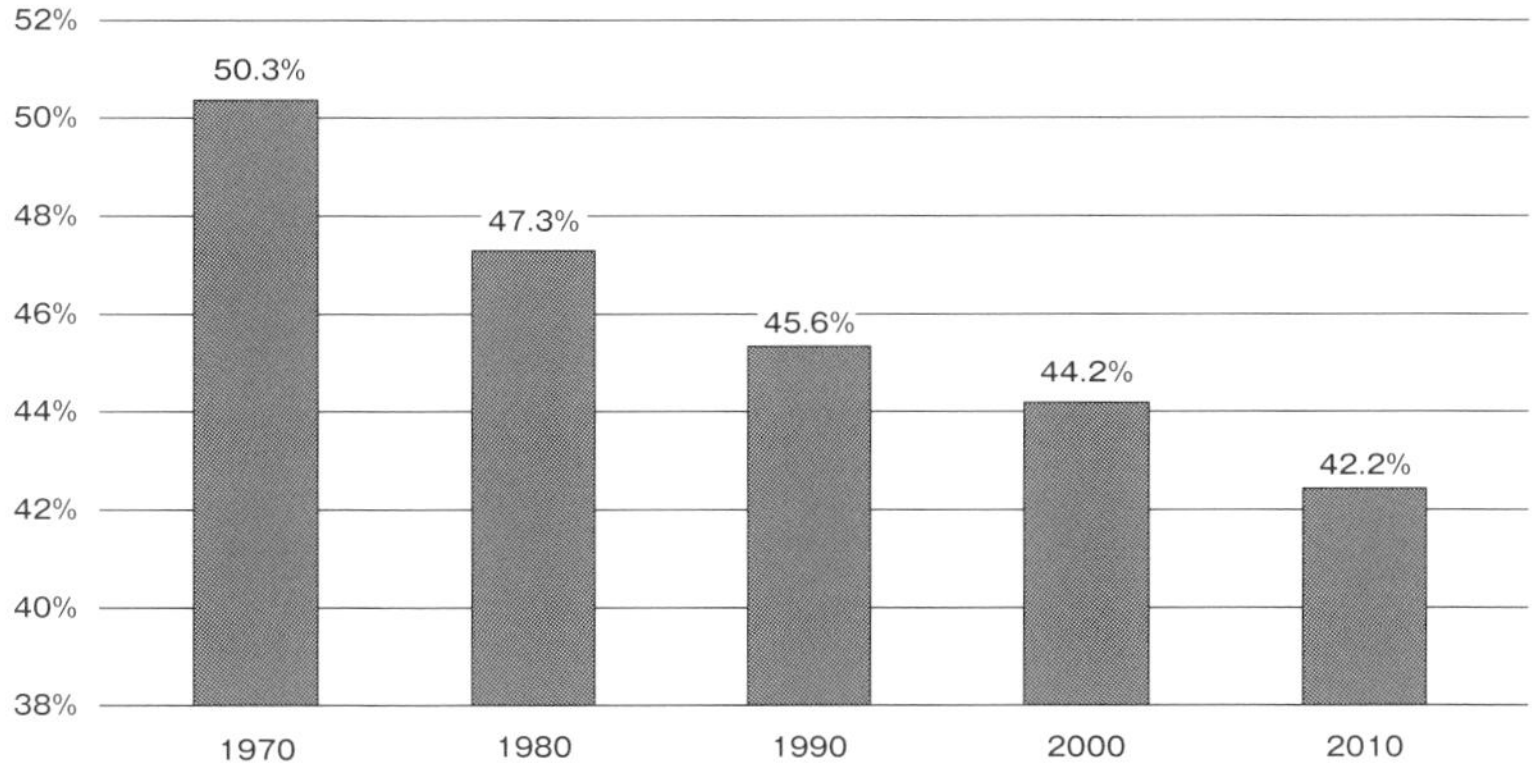

出典:アラン・クルーガー「不公平の増大と影響　(the rise and consequences of inequality)」センター・フォー・アメリカン・プログレスにおける講演　2012 年 1 月 12 日

③中流層に必要な製品やサービスの価格は急速に上昇している

中流層の収入が伸び悩んでいるのに対し、彼らが必要とする製品・サービスの価格は大幅に上昇している。贅沢品の価格が上がるのなら大きな問題ではない。だがガソリンや健康保険、大学教育や住宅は贅沢品ではなく中流層に必須のもので、その価格はインフレよりも早いペースで上昇している。

価格の上昇　インフレを加味したもの（1970－2009）

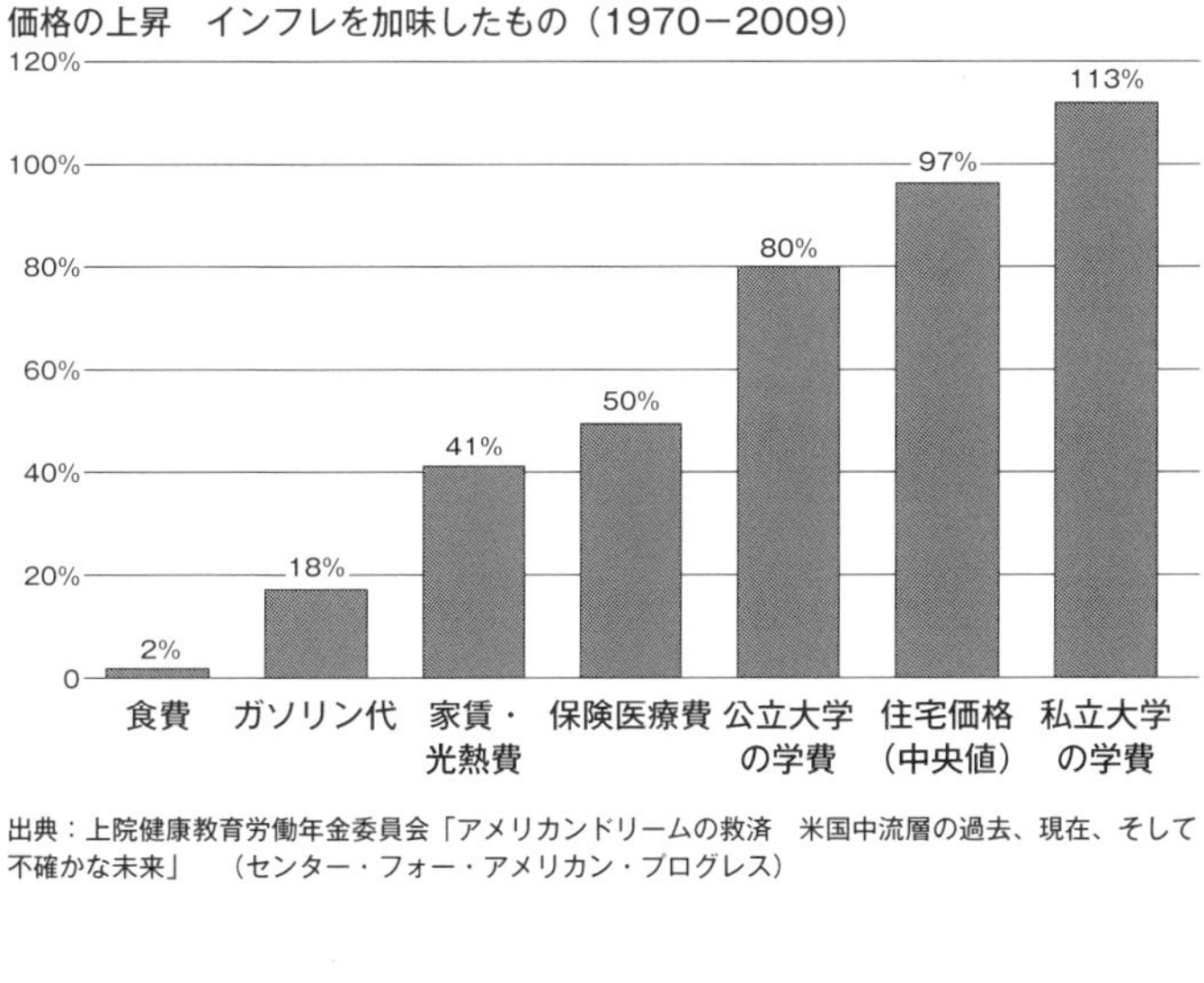

出典：上院健康教育労働年金委員会「アメリカンドリームの救済　米国中流層の過去、現在、そして不確かな未来」　（センター・フォー・アメリカン・プログレス）

●二種類の金持ち

Q　貧困層と中流層がますます貧乏になるのは分かったが、金持ちはどうやってさらに金持ちになるのか？

A　金持ちには二種類ある。一つは本当の金持ちで、彼らはますます金持ちになっていく。だが、もう一つの金持ちは、ますます貧乏になっていく。グラフ⑤で説明しよう。

Q　上位一パーセントの金持ちはますます金持ちになっている。だが九六—九九パーセントの人々の直近の収入が減っているのはなぜか？　彼らがあなたの言っていた、貧乏になりつつある富裕層か？

A　そうだ。グラフ⑤には二種類の金持ちが示されている。トップ一パーセントの本当の金持ちは、想像を絶する富を手にしている。一九七九年からの年収の累積はなんと三〇九パーセント上昇している。一方で、トップ九六—九九パーセントの人々は足場が崩れ始めている。収入はここへ来て頭打ちだ。

Q　あなたが「金持ちの一部は貧乏になる」と言っていたのはこのことか？

A　そうだ。しかもこのグラフは二〇〇七年までしか記されていない。二〇〇七年は大不況が始まった年だ。二〇〇七年以降、多くの億万長者がサブプライムローンや株式市場の暴落で消えていった。

Q　つまり、現状はこのグラフよりひどくなっていると？

A　その通り。トップの一パーセントの米国人はますます金持ちになっている。それ以外の金持ち、前に私が別のタイプの金持ちと呼んだ人々は、今ずっと貧しくなっている。一年足らずで大勢の金持ちが貧しくなった。多くが家や高給の仕事をなくし、所有する株式の下落によって富を失った。暴落を生き延びて上位二〇パーセントに踏みとどまった金持ちも、インフレのせいで富を減らしている。中には中流層に落ち込んだ者までいるくらいだ。

Q　もう一度教えてほしい。二つのタイプの金持ちの違いは何なんだ？

④米国家庭の借金は常に上昇している

収入が伸び悩む一方で必需品の物価が上がると、人々はより多くの借金を背負い込む。借金の中央値は 1989 年の 25,300 ドルから約 3 倍の 70,700 ドルになった。2010 年の標準的な家族は年収の 154%の借金を抱えている。1989 年にはたったの 58%だったのに。

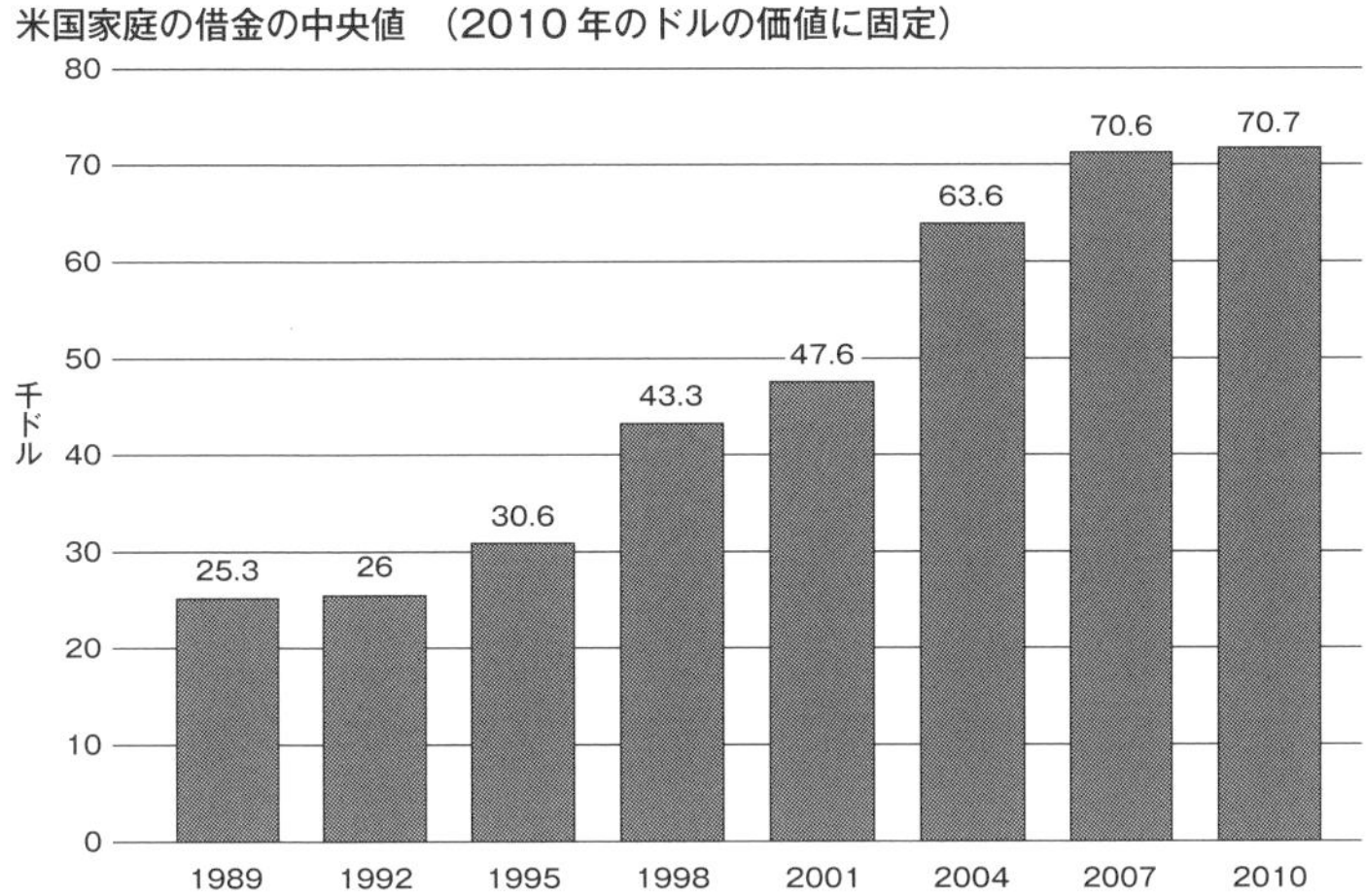

出典：連邦準備制度理事会「消費者金融調査」(センター・フォー・アメリカン・プログレス)

⑤1979 年から 2007 年までの米国世帯の所得層別年収の累積変化

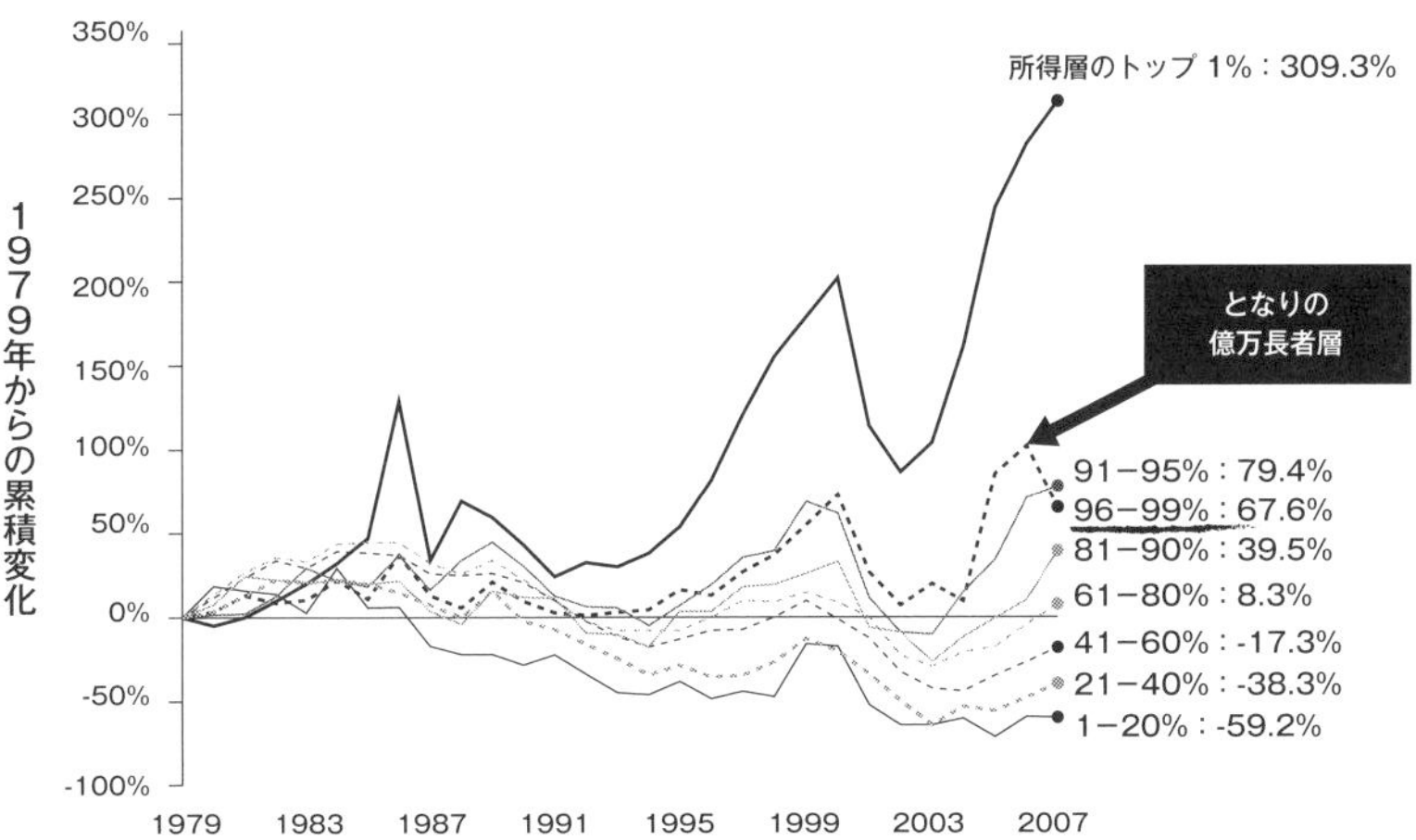

Ａ　一つは、企業の重役や医者や弁護士、スポーツ選手、映画俳優などの、高給を取る人々だ。高所得の金持ちというわけだ。もう一つは働かなくていい人々だ。彼らの多くは資産型の金持ちとでも呼ぶべき人々だ。

●となりの億万長者

一九九六年、『となりの億万長者──成功を生む七つの法則』（邦訳は一九九七年）が出版された。これは当時、非常に画期的な本だった。トマス・Ｊ・スタンリーとウィリアム・Ｄ・ダンコによって書かれたこの本は、ごく普通の中流層がいかにして億万長者になるかを説明していた。彼らはドナルド・トランプやスティーブ・ジョブズ、あるいは映画「ウォール街」のゴードン・ゲッコーではなかったが、大きな富を築き上げた。二人は億万長者の映画スターでもロックスターでも、プロのスポーツ選手でもなかった。彼らは良い教育を受け、高級住宅地区につつましい家を持ち、相応の車に乗り、貯金をし、株式市場に堅実な投資をすることによって中流の億万長者になったのだ。

当時、多くの人が「純資産型億万長者」、つまり自宅の価格や年金のポートフォリオの価値が上昇したことによって金持ちになった。彼らは米国経済の発展の波に乗り、インフレのおかげで中流層の億万長者となった、まさにアメリカンドリームの具現者だった。

二〇〇〇年、ＮＡＳＤＡＱのドットコム企業の暴落により景気は乱高下し、「となりの億万長者」の多くが金持ちのカテゴリーから転落した。二〇〇一年九月一一日、テロリストによる攻撃が新しい世紀の幕開けとなり、アメリカンドリームの終焉の引き金を引いた。グラフ⑥からは、九一一以来、「となりの億万長者」の生活が容易ならざるものになったことが見て取れる。

●となりの差押え物件

二〇〇七年、サブプライムローンのバブルがはじけた時、「となりの億万長者」の持ち家の多くは「とな

⑥ダウ・ジョーンズ工業株30種平均

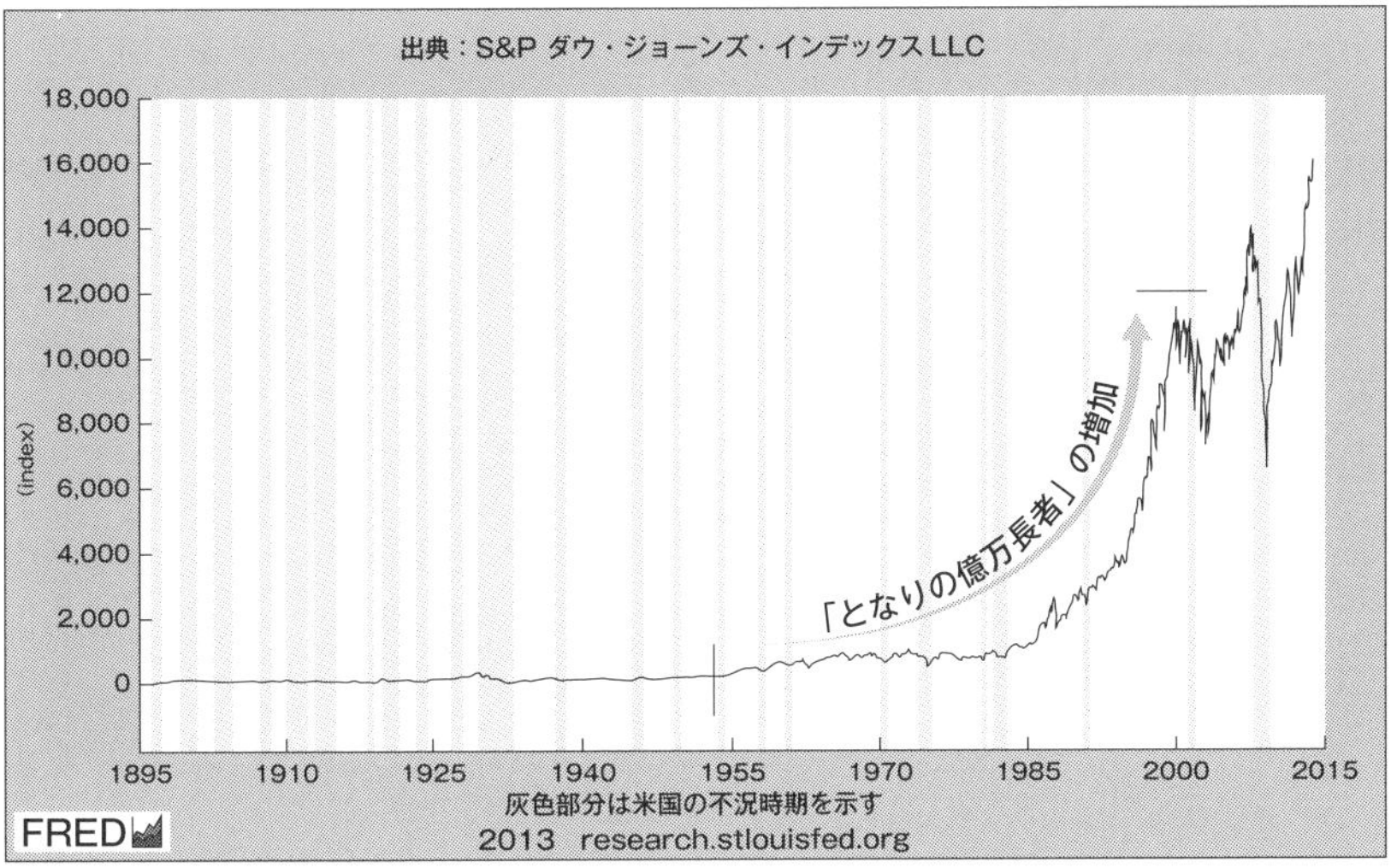

⑦米国住宅の差押え物件数

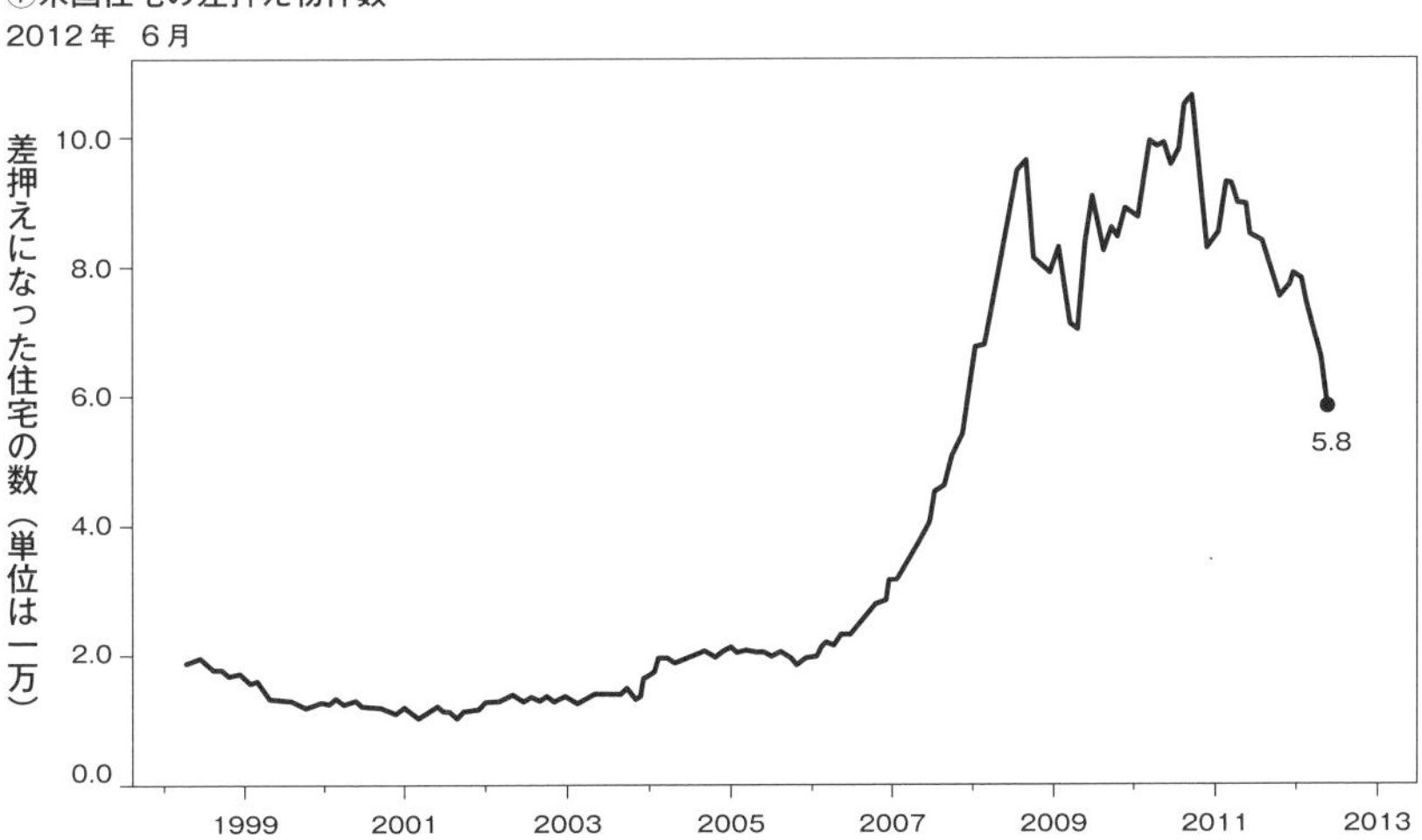

りの差押え物件」になってしまった（グラフ⑦）。

二〇〇七年以前、住宅価格は何年間も着実に値上がりし続けていた。住宅価格が上昇すると、数百万人のホームオーナーがホームエクイティー・ローン（住宅を担保にしたローン）を利用し、クレジットカードの借金を支払ったり、休暇に出かけた。自宅をＡＴＭのように利用するこのやり方が行き詰った時、彼らは持ち家が資産ではないことを手荒いやり方で思い知らされた。

住宅価格が下落するとクレジットカードの使用が激減した。ホームオーナーたちがクレジットカードを使わなくなると経済も停滞した。経済は人々の消費とクレジットカードの利用に依存していたからだ。人々が消費をやめると小売業者に影響が出始め、小売業者が苦境に立たされると今度は世界経済が行き詰った。

二〇一四年現在、米国には約一億一五〇〇万の世帯がある。これらのうち四三〇〇万世帯が賃貸住宅に住み、二五〇〇万世帯がローンのない自宅を所有している。約五〇〇〇万のローン返済中の住宅のうち、二四〇〇万世帯がいわゆる含み損（アンダーウォーター）、つまり住宅の価値を上回るローンを抱えているケースである。ホームオーナーたちが自分は貧しいと考えている限り、経済が立ち直ることはない。

●失われた世代

となりの億万長者が仕事と家を失い、退職後のための預金を切り崩して生活費を払っている一方で、別の犠牲者も存在する。となりの億万長者の子供たちだ。

今、世界中で「新たな失われた世代」と言われる若い人々が生まれている。彼らは大学や職業学校、高校を卒業したものの自分の教育に見合う仕事に就けないか、あるいはまったく職が見つからない若者だ。彼らは収入以前に、職業経験というなにより貴重なものを失っている。二〇代から三〇代に職業経験を積まないことは、彼らの収益力やその後の収入に大きな打撃を与える。彼らが失われた世代と呼ばれる理由だ。

●若く、教育があるが、借金もある

高い教育を受けたこれらの若者たちは、学資ローンという恐らく最もたちの悪い借金を背負い込んでいる。学資ローンは車や住宅ローン、あるいはビジネスローンと違って、めったなことでは免除されない。自己破産を宣言してローンから逃れることができないのだ。学資ローンはいつまでもまとわりつく重荷であり、その利子は一生ついてまわる。車や家を買う時や、未来のための投資をする時に学資ローンが残っていると大きな足枷になってしまう。現在、学資ローンの改正が進んでおり、こうした問題に対する見直しがあるかもしれない。

こうした若者のほとんどは、一度は家を離れたものの再び両親と住み始めた、いわゆるブーメランキッズだ。彼らの両親はサンドイッチ世代と呼ばれる。ひとつ屋根の下で自分の両親と子供の両方の面倒を見なければならないからだ。無償で高等教育を提供する国もあるのに、米国では学生を借金奴隷にしているのだ。

Q　こうした理由から、誰もがセカンドチャンスを必要としているというわけか？　金持ちの一部が貧乏になり、中流層が減少し、貧困層が増加して、高い教育を受けた学生に仕事がなく、借金に首まで浸かっているから？

A　そう、世界は変わっているし、お金も変化している。過去のお金のルールでやっていこうとする人々は淘汰され始めている。我々は情報時代に生きている。情報は洪水のようにあふれていて、その上タダだ。だがファイナンシャル教育なしには、こうした情報を知識に変えることはできない。

Q　知識は力だが、多くの人が最高の教育を受けていながら無力だ。だから数百万の人がセカンドチャンスを必要としているということか。自分の力を取り戻すために。

A　その通りだ。

Q　『となりの億万長者』は一九九六年に、『金持ち父さん　貧乏父さん』は一九九七年に出版された。この二冊の違いは？

A　『となりの億万長者』は純資産億万長者についての本だが、『金持ち父さん　貧乏父さん』はキャッシュフロー億万長者の本だ。

Q　二つはどう違う？

A　この二つはまったく異なる。多くの純資産億万長者は家や車といった自分の負債を資産と考えている。不動産や株式市場が暴落してこうした資産が下落すると、純資産億万長者は一気に破産してしまう。一方、資産から収入を生み出しているキャッシュフロー億万長者はさらに豊かになる。彼らは純資産億万長者の負債を格安の値段で買い取り、富を増やすからだ。

Q　ファイナンシャル教育を受けていない数百万の人々は、金持ちの種類についても知らない？

A　その通り。大きな富を得る方法はたくさんある。例えば富を相続したり、金持ちと結婚することもできる。ウォーレン・バフェットは言った。「お金の天国に入る方法はいくつもある」

私の父は貧乏で財産も持たなかったため、私が相続できるものは何もなかった。結婚によって金持ちになろうとも思わなかった。だから私は若い頃から金持ち父さんのやり方、ファイナンシャル教育と資産を買うことで富を築くと決めていた。

Q　つまりファイナンシャル教育なしには、資産と負債の区別もつかないということか。お金の教育がないために人々は富を奪われてしまう、というのがあなたの主張か？

A　そうだ。もし基本的なお金の言葉を知っていれば富は増えるだろう。しかも知識はタダなのだ。

●過去、現在、未来

Q　こうした理由で、高い教育があって懸命に働いている人々が資産を失っているということか？　彼らは南北戦争以前の教育のない奴隷と同様の、「教育のあるお金の奴隷」になってしまったと。

A　そう、教育は、力を持つ人々だけが知っているカギのひとつなのだ。

Q　力を持っている人々に今何が起こっているのか？

A　情報時代の到来で彼らの力は失われ始めている。そして、一人一人のファイナンシャル教育の重要性はいまだかつてないほど高まっている。切羽詰まった権力者が権力の幻想にしがみつくために、とんでもないことをしでかしているからだ。

Q　未来はどうなると思う？

A　先ほども言ったように、図表は言葉よりも多くを語る。いくつか新しい図をお目にかけて説明しよう。そうすれば、未来がどうなるか自分で判断できるだろう。グラフ⑧はダウ工業株三〇種平均の過去、現在、未来の値動きを表している。これは経済すべての尺度にはならないが、複雑な経済を垣間見ることにはなるだろう。

Q　未来の可能性として、上昇、下落、横ばい、の三つが考えられる。

A　そうだ。選択肢はそれしかない。

Q　あなたはどうなると思う？

A　未来を占う一番良い方法は過去を見ることだ。グラフ⑨には一九二九年の株式市場大暴落に象徴される、いわゆる世界大恐慌も示されている。

⑧未来には３つの可能性がある

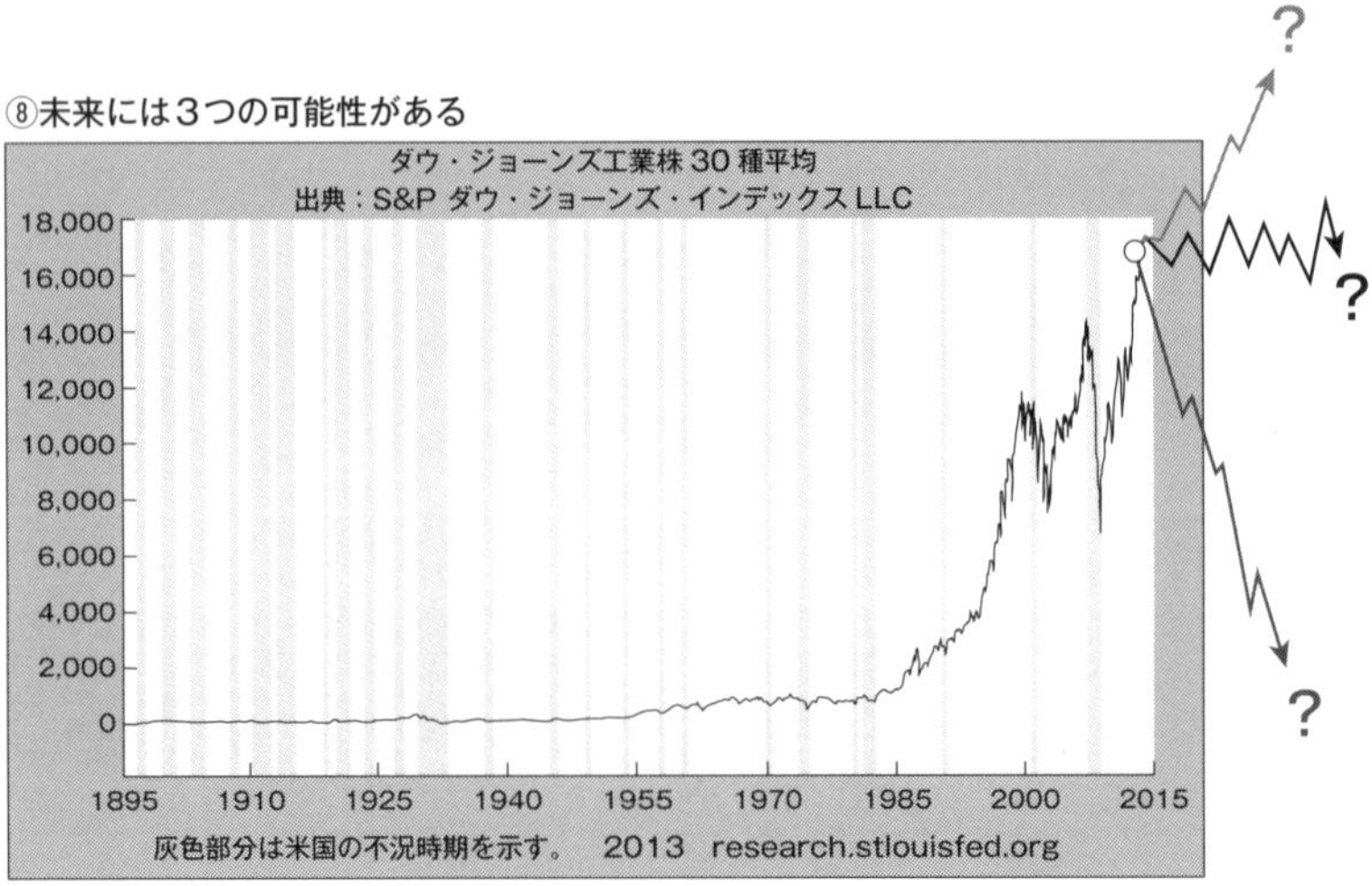

Q　グラフ⑨の矢印の部分が一九二九年の大暴落？

A　そうだ。

Q　次の暴落はさらに大きくなる？

A　なる。

Q　暴落がそんなに大きいとしたら、どんなことが起こる？

A　グラフ⑩の世界大恐慌の時期を見てほしい。ダウ平均株価の変化から見ると、世界大恐慌は一九二九年から五四年まで二五年間続いたことになる。当時、ダウは最高値の三八一ドルを記録した。再び三八一に戻るまで二五年を要した。もっとも、これは一つの意見で、大恐慌は一九三九年に終わったと考えている人々もいる。

Q　新たな大恐慌に突入する可能性があると？

A　そうだ。実は多くの人々がすでに個人的な不況の中にいる。だからこそフードスタンプの利用が増え、中流層が減り、学資ローンを抱えた学生が職につけず、となりの億万長者が破産してしまったのだ。それに加えて、約七六〇〇万人のベビーブーマーがリタイアし始めている。このうちかなりの人が、リタイア後の生活に十分なお金を持っていない。医療と医薬の発達により、ベビーブーマーたちは以前よりも長生きするだろう。しかし同時に医

⑨未来を占うには過去を見よ

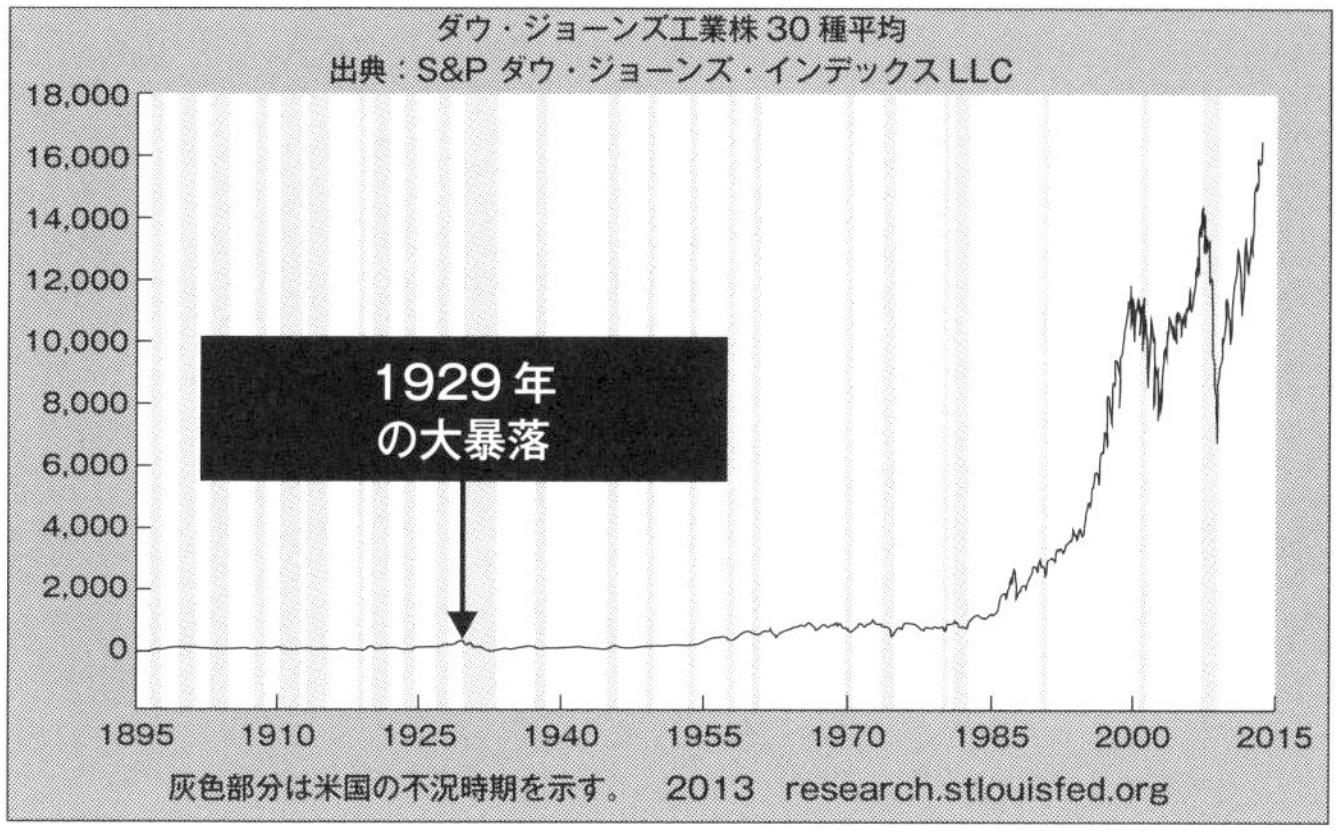

⑩新たな大恐慌の可能性は？

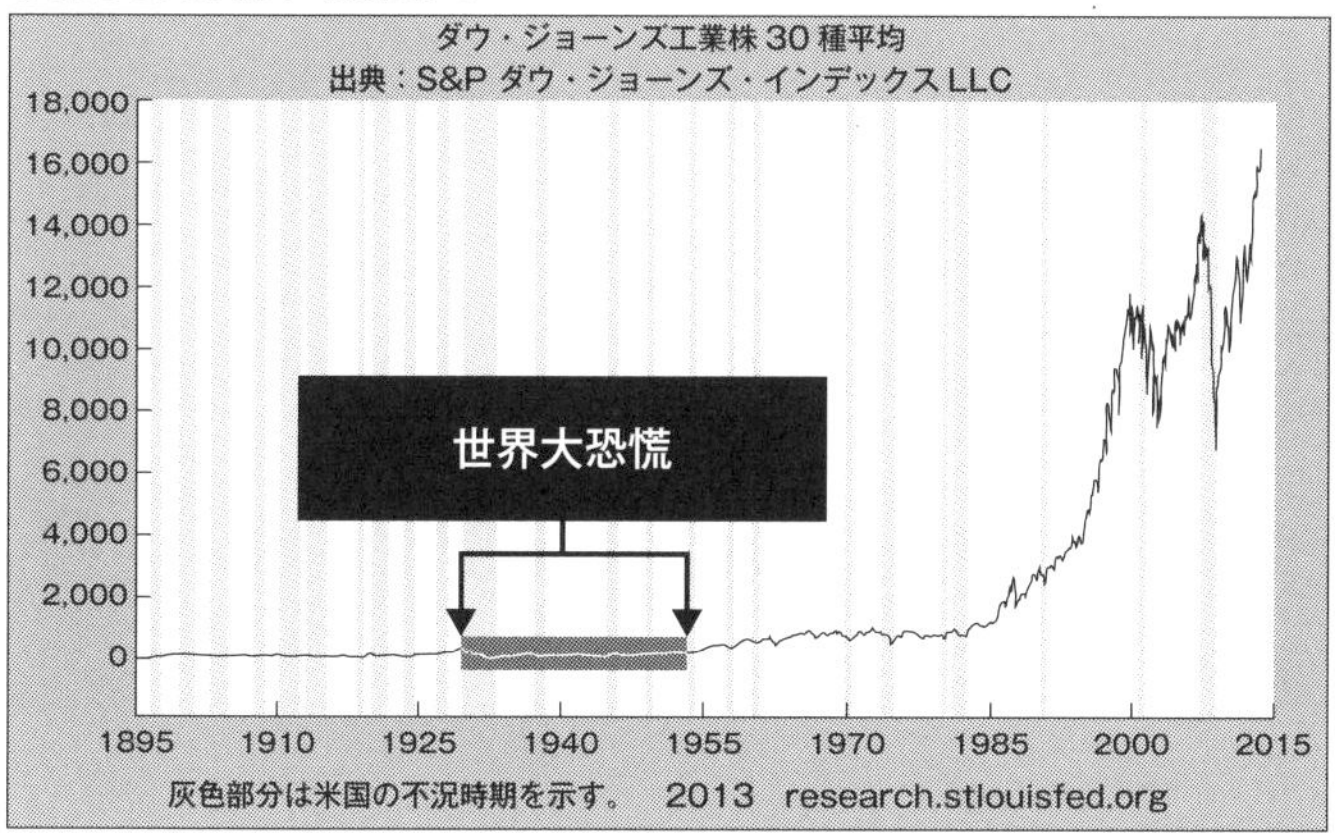

療費や食料、ガソリン、住宅の費用も上昇し続けるだろう。

●可もなく不可もない社会保障

グラフ⑪を見てほしい。米国社会保障の資金のグラフだ。

Q　このグラフが意味するものは？

A　意味するものは見る世代によって異なる。若い人には、将来政府が面倒を見てくれると思わない方がいい、というメッセージだ。ベビーブーマー世代には、支払ってきた社会保障のお金は消えてなくなってしまった、ということ。第二次世界大戦の世代であれば、いい時期に生きましたね、ということになる。もうひとつ興味深いのは米国政府の債務残高を示すグラフ⑫だ。面白い事実が浮かび上がる。

Q　このグラフはどんな物語を示唆している？

A　これも見る人によって異なる。ほとんどの人、平均的米国人にとっては意味をなさないものだ。ファイナンシャル教育を受けていない人には何のことかさっぱりわからないだろう。彼らにとってはほとんど意味がない。今日、米国の債務は一七兆ドルを超えた。これを末期状態と考える人もいる。だがほんの一部の人は、人生で滅多に来ないチャンスと捉えるだろう。

Q　あなたはどう見ている？

A　今まで二種類の人々について説明したが、私は三つめに属する。私も、とても恐ろしい状況だと思うし、人々が受ける被害を心配している。だが一方でとても興奮している。我々は世界史上最大のパワーシフトと富の移転を目撃するだろう。それは新時代の夜明けだ。もしこの変化にうまく対応すれば、人類にかけられた多くの足枷は外され、持続的な繁栄の時代に入っていくだろう。うまくいかない場合、今日の権力者たち

⑪社会保障の資金状況

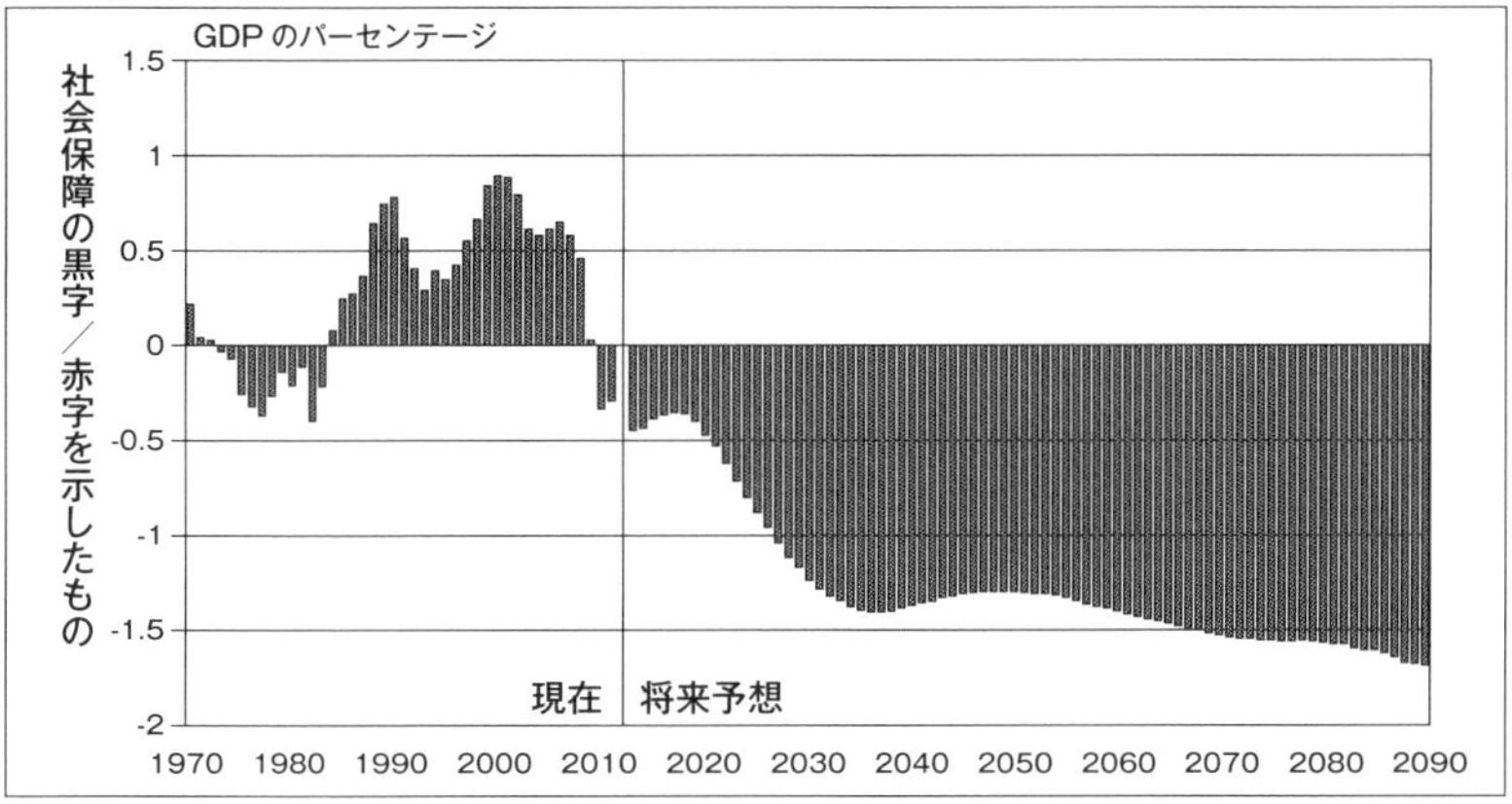

⑫1940 年からの米国の総債務残高の変化

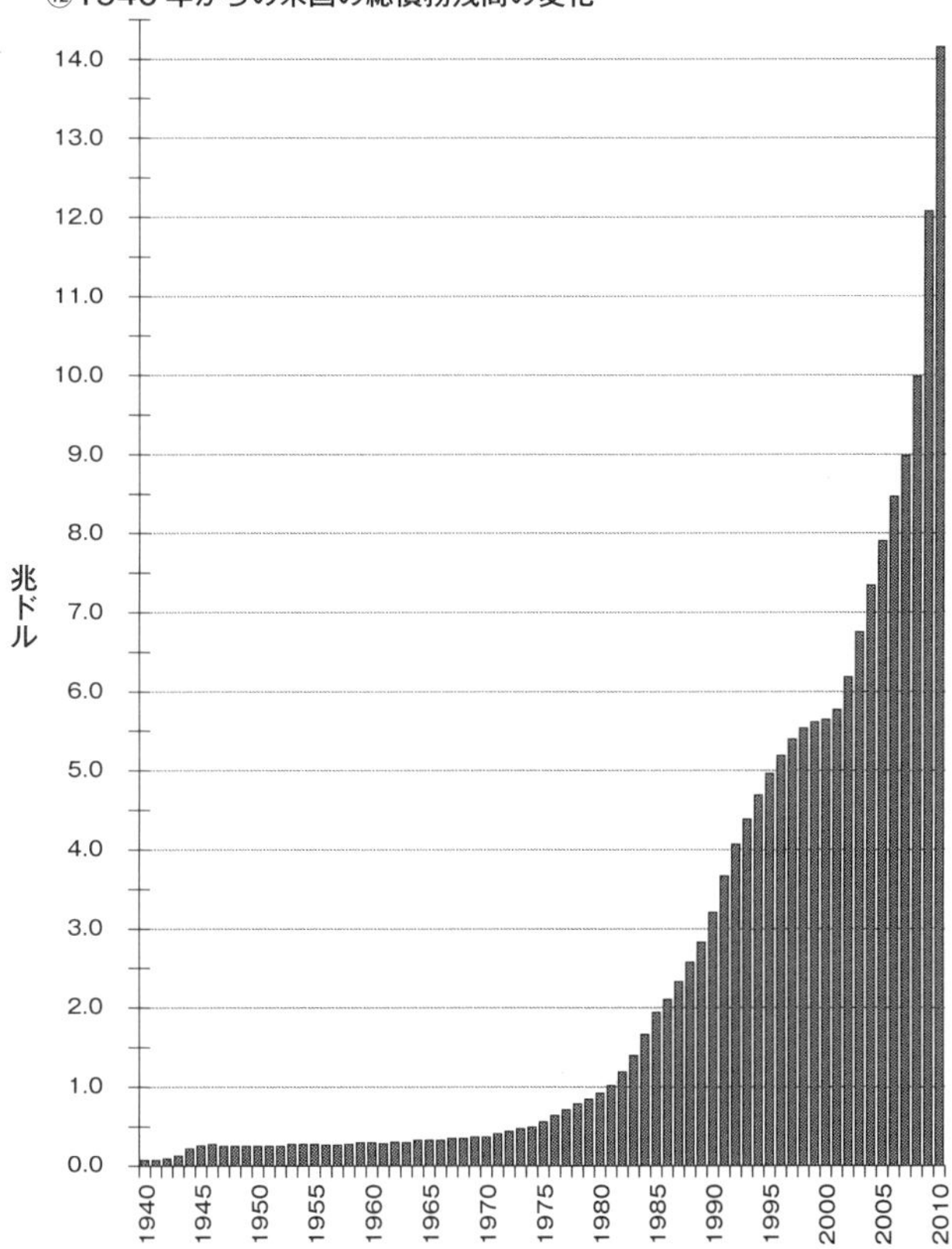

出典：U.S. National Debt Clock　www.brillig.com/debt_clock

が暴力を使ってその地位に居座り続け、新たな暗黒の時代に突入するだろう。

Q　何が変化を起こすのか？

A　テクノロジーや世界のスーパーパワーとしての中国の台頭など、多くの要素が絡み合っている。だが大きな変化はまず教育に現れるだろう。教える内容はもちろんだが、教え方も変化する。

Q　これからどうなるのか？　教育は大きく変わる？

A　いや、すぐに変化が訪れるわけではない。貨幣制度をコントロールしている奴らが教育システムを牛耳っているとも言えるからだ。私が一九八四年に教育関連の起業家になったのもそれが理由だ。私が本を書いたのも、学校教育とは別の、ファイナンシャル教育のゲームを作ったのもそのためだ。今日の私はいわゆる雑種だ。金持ち父さんのような起業家であり、貧乏父さんのような教育者だ。

あなたもご存じの通り、私は自己責任というものの信者だ。私は、変えられるものは変えていくべきだと信じている。一人一人が自分を変える力を持っている。私たちが起こせるもっとも簡単な、そして多くの場合もっとも力強い変化は教育を通して実現できる。

Q　未来はどうなると思うか？

A　未来を予見するには過去を学ばなければならない。格言にもあるように、「過去から学ばないものは、過去を繰り返す運命にある」のだ。過去、二種類の大恐慌があった。米国発世界大恐慌（一九二九―一九五四）とドイツで起こったハイパーインフレ（一九一八―一九二四）だ。

Q　この二つはどう違う？

A　簡潔に言えば、米国は紙幣を印刷しなかったがドイツは印刷したという点だ。グラフ⑬は、ドイツが紙幣を印刷した結果、何が起こったかを示している。

⑬1918年の億万長者は5年後に破産した

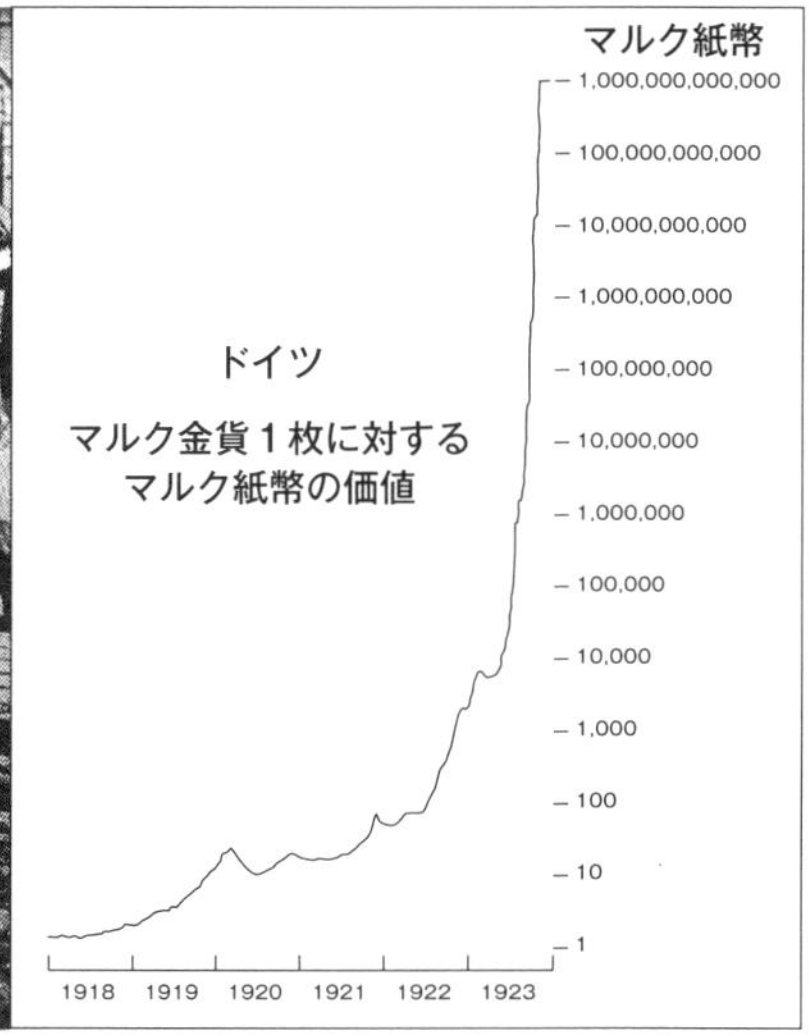

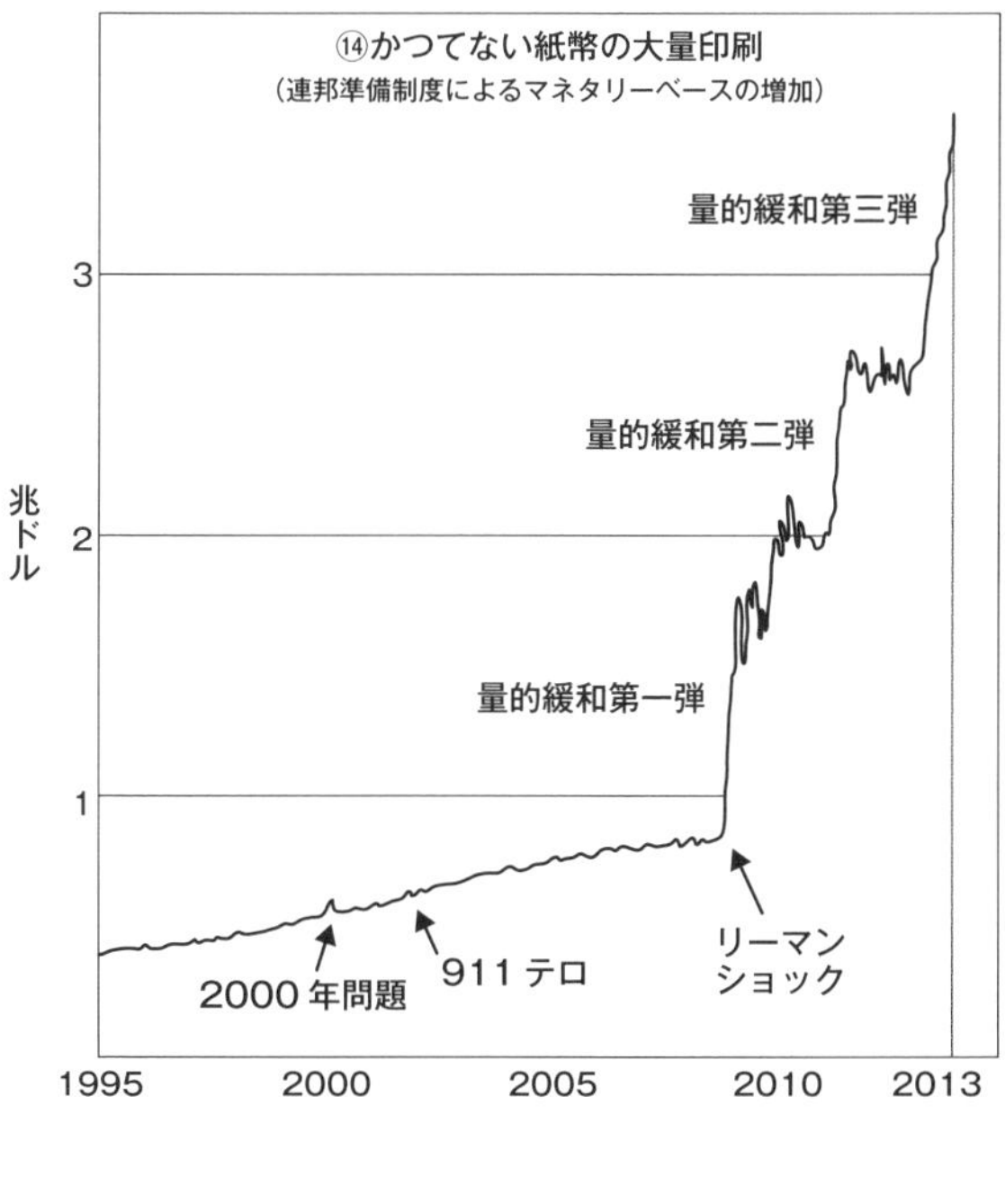

これは、中央銀行と政府が支払いのために紙幣を印刷するとどうなるかの良い例だ。一九一八年、数百万ライヒスマルクの預金があるドイツ市民は億万長者だった。だがたった五年のうちに彼らは貧乏になった。

Q　同じことが今日の米国でも起こると？

A　そうだ。グラフ⑭は米国の量的緩和政策についての図表だ。

Q　この図が意味するものは？

A　米国が大恐慌のドイツの状況そのままだという事実だ。米国は財政危機から脱するためにドルを刷り続けている。

Q　私にとってどういう意味がある？

A　この章のはじめに言ったように、あなたが汗水たらして働いて得た資産がお金という形で盗まれている。貨幣制度はあなたを金持ちにするためのものではない。お金はあなたの富を奪うための手段なのだ。

グラフ⑮を見てほしい。ドルの購買力がどう変化してきたかを示したものだ。ドルは過去一〇〇年の間に購買力の九五パーセントを失った。残りの五パーセントを失うのにあと一〇〇年かかるとはとても思えない。

Q　ドルの価値がゼロになるというのか？

A　米国がドルを刷り続けるなら可能性はある。

Q　そんな馬鹿な？　このアメリカでそんなことが？

A　今まで何度も起こっている。

Q　いつ起こった？

A　独立戦争の時だ。ワシントン大統領と米国議会は大陸紙幣(コンチネンタル)として知られる札を印刷し、戦費の支払いに

⑮米ドルの購買力の変化（1900－2003）

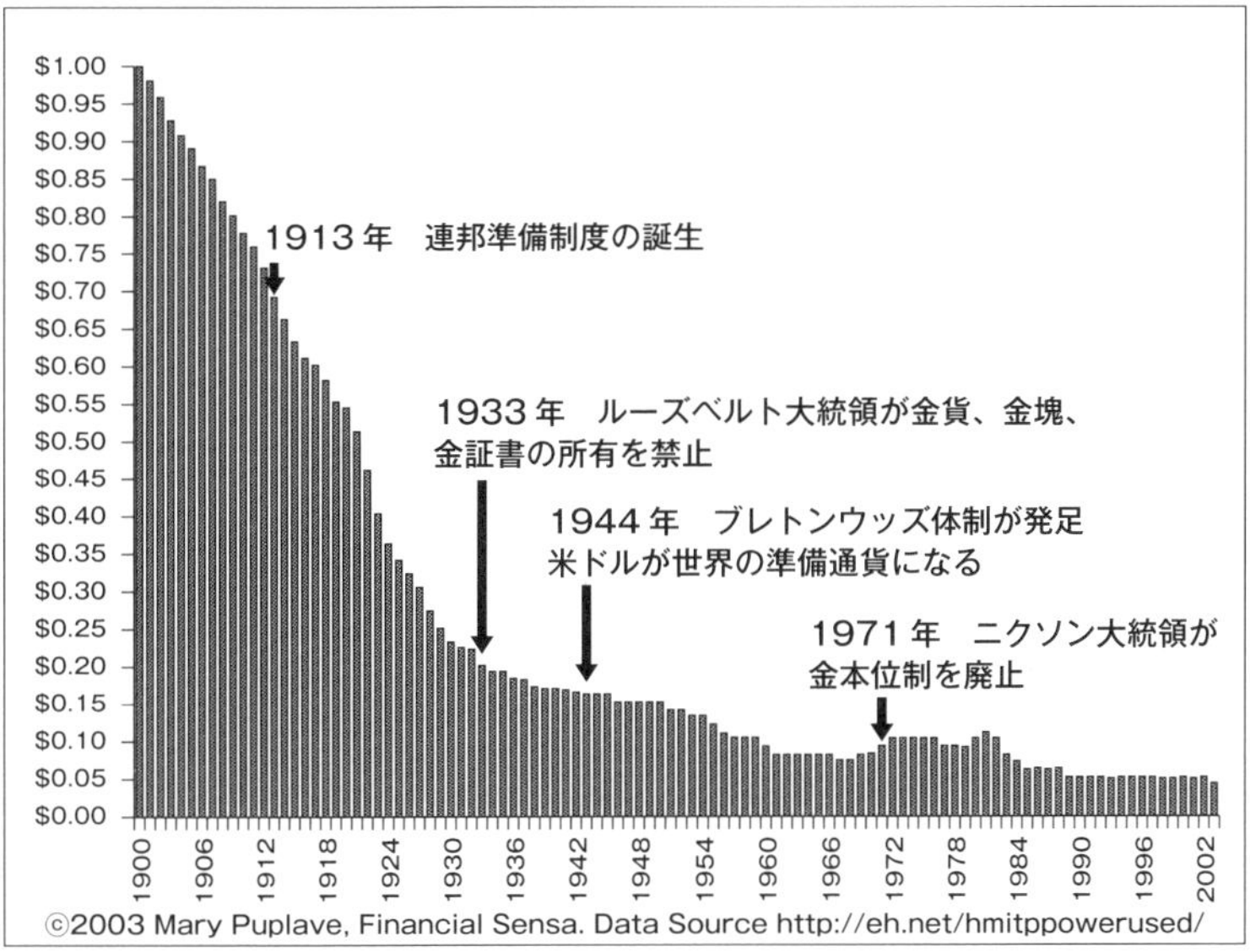

あてた。イギリスは大陸紙幣の価値を下げるために偽札を大量に印刷した。ほどなくして大陸紙幣は、それが印刷されている紙ほどの価値もなくなってしまった。独立戦争の間「コンチネンタルほどの価値もない（何の価値もない）」という言葉が流行した。

南北戦争の際、同じことが南部連合通貨にも起こった。南部連合は、さまざまな支払いや武器購入のためにお金を印刷した。いろいろな意味で、南部連合は「悪貨」によって敗北したといってよい。米国政府（北部同盟）は南北戦争の戦費の支払のためにドルを印刷した。もし北軍が敗北していたらドルは南部連合通貨と同じ運命をたどり、ゴミ箱行きとなっていただろう。

今日、米国政府がこのままドルを印刷し続ければ、大陸紙幣や南部連合通貨と同様、無価値なものになってしまうだろう。

Q　ドルが無価値になってしまったらどうなる？

A　貯金をしていた人々が最大の負け組となり、お金のために働いていた人々も敗者となるだろう。彼らは富を失う。私はいつも、一九一八年には億万長者だったドイツ人が一九二三年には破産していたことを思い出す。

だからこそ、『金持ち父さん　貧乏父さん』の第一の教えは「金持ちはお金のためには働かない」なのだ。

Q　金持ちがお金のために働かないならば、何のために働くのだ？

A　それが、本書や、私の他の本やゲームで示していることだ。多くの人が、自分が何のために働いているのか考え直すために、セカンドチャンスを必要としている。

Q　学ぶためには何をすればいい？

A　まず過去を振り返ることから始めよう。

Q　なぜ過去が重要なのか？

A　過去から未来を見通せるからだ。過去の視点に立てば、金持ちや権力者がいかに私たちの富を、お金を通して奪ってきたか理解できる。
次の章では、金持ちや権力者が現金を使って私たちの富を強奪するやり口を見ていく。現金による強奪について理解すれば、自分の将来をもっと繁栄させ安定させるための、より良い判断ができるだろう。

Q　誰もが未来の繁栄と安定を手にできるのか？

A　いいや、残念ながら答えはノーだ。

Q　なぜ？

A　多くの人がいまだに過去に生きているからだ。過去にとどまっている限り、金持ち父さんの第一の教え「金持ちはお金のためには働かない」を理解することはできない。
今日ほとんどの人はお金を稼ぐことに忙しく、さまざまな支払いや将来の貯金のためにせっせと働いている。立ちどまって過去を理解しようとしない限り、彼らが第一の教えを理解することはない。

過去にとどまっている人にとってセカンドチャンスはほとんど何の恩恵もない。よく言われる通り、「狂気とは、同じことを何度も繰り返しながら、違う結果を期待すること」なのだ。お金に関する限り、多くの人が狂気に陥っている。未来を予見するためには、過去に立ち戻らなくてはならない。準備は良いだろうか？　答えがイエスなら先を読み続けてほしい。

Q　最後に一つ質問がある。お金が人々を貧乏にするように、あるいは資産を強奪するように出来ているとして、それで金持ちになるのは誰なんだ？

A　金持ちたちだ。お金のためには働かない、お金のゲームをコントロールしている富裕層だ。

Q　このゲームはどのくらい続けられてきた？

A　人類が地球を闊歩し始めて以来だ。人類は常に他者を奴隷にし、他者の富を奪うことを願い続けてきた。これは新しいゲームではない。富裕層は長年このゲームを続けてきた。

富裕層が行っているこのゲームについて学ぶなら、あなたにもセカンドチャンスが訪れる。

第二章

未来を見通す男

「私にとって、進歩のほとんどは間違いによって起こった。あるものからそれに属さないものを取り除くと、その実態が現れる」――バックミンスター・フラー

一九六七年の夏、私はクラスメートと一緒にニューヨークからカナダのモントリオールまでヒッチハイクをした。私と友人のアンディー・アンドリーセンは当時二〇歳で、ニューヨークのキングスポイントにある合衆国商船アカデミーの学生だった。ヒッチハイクの目的は、未来を覗き見ることだった。

モントリオールでは未来に捧げられるイベント、六七年の万国博覧会が開かれていた。中でも目玉は、数マイル先からも見える巨大な米国パビリオン、ジオデシック・ドームだった。ドームを作ったのは現代最高の天才の一人とされるバックミンスター・フラー博士だった（図⑯）。

フラー博士は未来学者として大きな名声を得ており、しばしば「未来の祖父」と呼ばれた。米国政府がフラーのドームを、未来を象徴する構造体として米国のパビリオンに選んだのは正しい選択だった。

多くの人がバッキーと呼ぶフラーは謎めいた人物だった。誰も彼を定義することなどできなかった。ハーバード大学は彼をもっとも優れた卒業生としているが、バッキーはハーバードを卒業していない。それどころかフラーはどこの大学も卒業していない。だが生涯に授与された名誉学位は四七に及ぶ。米国建築家協会（ＡＩＡ）はフラーを世界最先端の建築家と見なしている。バッキーは正規の教育を受けた建築家ではないが、彼の建築物は世界中に存在する。ＡＩＡ本部のロビーにはフラーの胸像が堂々と鎮座している。

フラーは米国史上もっとも傑出した人物とされ、二〇〇〇以上の特許を取得し、科学から哲学、果ては詩

集まで、多くの本を著している。一九八二年、レーガン大統領はフラーに自由勲章を授けた。ノーベル賞候補になったことさえある。これほどの業績にもかかわらず、彼はしばしば自分をただの小男と表現した。

フラーについて最初に私に教えてくれたのは、私が「貧乏父さん」と呼んでいる実の父だ。一九五〇年代後半、私がまだ小学生の頃、父と私は何時間もかけて、棒と接着剤を使ってフラーの建築物を作った。

私たちが作ったのはフラーが「宇宙のブロック」と呼んだ、四面体、八面体、二〇面体だった。父とフラーには多くの共通点があった。どちらも素晴らしく明晰で、学問の世界、特に数学、科学、デザインの分野で成功していた。世界を人々にとってより良い場所にすることに尽力し、人類と世界平和のために人生を捧げていた。一九六四年、フラーがタイム誌の表紙を飾った時の父の喜びようといったらなかった（図⑰）。

●未来のために立つ

一九六七年、フラーの熱狂的な信奉者だったアンディーと私は、米国パビリオンとなっている彼の巨大なドームに入るのが待ちきれなかった。ドームの中は摩訶不思議な、平和と可能性にあふれた非現実的な空間だった。後にこの未来の祖父と一緒に学ぶことになろうとは、この時夢にも思わなかった。

一九八一年、私はカリフォルニアのタホ湖の近くのロッジで、一週間フラーとともに学ぶ機会を得た。会議のタイトルは「ビジネスの未来」だった。私の人生の方向を変えた、忘れられない一週間だった。

私は世界平和、数学、科学、デザイン、一般化原理、哲学などを学ぶためにさまざまな講座に積極的に参加した、と言いたいところだが、そうではなかった。私の目的はフラーの未来予測の方法を知ることだった。私の動機は世界平和ではなく個人的な欲望だった。未来予測の方法が分かれば金儲けに使えるからだ。

イベントの最終日、私はある体験をした。私の限られた語彙力でこの経験を説明するのは難しい。

私はボランティアとしてビデオカメラと三脚を操作し、すべてのイベントを撮影していた。ボランティアに志願したのは、ただの参加者として講演を聞いていると居眠りをしてしまうからだった。フラーは特に魅力的な講演者というわけではない。話し手としてはむしろ退屈な方だった。なにしろつぶやくような口調で知らない単語をもごもごしゃべるのだ。

イベントが終わりに近づいた頃、私はカメラのファインダーから目を離し、直接バッキーを見た。穏やかなエネルギーが私の中を通り過ぎた。心が開かれるのを感じ、私は涙を流し始めた。それは悲しみや苦痛の涙ではなく、彼が長年続けてきたこと、未来を研究し、人々を教え導いてきた勇気に対する感謝の気持ちから来るものだった。

歌手のジョン・デンバーは、バッキーに感動し、インスパイアされて彼に捧げる歌を作った。タイトルは「一人の男にできること」だ。この歌に込められたバッキー・フラーに対する賛辞は、あの日の私の経験を、言葉で本書に表現するよりもはるかに上手に言い表している。

以下が、私をいつも感動させてくれるジョン・デンバーの歌詞だ。

誰も聞きたがらない時、
誰も起こっていることを気にも留めない時、
真実を告げるのは難しい
誰かにそばに居てほしい時、一人で立つのは難しい
君は強い魂と信念を持たなければならない

(以下、繰り返し)
一人の男ができるのは夢を見ること
一人の男ができるのは愛すること
一人の男ができるのは世界を変えること

⑯バッキー・フラーとジオデシックドーム

⑰一九六四年、フラーがタイム誌の表紙を飾った

世界を再び若返らせること
これが一人の男ができることなんだ

私がバッキー・フラーのイベントでの体験を記したのは、この本がセカンドチャンスについてのものだからだ。あの体験は、私が人生で遭遇した多くのセカンドチャンスのひとつだった。私は別人に生まれかわってホノルルに戻った。

当時、一九八一年頃、私は台湾や韓国、ハワイにロックンロール関係の許諾製品を生産する工場を持っていた。私の会社はピンク・フロイド、デュラン・デュラン、ジューダス・プリースト、ヴァン・ヘイレン、ボーイ・ジョージ、テッド・ニュージェント、REOスピードワゴン、ポリスなどのロックバンドの小物を生産していた。私はこのビジネスが好きだった。工場ではバンドのロゴやメンバーの顔をシルクスクリーンでプリントした帽子や財布、バッグを作っていた。週末はコンサートに出かけ、熱狂した幸福そうなファンが自分の製品を買い漁っていくのを見ていたものだ。それは素晴らしいビジネスだった。私は独身で、ハリウッド俳優のトム・セレックなども住むワイキキの浜辺に暮らし、莫大な金を稼ぎ、非常に幸福だった。

だが、フラーの思想が私の琴線に触れてから、セックス、ドラッグ、ロックンロールとお金の日々は終わろうとしていた。私は自問した。「世界をより良くするにはどうすればいい？」「人生で何をなすべきか？」

一九八一年、私は三四歳だった。当時私は三つの職業を持っていた。ニューヨークの合衆国商船アカデミーで学び、理学士号と石油タンカーを運航できる三等航海士の資格を取得した。米国海軍フライトスクールでプロのパイロットとしての訓練も受けていた。航空会社のパイロットになることも考えた。私は空を飛ぶことを愛していたが、ベトナムから戻った時、パイロットとしての人生は終わったと感じていた。当時、私は世界中で生産と流通を行う起業家だった。私のロックンロール関連の商品は世界中のコンサート会場や小売店で販売され、ＪＣペニーやタワーレコード、スペンサーズギフトストアのような全国的な販売網を持つビジネスになっていた。

だが私はバッキー・フラーに出会ってしまった。ホノルルの工場に戻った時、私の心はモントリオールで経験したことを反芻していた。前に言った通り、ドームの神秘的な空間に立った時、それを設計した人物と出会うなどとは夢にも思わなかった。フラーに会って、自分の人生が再び変わっていくのを予感した。

●魂の仕事

私はロックよりもジョン・デンバーの音楽を聞くようになっていた。フラーに捧げた「一人の男にできること」のジョンの歌声を聞くたびに、私は自問した。「私が人生ですべきことは何なのだろう?」

ロックが掻き立てるのは、ワイキキのナイトクラブに行きたくなる気持ちだけだった。

だがジョン・デンバーの歌を聞くと、思いが心の底から沸き上がった。ナイトクラブで夜中まで過ごすのではなく、一人でサーフィンをしたり、美しい自然の中でハイキングをするようになった。週末には自己啓発のワークショップに参加し、感情面やスピリチュアルの面でより良い人間になる方法を学んだ。以前より穏やかになった私は海兵隊時代の友人たちを戸惑わせた。ロックビジネスの仲間と過ごす時間が減り、地域社会の問題を解決するためのビジネスグループに参加する時間が増えた。

人々は仕事、つまり「お金を稼ぐ専門職」を見つけるために学校に行くということに、私は気づきはじめていた。フラーに会って以来、私は自分にとっての魂の職業、魂の労働、魂の仕事、人生の目的を探し続けていた。

一九八一年から八三年までの間、私は夏の時期に三回、フラーと共に学ぶ機会を得た。この時、私は新しい友人たちとフラーの著書の勉強会を行った。彼の本は難解だったので、私たちは毎週一章ずつ学ぶことにし、誰かの家に集まって討論し、フラーの思想をマインドマップした。

マインドマップとは、言葉ではなく色とスケッチを利用して各章のフラーの見解を整理し、順位付けする方法だ。まず軸になるコンセプトから始め、スケッチを大きなフリップボードに描いていく。大事なのは色付けとスケッチだ。使用する単語はできるだけ少なくする。単語を少なくすると、参加者は言葉や思考を絵として考えるようになり、学びと討論のプロセスがより強められる。

何かをする時、一人よりも大勢の方がより良い結果になるのは誰もが知っている。唯一の例外は学校だ。学校では、誰かと一緒に事に当たるのはカンニングと見なされる。討論したり、色や絵を使って行う勉強会は刺激的で面白くてやりがいがあり、決して退屈することはなかった。夜中にナイトクラブにたむろするのをやめ、夜更けまで勉強会で過ごすようになった。これが人生の目的を見出すためのセカンドチャンスだと知っていたからだ。学校に戻って石油の輸送について学んだり、飛行学校で空から恐怖をばらまく技術を教わったり、ロック関連の小物の製造や販売について学ぶより、セカンドチャンスという新しい学校でより良い人間になる方法、そして願わくは世界を変える人間になる方法を学ぶことを私は選んだ。

問題は、自分にとっての魂の仕事が見つからなかったことだ。一九八一年から八三年まで、私はかなりの時間をフラーの研究に費やした。一九八三年は私がフラーと過ごした最後の夏のイベントになった。彼はイベントを次の言葉で締めくくった。「愛する人々よ、さようなら。来年の夏、またお目にかかりましょう」。だが次の夏、彼に会うことはなかった。三週間後の一九八三年七月一日、フラーは帰らぬ人となった。

●変化の兆し

一九八四年、私は変化を起こそうと焦っていた。問題は、すべきことが見つからないことだった。そこで私はとりあえず何かを始めることにした。よく言われるように、「時には、自分がすべきことのために好きなことを諦めなければならない」のだ。

私は一九七〇年に出版されたリチャード・バックの『かもめのジョナサン』を再び手に取った。以下はこの本についてのウィキペディアの説明である。

「この本はカモメのジョナサンの物語だ。このカモメは餌を得るために毎日繰り返される小競り合いにうんざりしていた。それよりも空を飛ぶことにとりつかれ、飛行についてのあらゆることを学んだ。やがて、仲間と協調しないジョナサンは群れから追放されてしまう。はぐれ者となった彼は学ぶことを続け、平和と人生の幸福を追求するうちに、やがて自分の能力の高まりに大きな満足を見出していく。

ある日ジョナサンは二羽のカモメに出会い、「高次の世界」に連れていかれる。そこは天国ではなく、ただ完全な知識によって見出されたより良い世界だった。そこでジョナサンは、自分と同様に飛ぶことを愛するカモメたちに出会う。そして、純粋なかたくなさと学ぶことへの意欲を持ち続けたことで、自分が一〇〇万羽に一羽のカモメになったことを知る。この新しい場所で、ジョナサンは最も賢いカモメ、チャンと知り合う。チャンはジョナサンに、今まで彼がやっていたよりずっと進んだやり方、宇宙のどこにでも即座に移動できる方法を授ける。チャンは「自分がすでにその場所にいることを知る」のがこの方法の秘訣だと語る。自分の人生に満足していなかったジョナサンは、自分と同じような境遇のカモメを見つけるために地球に戻る。自分が学んだことを彼らに教え、飛ぶことへの愛を広めるために。彼の試みは成功し、彼の元に、群れと協調できずに追い出されたはぐれ者たちが集まってくる。ついに、彼の最初の生徒となったフレッチャー・リンドが指導者となり、ジョナサンは他の群れを指導するために去っていく」

●無謀な挑戦

私が『かもめのジョナサン』から学んだことは、人間は時に、持っているものを手放し、人生の流れに身を任せてみる必要があるということだった。一九八三年の夏から八四年の終りにかけて、私は今までのものを手放し、人生の流れに乗る準備をはじめた。

まずロックンロールビジネスのパートナー二人に、過去を手放して新しい分野に身を投じることを告げた。一体何をするつもりなのかと問われた私は、「流れに身を任せてみようと思う」とだけ答えた。彼らは目を白黒させていたが、私は言った。「知らない世界に飛び込んでみようと思うんだ」。一九八三年一〇月、事業売却の手続きを開始し、私はこのビジネスから離れた。一九八四年一月、ハワイやニューヨーク、台湾、韓国などで残務整理をしていた時、私は見たことのないような美人に出会った。キムという名のその女性は、最初は私にまったく興味がないようだった。六か月の間デートに誘い続けたが、答えはいつもノーだった。

ある時彼女はついに折れ、私たちはデートした。ディナーのあと、ワイキキビーチを散歩しながら太陽が昇るまで話をした。夜更けから翌朝まで、私はバッキー・フラーと人生の目的、魂の仕事について語り続けた。この話に興味を持った女性は彼女が初めてだった。

それから数か月間、私たちは頻繁に会った。彼女は私の「開放のプロセス」の一部だった。私が両親やホノルル工場の従業員たちと涙の別れをした時も、彼女はそこにいてくれた。キムと私は、このままいけば自分たちも別れなければならなくなることを感じていた。彼女はホノルルで広告の仕事をしていたし、私は未知の世界に飛び込もうとしていた。やがてすべてを清算する日が訪れた。キムは言った。「あなたと一緒に行くわ」。一九八四年一二月、キムと私は手を取り合って未知の世界に飛び込んだ。一九八五年は最悪の年だった。だが私たちは、それよりもはるかに困難な日々が待ち構えていることを知る由もなかった。

その後は何もかもうまくいき、バラ色の日々だった、と言いたいところだが、実際は地獄だった。二〇一四年、経済的にも職業的にも成功した現在でも、私たちは欲望や嘘、不誠実、法的トラブル、犯罪などに満ちた現実社会とやり合わなければならないのだ。

悲しみと困難にもかかわらず、私たちの旅は『かもめのジョナサン』に描かれたようなものとなった。私たちの魂、行くべき道への専心、甚だしい困難の中で目的を投げ出さない信念が試された。

幸運だったのは、素晴らしい人々に数多く出会えたことだ。キムが広告業界に、私が製造業に留まっていたら、こうしたさまざまなタイプの人々と知り合うことはなかっただろう。私たちが出会った人々について、ウィキペディアの『かもめのジョナサン』の第二部の記述がぴったり当てはまる。

「ジョナサンは、すべてのカモメが飛ぶことを楽しんでいる新しい世界に入ることができた。長い間、厳しく孤独な練習に励んだ結果だった。最高度に熟練した指導者と熱心な生徒による学びは、もはや神聖とも言うべき境地に至った。互いに大きく異なっているにもかかわらず、彼らは自分たちを一つにする偉大な何かを共有したのだ。

「カモメというのは究極の自由という概念、〝偉大なカモメ〟そのものであることを理解しなければならない」。ジョナサンは自分に忠実であるべきだと悟った。「お前には自分自身でいる自由が許されている。真実の自分として今ここに存在する自由が。そして、お前を邪魔するものは何もない」

一九八五年当時、キムと私は、住む場所もなく食べることもままならない時が何度もあった。私たちは古ぼけた茶色のトヨタや、友人の家の地下室で暮らしたこともあった。私たちの信念が試されていた。一九八五年の秋、人生の流れは私たちをオーストラリアに導いた。そこには私たちが教えていることを理解してくれる人々がいた。私たちはゲームを使い、社会的責任を伴う起業家精神と投資について教えた。一九八五年一二月、シドニーで行ったセミナーで、少額だが利益が出た。キムと私がオーストラリアを愛し、オーストラリアの人々にいつも感謝している理由のひとつだ。

私たちは手を放し、人生の流れに導かれてオーストラリアに行った。オーストラリアの人々は、私たちに教師になるチャンスをくれたのだ。

●新しい友人たち

一九八六年のある日、私はジョン・デンバーが創立したウィンドスター財団から電話を受けた。ジョンがコロラドのアスペンで行うイベントに、ベン&ジェリーズアイスクリームの創設者、ベン・コーエンやジェリー・グリーンフィールドなどの起業家とともにゲストスピーカーとして参加しないかという話だった。私は飛びついた。

ジョンがアスペンに所有する土地に設置された巨大なテントに入ると、モントリオールのバッキーのドームの体験がよみがえった。摩訶不思議な感覚、驚嘆、あふれる可能性なども同じだった。私は自分のロックンロールビジネスについては語らなかった。その場にふさわしくないように感じたのだ。代わりに、まったく準備していなかったが、教育と学びについて話すことにした。学校で私が感じた苦痛、自分が学びたいことが分かっているのに興味のない科目を強制されたことや、文章が書けず、高校の英語の授業を二回落第した苦い思い出について話した。私は、自分のような、勉強はしたいが学校が嫌いな子供たちのために話した。伝統的な学習方法の中で、いかに多くの子供たちが魂を傷つけられているかについて話した。講演の終りに、私は観客に、目を閉じ手をつないで、発売されたばかりのホイットニー・ヒューストンの「グレイテスト・ラヴ・オブ・オール」を聞かせた。曲の出だしは会場の雰囲気と私のメッセージにぴったり合っていた。

「子供たちは未来だと私は信じている」

私がステージを去る時、涙ぐんでいない人はほとんどいなかった。観客たちはカモメの群れのように、互いに抱き合い、泣いていた。一九八一年のあの日、私が初めてバッキー・フラーの話を聞いて涙を流した時のように。その涙は愛と悲しみだった。その涙は非難ではなく責任感だった。命を与えられたことへの感謝だった。その涙は、世界を変えるには心からの勇気が必要だと知っている人々の、勇気の涙だった。このカモメの集団は、勇気（courge）という言葉がフランス語の心（coeur）から来ていることを知っていた。ウィンドスター財団は、すでに空を飛ぶ方法を知っているカモメの群れだった。空を飛ぶには勇気が必要なことを彼らは知っていた。

ステージを降りるとキムが待っていた。私たちは静かに抱き合った。私たちはついにスピリチュアルな仕事、人生の目的を見つけたことを悟った。何になればよいかを知った。そしてそれは今でも私たちのライフワークである。

皮肉なことに、教師という仕事は私の「大人になったらなりたいものリスト」には入っていなかった。教師よりも弁護士の方がもっと価値ある職業に思えた。私が学校嫌いだったこととは関係がない。私が嫌いだったのは、学びたくないことを押し付けられることだった。学びたいことを学べないのが苦痛だった。私はお金について理解し、金持ち父さんのように経済的自由を手に入れる方法を学びたかった。私は貧乏父さんのような、給料のための奴隷、安定した職業や教員年金に縛られる奴隷にはなりたくなかった。

●ビジネスの急発展

キムと私がスピリチュアルな仕事だという意識を持つと、米国はもちろん、ニュージーランドやカナダ、シンガポール、マレーシアで展開していた私たちの教育会社のビジネスも急発展した。

一〇年後の一九九四年、そのビジネスをパートナーに売ってキムと私は経済的自由を手に入れた。キムは三七歳、私は四七歳だった。私たちは仕事や政府の援助、株式・国債・債券・投資信託で構成された年金プランに頼らなくて済む経済的自由を手に入れた。人々が伝統的な投資や年金プランに頼らずに経済的自由を獲得する方法を聞きにやって来るようになり、私たちは新しいセカンドチャンスをつかむ時期が来たことを知った。

次に述べるのはバックミンスター・フラーの一般原理、あらゆる状況で例外なく真実である理論だ。私たちはこれに従って次のビジネスを始めた。そのビジネスは今日リッチダッド・カンパニーとして知られている。私たちが理念とした原理は次のようなものだった。「より多くの人々に貢献すれば、人はより力を発揮できる」。人々に貢献しようという意思のもとに、私とキムはキャッシュフローゲームを開発し、私は『金持ち父さん　貧乏父さん』を書いた。

一九九七年四月八日、私の五〇歳の誕生日にリッチダッド・カンパニーが立ち上げられた。私たちの理念は「人類の経済的な幸福を向上させる」だった。

●リッチダッド・カンパニーのセカンドチャンス

第一章で述べたように、お金の世界は変わっているが、多くの人々は変わらないままだ。キムと私が経済的自由を手にしたあともリッチダッド・カンパニーを続けている理由は、より多くの人々にお金の面でも人生の面でもセカンドチャンスを提供しようという企業理念があるからだ。今日、リッチダッド・カンパニーはさらなるセカンドチャンスの準備を整えている。情報時代のツールとテクノロジーを使ってより多くの人々に奉仕するチャンスである。セカンドチャンスの素晴らしいところは、限界なしに、何度でも必要なだけ機会を得られることだ。私たち一人ひとりが、過去を嘆く代わりにセカンドチャンスをものにする力を持っている。変化し続ける世界について私たちが学べば学ぶほど、そしてその変化に気づけば気づくほど、セカンドチャンスが来た時に成功する確率は高くなる。

フラーの最後の本は『グランチ・オブ・ジャイアンツ』だった。グランチ（GRUNCH）とはGross Universe Cash Heist（不快極まる現金強奪の横行）の頭文字をとったものだ。

『グランチ』は彼の死後、一九八三年に出版された。フラーの著作の中では唯一、金持ち父さんが関心を持っていたのと同じテーマを扱っており、特に私たちの富を奪うための仕組み、貨幣制度に光を当てている。

私は一九八三年にこの本を読んで茫然自失となり、これ以上製造業に携わってはいられないと思った。何をすればよいかは分からなかったが、何かをすべきだと思った。知り過ぎてしまった私は、黙っていることができなくなった。フラーが未来の見方を教えてくれたおかげで、当時すでに私は現在の経済危機、私たちの教育システムに端を発する経済危機を予見することができた。

次の章からは、私が学んだことと、なぜ今日の経済危機が訪れたかを説明しよう。

お金の強奪は今に始まったことではなく、ずっと昔から行われていた。セカンドチャンスをつかみたいと考える人は、フラーがグランチ・オブ・ジャイアンツと呼んだものと、彼が見通していた未来を理解することが必要だ。あなたとあなたの家族が輝かしい未来を築くために。

第三章

私にできることは何か？

「私はまず発明し、私の発明品を必要とする人が周りに集まってくるのを待った」――バックミンスター・フラー

バッキー・フラーの未来を見通す能力が、株の銘柄選びや売買のタイミング、競馬でどの馬に賭けるか、ワールドシリーズの勝者は誰かなどの予想とは全く無関係であるということに気づくまでしばらくかかった。彼の未来についての洞察は神の未来観と関連していた。

バッキーは神という言葉を使うのを躊躇していた。それはしばしば人々の宗教的な教義や感情、議論を呼び起こすからだ。バッキーは、神は白人でもユダヤ人でもアラブ人でもアジア人でもないと考え、神という言葉よりも、ネイティヴ・アメリカンの言葉であるグレート・スピリットという言い方を好んで用いた。グレート・スピリットは天国や地球といったものではなく、宇宙にあるすべてのものを結びつける見えない力だ。

本書で私が神という言葉を使う時、宗教的な意味合いはないことを覚えておいてほしい。私は神を信じるか信じないか、どんな宗教を持つかに関して、人々の自由意思を尊重している。つまり、宗教の自由と、神を信じるか信じないかについての選択の自由を信じているのだ。

政治についても同じことが言える。私は共和党支持者でも民主党支持者でもない。私はこの種のドッグファイトには参加しない。実際、私は政治家よりも自分の飼い犬の方がずっと好きだ。

●人類の進化を願う

フラーは金銭を追求する未来学者ではなく、人類の進化を願うグレート・スピリットを信奉する未来学者だった。彼は、人間は神の壮大な実験であり、この惑星で進化していけるか、ここを天国にするかあるいは地獄にしてしまうかを見るために、神によって「宇宙船地球号」に置かれた存在だと信じていた。

フラーは、すべての人間が豊かになることがグレート・スピリットの意思だと信じていた。彼はしばしば「地球には六〇億人の億万長者（ビリオネア）がいる」と語った（これは一九八〇年代の話であり、今日では七〇億人の億万長者となる）。八〇年代には確認された億万長者は五〇人だった。フラーの言う六〇億人には程遠い。だが二〇〇八年には一一五〇人に増え、今日では一六四五人だ。

フラーは、人類の進化は臨界点に達したとも言った。もし人間が強欲さや自分勝手から、気前のよさや豊かさへとシフトしないなら、地球上の実験としての人類には終わりが来るだろう。彼は、神の豊かさを自分たちだけで抱え込んでいる金持ちや権力者を、しばしば血栓にたとえた。もし人間が進化しないなら、自らを殺すだけでなく、地球の生態系をも死滅させてしまうとフラーは信じていた。

フラーがすべてを一般化できる原理を見つけようとしていた理由は、それが宇宙を動かす見えない力だからだ。一般原理はグレート・スピリットの動作原理であり、グレート・スピリットはすべての人間と地上の生命の繁栄を望んでいる。フラーは一般原理が全部で二〇〇から三〇〇あるだろうと考えていた。彼は亡くなるまでに約五〇を発見した。私はそのうちだいたい五つを利用している。

彼は著作や講演で、人間や地球資源を自分の富のためにしか利用しない欲にまみれた権力者を批判している。フラーは、人類が強欲から気前よさへのシフトを行わないなら、誰にも、どんなものにも役立つ惑星にしないなら、やがて宇宙船地球号から退去させられる日が来ると考えていた。そうなればグレート・スピリットの実験は数百万年遅れてしまう。神は辛抱強く人間の進化を見守ってくれるとフラーは言った。だがあなたも私も、同胞がそのメッセージを受け取るまであと数百万年待つ余裕はない。

●より多くの人々に貢献する

前章で述べた通り、フラーが発見したグレート・スピリットの一般原理は以下のようなものだ。「より多くの人々に貢献すれば、人はより力を発揮できる」。自分のセカンドチャンスとしてビジネスの判断を下す際、私はできる限りこの原理を守ってきた。自分の利益を上げるだけでなく、いかにして他者を豊かにできるかを考えるように習慣づけた。

この一般原理は私とキムがセミナービジネスをパートナーに売却すると決めた時も指針となってくれた。ビジネスは順調だったが、貢献できる人々の数には限界があった。一九九四年、セミナービジネスを売却することは難しい選択だった。私たちはビジネスを愛していたし、それは成功し利益を生んでいた。しかし、次に進むべき時だと直感が告げていた。もっと多くの人に貢献する方法を探るべき時が来ていた。

一九九四年に、私たちは金銭的な意味での自由を手に入れた。それはバッキー・フラーの教えからではなく、金持ち父さんの教えからもたらされた。経済的自由を得たおかげで私たちは次のビジネスを準備する時間を持てた。一九九六年、キャッシュフローゲームの最初の商業バージョンがラスベガスで披露され、一週間後にはシンガポールでも公開された。次のステップはゲームを売るためのマーケティング計画だった。

キャッシュフローゲームは二つの根本的な問題を抱えており、販売するのが難しかった。ひとつはそれが複雑すぎることだ。私たちが雇ったゲームアドバイザーは、もっと単純にして誰もが遊べるようにしなければ売れないと断言した。だが私たちはそのアドバイスに従わないことにした。キャッシュフローゲームは教育ゲームで、楽しむためのものではないからだ。

もう一つの問題は製作費が高いことだ。私たちのコンサルタントは、小売価格は二九ドル九五セントでなければ売れないといった。その小売価格に抑えるには製造に七ドルしかかけられない。だが、中国で生産し、米国に輸送して保管するには五〇ドル以上のコストがかかる。ゲーム専門家のアドバイスを無視して私たちは小売価格を一九五ドルに設定した。ゲーム市場でもっとも高価なボードゲームだった。

だがこの問題は新たな改革につながった。一九五ドルのゲームを売るために、キムと私は革新的にならざるを得なかった。ゲームを一九五ドルで売るために、私たちはかつてのセミナー参加者に呼びかけ、ゲームの一日セミナーを五〇〇ドルで行った。セミナーの間、参加者はゲームを二回プレーする。一回目はゲームを理解するためで、二回目はゲームを楽しむ。一日セミナーの企画は成功した。参加者は興奮し、多くの人が今までに学んできたよりも多くのことを一日で学べたと言ってくれた。使用したゲームが一五〇ドルであることを告げると、彼らは飛びついた。新品が一九五ドルで買えるのに、人々は中古品を奪い合った。

私たちのビジネスモデルは成功し、キャッシュフロークラブのコンセプトが生まれた。二〇〇四年、ニューヨークタイムズが「〝お金で遊ぶ〟ことの価値が上昇」と題したキャッシュフロークラブの記事を掲載し、世界中で三五〇〇以上のキャッシュフロークラブの存在を確認したと教えてくれた。それらの多くは今日も存続しており、私とキムだけではとても相手にできなかった大勢の人々の指導に貢献している。

Q　多くの人に貢献したいのなら、なぜゲームを無料で提供しなかったんだ?

A　私たちは当初、政府の助成金によってゲームを製造することを考えた。だがそれは金持ち父さんの起業家精神ではなく、貧乏父さんの考え方だった。また、人々にタダでものを与えることは彼らを貧乏にする結果となりがちだ。それは人々の「給付金依存体質」を助長し、自発性と責任感を損なわせてしまう。

ゲームの初期コストは非常に高額だったが、オンラインゲームは数百万人に無料で公開されている(英語のみ)。キャッシュフロークラブでは、ゲーム一個で数百人を無料で指導できるし、実際そうしてきた。

世界中の多くのキャッシュフロークラブのリーダーが、リッチダッド・カンパニーの企業理念、人類の経済的な幸福の向上を支持し、お金のゲームを人々に伝えている。彼らにとって教えることはスピリチュアルな体験というだけではなく、教えれば教えるほど自分が学ぶ機会にもなるのだ。

キャッシュフロークラブのリーダーたちは、「与えよさらば与えられん」の原理を模範とし、与えた以上のものが返ってきたと私に語った。だが残念なことに、他の商品を売ったり、ビジネスのきっかけとするためにこのゲームを利用しているクラブもある。もしそうしたクラブに出会ったら、私が純粋な活動だけを応援し、ゲームをマーケティングツールとして利用する人々はサポートしないことを思い出してほしい。

●新しい見方を提供する

六か月の間、私はビスビーというアリゾナ州の少々古風な芸術家の街にある、昔の監獄を改装したアパートに腰を据えていた。かつてはジョン・ウェインが所有し賃貸物件にしていたこともある。彼はビスビーと南アリゾナを愛し、広大な牧場を所有していた。

その日、私は自分の小さな牧場で、駅馬車の駅を寝室ひとつだけの小さな家に改造しようと作業していた（駅はビスビーと、ＯＫ牧場の決闘が行われた悪名高き町トゥームストーンの間にあった）。夜になると私は監獄の中で本を書いた。それはなかなか困難な仕事だった。少し進んでは筆が止まることを繰り返していた。ある晩、家の改装や本のコンセプトを考えるのに飽き飽きしていた時、私の指が自然に本の冒頭の一節をタイプし始めた。それはこんな言葉で始まっていた。「私には二人の父がいる。金持ちの父と貧乏な父だ」

こうして『金持ち父さん　貧乏父さん』が生まれた。ほとんどの人は、金持ち父さんシリーズの一冊目となったこの本が最初はキャッシュフローゲームのパンフレットとして書かれたことを知らない。

一九九七年四月八日、私の五〇歳の誕生日に『金持ち父さん　貧乏父さん』が出版され、リッチダッド・カンパニーが生まれた。『金持ち父さん　貧乏父さん』は二〇〇〇年初めまで自費出版という形で出回っていたが、口コミで急速に広まり、ある日ニューヨークタイムズのベストセラーリストに登場した。かの有名なリストに載った最初の自費出版本となったのである。

ほどなくしてテレビのオプラ・ウィンフリー・ショーの番組プロデューサーが電話してきた。しかし出演を決める前に、彼女は「金持ち父さんの息子」と話したいと言ってきた。『金持ち父さん　貧乏父さん』の物語が事実だと分かると、オプラへの出演はすぐに決まった。

その話が来た時、私はオーストラリアに滞在中で、難しい選択を迫られた。そこにとどまるべきか、出演のためにシカゴに飛ぶべきか。例の原理「より多くの人々に貢献すれば、人はより力を発揮できる」が頭に浮かび、旅行を切り上げてシカゴに戻った。オプラのセットに足を踏みいれたときのことを私ははっきり覚えている。彼女の横に一時間すわり、ファイナンシャル教育の必要性について話したのだ。

この時間は私の人生を完全に変えるものだった。ほんの一時間のうちに、私は無名の人間からお金の教育において世界的に有名な存在になっていた。一夜のうちの成功にたどり着くまで五五年、その間多くの成功と失敗、多くのセカンドチャンスがあった。私は自慢したくてこの話をしたのではない。バッキー・フラーの一般法則と、金持ち父さんの教えの力を示す例として書いたのだ。

●金持ちは気前がいい

ある記者に「あなたはオプラのおかげで金持ちになったのか」と聞かれたことがある。私は、オプラのショーに招かれた時はすでに金持ちだった、と答えた。実際、その頃の私はすでに金持ちだった。学校で教わらない知識を増やすことに時間を費やしてきたおかげだった。私がしていたことは、自分の知っている知識を気前よく人々と分かち合うことだった。

気前のよさについての私のコメントは記者を困惑させた。彼は、金持ちになるには強欲でなければならないと考えていた。私が、一つのものには必ず複数の面があり、人は強欲でも気前がよくても金持ちになれるのだという一般原理を説明すると、彼はうんざりした眼差しを向けた。彼の頭は金持ちになる唯一の方法は強欲だという考えに凝り固まっていた。彼にとっては、気前のよさによって金持ちになるなどまったく不可能だった。彼の心の中にはただ一種類の金持ち、強欲な金持ちしか存在しなかった。

Q　有名になってから何が起こった？　その後は順調だったのか？

A　反対だ。名声と金は人生を簡単どころか厳しいものにした。多くの友人から嫉妬された。それまでパートナーだった連中は欲が深くなり、ついには私から奪い始めた。何かできることはないかと多くの人間がやって来た。彼らが本当に私たちの使命の手助けをするためにやって来たのか、それとも自分が助けてもらいたいのか、見分けるのは難しかった。

幸運だったのは、これらの数年間に多くの素晴らしい人々と触れ合えたことだった。繰り返しになるが、一つのものは複数のものから構成されており、我々は良いことも悪いことも受け入れなければならないのだ。

●バッキーの最期の言葉

すでに述べた通り、バッキーは一九八三年七月一日に世を去り、妻のアンはその三六時間後に亡くなった。二人とも八七歳だった。彼の人生は、その死さえも神秘的だった。

彼はあるイベントで講演していたのだが、それが最期の言葉となった。彼は突然話すのを止めると座りこんだ。私はそのイベントには行かなかったが、最期の言葉のテープを聞いた。それを要約してみよう。

バッキーは、妻が病床にあるので手短に話すといった。また、数日前にある種の虫の知らせを受け取ったと告白した。虫の知らせとは、彼とその妻が一緒に死ぬというものだった。二人の死が近づいていることを自覚しながら、彼は「ちょっと不思議なことが起こっている」と語った。皆に今後も学び続けるように言った後、いつもの別れの言葉で締めくくった。「ありがとう、愛する人々よ」

後に私は、彼と妻が、互いに相手が死ぬのを決して見ないようにしようと約束していたと知った。この約束は果たされた。バッキーは妻の元に急いで戻ると、昏睡状態にある彼女のベッドサイドに腰かけた。そしてタイミングを見計らったように、頭を彼女の側に垂れ、静かに息を引き取った。妻も互いの死を見ないという約束を守り、三六時間後、彼の後を追うように亡くなった。未来学者だった彼は自分と妻の死さえも予見したのだ。おそらく彼は、グレート・スピリットが自分たちを呼び戻す声を聞いたのだろう。

私はホノルルのフリーウェイを走っている時、ラジオで二人の死を知った。あまりのショックに私は車を高速道路の脇に止め、泣いた。振り返ってみると、取り乱しながら高速道路の脇に腰かけたあの日、私の人生のある段階が終わり、新しい局面が始まったことが今でははっきりとわかる。私は新しいセカンドチャンスを与えられたのだ。私はもはや製造業の起業家ではなく、教育分野の起業家になろうとしていたのだ。

●『グランチ・オブ・ジャイアンツ』

それから数か月後、バッキーの最後の本、『グランチ・オブ・ジャイアンツ』が出版された。すでに言った通り、グランチは「Gross Universe Cash Heist（不快極まる現金強奪の横行）」の頭文字で、金持ちや権力者が、お金や政府、銀行システムを使っていかに私たちの富を盗んでいるかを解説したものだった。この小編だが説得力のある本を読んだ時、自分の中のパズルのかけらがすべてあるべき場所に収まった。私の心は時間をさかのぼり、九歳、小学四年生の時、教室で手を挙げ、先生に「いつお金について勉強するんですか？」「なぜ金持ちと貧乏な人がいるんですか？」と質問した日に戻っていた。

『グランチ』を読んで、その答えがゆっくりと頭の中に染み込んできた。フラーは教育システムについて、教えている内容はもちろん教え方にも非常に批判的だった。彼はすべての子供たちが持つ特別な才能について以下の言葉を残している。

「すべての子供たちは天才として生まれてくる。しかしそれに気づかない人間たちと、物理的に不都合な環境要素のせいでその天才性はすぐに失われる」

「私はすべての子供が幅広い好奇心を持っていることに気づいた。子供たちはあらゆることに興味を持つが故に、知識の視野が限定されている両親は、彼らの全方向への好奇心に悩まされる。子供たちは生まれてすぐに、あらゆる方面の物事を捉え、理解し、整理し、利用できるよう遺伝子が構成されていることを証明しているのだ」

フラーは学生たちが自分の教育方法を自分で選択することを推奨している。ちょうどスティーブ・ジョブズがオレゴン州ポートランドのリード大学で学んだ時のように。ジョブズは学校を中退してから再び授業に潜り込み、興味のある科目だけを学んだ。そしてその後二度と学校に戻ることはなかった。

Q　バッキー・フラーは「誰もが天才だ」というのか？

A　そうだ。

Q　だが私は自分をあまり賢いとは思わない。自分が天才だとは思えない。なぜなんだろう？

A　バッキーによれば、学校や両親が子供の天才性を奪ってしまうからだ。彼は学校をダイヤモンドの鉱山に例えている。教師はダイヤモンド、つまり彼らが天才と思う子供を探して鉱山を掘る。教師が天才としてのポテンシャルを持っていないと判断した学生たちは、鉱石くずや土、がれきのように道端に打ち捨てられる。そして、多くの学生が自分は賢くない、特別ではないという思いを抱えて学校を去る。学校や教育システムに怒りを抱く者さえいる。

Q　では人はどうやって自分の天才性を見つければいい？

A　方法はたくさんある。ひとつは自分の環境を変えることだ。

Q　環境と天才性とどういう関係がある？

A　例を挙げよう。教室の中では多くの学生が自分を馬鹿だと感じている。だがフットボールのグラウンドでは才能を発揮できるかもしれない。タイガー・ウッズはゴルフコースでその天才性を発揮した。ビートルズは録音スタジオで、ギターとドラムによって偉大な才能を見せた。スティーブ・ジョブズは学校を中退したが、ガレージで天才として開花した。そしてスティーブ・ウォズニアックと共に最初のアップルコンピュータを開発したのだ。

Q なぜ私は自分が賢いと思えないのだろう？ 自分の天才性を見出せないのはなぜなのか？

A ほとんどの人が家から学校や職場に通うだけの生活をしている。だがそれらは彼らの才能を開花させるのに適した環境とは限らない。皆、人生に不満を持ち、自分の能力を発揮できず、相応の評価も受けていないと感じながら生きている。それもこれも、才能を発揮できる環境を見つけられないせいだ。

Genius（天才）という言葉がGenie-in-us（私たちの中にいる願いを叶えるランプの精）であることを思い出してほしい。Genius（天才）、magician（魔法使い）、inspire（呼び起こす）という三つの言葉は互いに関連している。台所では魔法使いになる人、普通の食材を高級料理に変えてしまう人があなたの周りにもいるのではないか？

Q 確かにいる。

A 園芸の才能がある人もいるだろう。土と水と種によって魔法のように菜園を作り上げてしまう人が。

Q その通りだ。

A 知的にハンディキャップのある人たちのイベント、スペシャルオリンピックスを見て、彼らが障害をものともせず、一所懸命ひるむことなく競い合っている姿に感動したり魂を揺さぶられたことは？

Q ある。

A これらは「私たちの中にいるランプの精」が人々を目覚めさせた例だ。誰かの魂が自分の魂に触れた時、私たちは力強く鼓舞される。これこそが天才というものだ。誰かが私たちを鼓舞する時、私たちは自分の中にいるランプの精＝天才性を思い出す。

Q　多くの人が自分の才能を見いだせないのはなぜか？

A　天才になることが簡単ではないからだ。ここに次のタイガー・ウッズになれる人物がいるとする。しかし、彼がその才能、天才性の開発に人生を捧げなければ、彼らの中のランプの精は決して魔力を発揮しない。

●湧き起こる疑問

『グランチ』を読んだ私は多くの疑問を抱えた。そして人生で初めて、学生に戻りたいと思うようになった。もう一度小学四年生に戻って、かつて教師にしつこく尋ねたお金についての質問の答えを知りたいと思った。私は学ぶことに飢え、答えを欲していた。「なぜお金について学校で教えないんだろう？」「金持ちはどうやって金持ちになったのだろう？」

『グランチ』を読み終わると、今度は教育についてのフラーの本を読み漁った。そして、小学四年生の時の私の質問は、自然な探求心から湧き起こったものであることを知った。お金と、金持ちが金持ちである理由の追求は私のテーマとなった。私が思うに、お金の勉強が学問分野から排除されているのは偶然ではない。

一九八三年、学生心を刺激された私はフラーが言った通り、心の欲求に従って再び勉強を始めた。その後の数年間の研究で、貨幣制度が私たちの富を盗み、金持ちをさらに金持ちにするが、私たちを富ませることは決してないというフラーの主張が正しいことが裏付けられた。他者を奴隷にし、富を収奪する行為は、人類の誕生以来続いている。フラーは、強欲と他者の奴隷化は人類が進化するための試練であり、私たちが心の力で地球を楽園にするか、環境廃棄物であふれた地獄にしてしまうかが試されていると考えていた。

フラーは『グランチ・オブ・ジャイアンツ』の中で、金持ちや権力者が自分たちの計画を推し進めるために、お金や銀行、政府、政治家、軍隊のリーダー、そして教育システムをどのように利用しているかを解説した。一言で言えば、お金は人々を、お金と貨幣制度を牛耳る人々の奴隷にするように作られているのだ。

皮肉なことに、フラーと金持ち父さんのお金についての立場は正反対であるにもかかわらず、お金が人々を奴隷化しているという点では二人の意見は一致している。そして彼らの対極の立場は、「単一性の中身は複数」の原則を裏付けている。主張は一致しなくても、原理には同意しているのだ。

オプラの番組に出演した直後、ある投資信託会社が私に四〇〇万ドル出すので自分たちの投資信託を推薦してくれと頼んできた。私も人並みにお金が好きだが、これを引き受けるのはグランチに魂を売ることだった。ファイナンシャル教育の素晴らしいところは、人々に選択の自由を与えることと、魂を売り渡す必要がなくなることだ。

●あなたにできることは何か？

Q　私には何ができるだろう？

A　選択肢はたくさんある。世界中が問題であふれている。より良い質問は恐らく、「私はどんな問題を解決したいか？　神は、どんな問題を解決するために私に才能を授けたか？　それは一人でできることか、それとも解決するために何かの組織に入る必要があるか？」などだ。

解決すべき問題の視点に立って世界を見ると、やるべき多くのこと、あなたができることが見えてくる。さらに重要な質問は、あなたは喜んで問題解決に取り組むか、それともお金を貰わないとやらないかだ。

次の章では、貨幣制度を利用した富の強奪がいかに行われているか、なぜ学校でお金について教えないかについて、私が見つけた答えを見ていく。

キャッシュフローゲームを作り、『金持ち父さん　貧乏父さん』を執筆することによって、私たちの富と収入、そして知名度は急激に高まった。セカンドチャンスをつかむための方法の話はいつ始まるのかと訝っている読者がいるかもしれないが、私はそういう人に向けてこの話をしているのだ。

お金と人生においてセカンドチャンスを求めている人は、「もっと多くのお金を稼ぐにはどうすればよいか?」ではなく、「もっと多くの人に尽くすにはどうすればよいか?」と自分に質問してみよう。

あなたの問いが後者であれば、あなたは神の一般原理に従っていることになる。

第四章

グランチによる強奪

「暗黒時代は現在でも私たちを支配している。支配の影響力と持続性が明らかになったのはごく最近だ。現代の暗黒社会の牢獄には、鉄格子も鎖も鍵もない。それは誤った方向付けによって施錠され、虚偽の情報によって作り上げられている」――バックミンスター・フラー

『グランチ』の後に出版された『コスモグラフィー』でこの言葉を読んだ時、私たちがいまだに暗黒時代を生きているという主張は私の頭を混乱させた。私はもっと学びたかった。私が知りたかったのは、グランチがどうやって私たちを暗黒に閉じ込めているかだった。

『グランチ・オブ・ジャイアンツ』を読むことは一〇〇〇ピースのジグソーパズルの最初の一〇〇ピースをはめるようなものだった。『グランチ・オブ・ジャイアンツ』の一〇〇ピースは、何年も前に金持ち父さんが完成させてくれた一〇〇ピースと完全に組み合わさった。パズルは形になり始め、その意味が浮かび上がってきた。お金を使って私たちの富を奪う方法が少しずつ見えてきた。

一九八三年になると、一〇〇〇ピースのうち二〇〇ピースまで完成させることができた感じだった。全体像がはっきりし始めると、私はさらに学びたくなった。私は人生で初めて真の学生になっていた。もっと勉強したい。しかし、じっとしていては必要なことを学べないと分かっていた。私はフラーが一九二七年にしたのと同じように、思い切って未知の世界に飛び込んだのだ。

Q　なぜ未知の世界なんだ?

A　未来がどうなるのか見当もつかなかったからだ。私は考えた。「もしフラーが一九二七年に未知の世界に飛び込んだことで自分の才能を発見したのなら、私もそうすべきだし、やり遂げられるだろう」。私は学生時代それほど優秀ではなかったが、未知の世界では能力を発揮できる予感があった。

Q　未知の世界のために順調な人生を手放した理由は何だったのか？

A　「不正」だ。私は六〇年代という激動の時代に成長した。ベトナム反戦運動や人種問題に絡む暴動が盛んに起こっていた。

一九六五年、私は退屈な故郷の町、ハワイのヒロを後にしてニューヨークの合衆国商船アカデミーに入学した。ルームメイトは若い黒人――今日の公正な呼び方で言えばアフリカ系米国人――だった。この男、トム・ジャクソンは私にとって最初のアフリカ系米国人の友人となった。ヒロにはアフリカ系米国人がいなかったのだ。毎晩のように人種暴動のニュースがテレビで報道される中、ジャクソンは歴史の別の面について教えてくれ、私の知識の空白を埋めてくれた。

私たちは皆、人種差別について知っている。ハワイでも、白人（ハオレと呼ばれる）、アジア系、ハワイ人の間で差別はあった。だがトムが経験した差別はそれとはかけ離れていた。

Q　人種差別があなたの動機だったのか？

A　イエスでもありノーでもある。差別というのは常にあるものだ。私を突き動かしたのは不正だった。

合衆国商船アカデミーを卒業した後、一九六九年に私はフロリダの飛行学校に入学した。そこはアラバマ州から遠くなかった。バーミングハムから来ていた白人のクラスメートが実家に招待してくれた。六〇年代の人種暴動の中心地だった街だ。

Q　そこで何を学んだ？

A　人種差別はお金の差別だという事実だ。黒人たちはより良い生活のために戦っていた。アラバマで白人と黒人の両方と話して、彼らはどちらも同じ目的、「より良い生活」のために戦っていることがはっきりと分かった。当時の抗議運動や暴動が、白人と黒人の学校の統合をめぐって起きたことはあなたも覚えていると思う。黒人も白人も、より良い生活のためにより良い教育を求めていたのだ。

Q　では、不正はどの点にあったのか？

A　不正は、学校においてお金の教育が欠如していることだ。人々はより良い生活を求めて学校に行くが、お金について学ぶ機会はほとんどない。

Q　今日でも同じ問題がある？　学校に行ってもお金のことはほとんど学べない。それが不正だと？

A　そうだ。今日、あらゆる人種やあらゆる社会経済階級――金持ち、中流層、貧困層――がお金のために苦労している。これが原因で、子供が最高の教育を受けられるか否かが、人々がパニックを起こすほど重要な問題になっている。良い教育を受ければ給与の高い仕事に就けるからだ。だが皮肉なことに、子供がお金について学ぶ機会はほとんどない。

Q　なるほど、しかし何が不当なのか私にはまだ分からない。

A　不正というのは、人々がお金について無知なままであることだ。今日、世界中のいたる所で、ほとんどすべての人々が金融制度によって、つまりお金を通して富を奪われている。しかもそれに気づいている人はほとんどいない。自分の資産が、仕事、預金、株式市場への投資を通して失われているのに。

もし状況が変わらなければ、再び六〇年代のような暴動さえ起こるのではないかと私は思っている。そして今度起こるのは人種暴動ではない。

私が一八歳の時、キングスポイントのルームメイトだったトム・ジャクソンがワシントンDCの実家に招待してくれた。それは非常に心乱される体験だった。人種暴動の直後、バーミングハムの白人の友人宅に招かれた時も大いに混乱した。

今日、当時と同じ恐怖と貧困が忍び寄り、社会のあちこちでにじみ出ている。都市部でドラッグや犯罪がもはや一つの職業と言えるほどはびこっている理由も理解できる。犯罪は仕事よりも実入りがよい。またドラッグは人々の苦痛を軽減してくれる。ドラッグも犯罪も、今や日々の糧と住む場所を確保するよい手段なのだ。

苦痛は今や社会のあらゆる階層に浸透している。お金も無知も人をえり好みしない。ファイナンシャル教育の欠如はもはや不正と言ってよい。『グランチ・オブ・ジャイアンツ』を読んだ私は、もっと多くを知りたくなった。ちょうどフラーの「学んでも知識が減ることはない。学べばさらに多くが身につく」という言葉のように。

一九八四年にキムと私が冒険に乗り出したのもこれが理由だ。何をすればよいのかは分からなかった。だが何かをしなければいけないことは分かっていた。

●月々の給与の力

かつて金持ち父さんは言った。「給与というのは人間が発明したもっとも強力なツールの一つだ。給与の小切手にサインをする人間は、それを受け取る人の体と心、魂までも支配する」

彼はこうも言った。「奴隷制が廃止された時、金持ちたちは給与を発明した」

『金持ち父さん　貧乏父さん』の第一の教え、「金持ちはお金のためには働かない」はここから来ている。

Q　この不公平をどうやって解決すればいいのか?

A　それにはまず言葉から始めなければならない。

●言葉は道具だ

フラーはよく「言葉は道具だ」と言っていた。彼は、言葉は人間の発明した最もパワフルなツールだと信じていた。私たちの心に直接影響するからだ。だから、フラーは言葉の選択に非常に慎重だった。多くの人の人生がうまくいかないのは、自らを弱め、混乱させ、恐れさせ、怒らせるような言葉を使うからだと彼は考えていた。

金持ち父さんは息子のマイクと私に「僕にはできない」という言葉を使わせなかったが、それは「言葉はあなたのパワーを盗み、あなたを弱くする」というフラーの信念そのものだった。そのかわり私たちは「どうすればできるか?」と自問し、良い知恵を絞り出そうとした。私たちが選び使用する言葉は、心を開くか閉じるか、自分は力強く創造的だと考えるように方向づけるか、あるいは何の力ももたない人生の犠牲者とするかのどちらかだ。それが言葉のもつ力なのだ。金持ち父さんはお金についての言葉に関しても、フラーと同じ意見だった。金持ち父さんは、多くの人が貧しいのは貧しい言葉を使うからだと考えていた。『金持ち父さん　貧乏父さん』を読んだ人は、貧乏父さんがしばしば「持ち家は資産だ」と繰り返していたのを覚えているだろう。これについて金持ち父さんは言った。「君のお父さんは恐らく高い教育を受けてるんだろう。だが持ち家は資産じゃない。負債なんだ」

何百万という人々が貧しく、お金について苦労が絶えないのは、「お金がない」といった間違った言葉を使うからだ。多くの人々が貧しさと戦っているのは、負債を資産と呼んでいるからだ。

金持ち父さんの定義はシンプルで、「資産は私のポケットにお金を入れてくれる」「負債は私のポケットからお金をとっていく」というものだった。そして、自分の主張を分かりやすくするためにシンプルな財務表を描いて使っていた(図⑱)。「一枚の絵は千の言葉に勝る」というわけだ。

図⑱を見れば分かるように、資産か負債かを決めるキーワードはキャッシュフローだ。この言葉は、お金の教育の中でもっとも重要なものかもしれない。

●言葉の使い方次第で金持ちになれる

九歳の時、私は自分が金持ちになるんだと考えていた。金持ち父さんがお金に関する言葉の意味を教えてくれたから、資産と負債の違いを知っていたからだ。自分がすべきことは資産を増やし負債を減らすことだと、九歳の私は気づいていた。

これは難しいことではない。私はたった九歳でこのコンセプトを理解できた。多くの米国人（歳は関係ない）と私との違いは、私にはお金の言葉を教えてくれる人（金持ち父さん）がいたこと、そのおかげで自分は知識を持ち、強い存在で、自分のお金、ひいては人生をコントロールできると信じていたことだ。あなたのセカンドチャンスもここからスタートすると思う。

金持ち父さんは、モノポリーをしながら言葉の定義を覚えることから私たちのお金の教育を始めた。緑の家は資産であることを私は九歳の時に知ることができた。それが一〇ドルのキャッシュフローを生むと、お

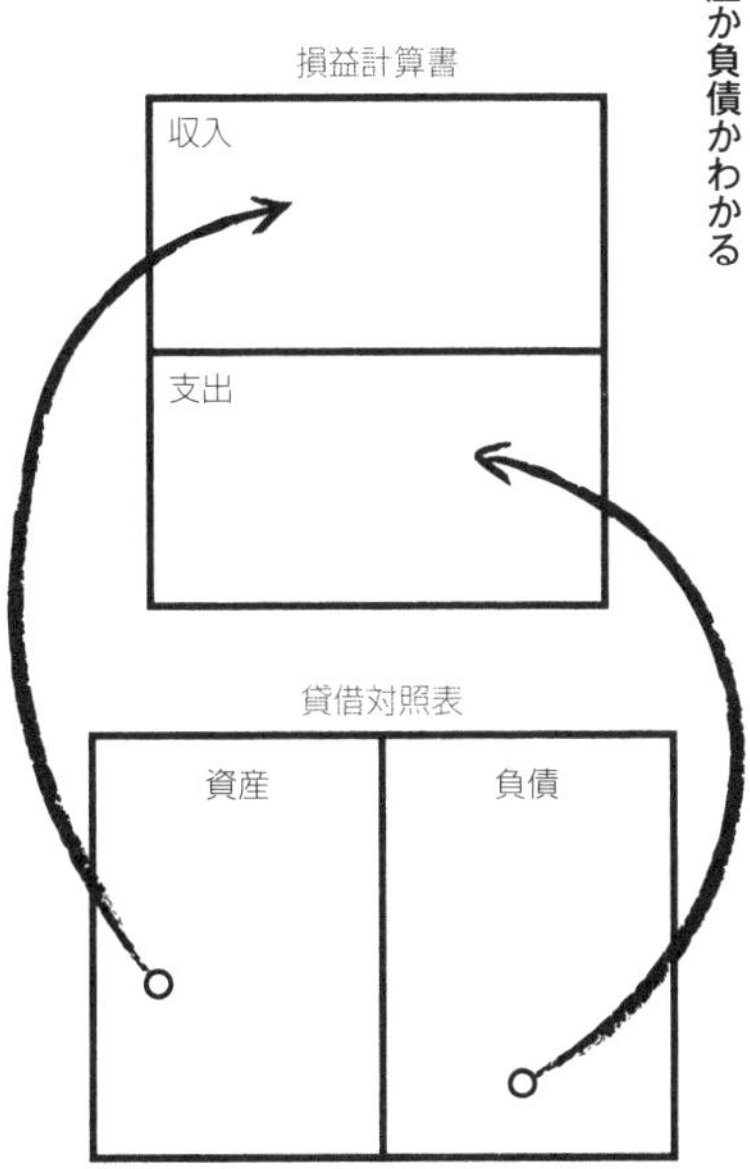

⑱キャッシュフローを見れば資産か負債かわかる

金が私のポケットに流れ込んでくる。緑の家が二つあれば二〇ドル儲かる。簡単な算数だ。お金の言葉の定義を知ることは私たちに力を与え、人生を変えてくれる。成長して経験を積むに従い、私の資産はお金についての語彙と共に増えていった。

繰り返すが、知識は力だ。知識は言葉から始まる。そして幸いなことに言葉は無料だ。

フラーが言ったように、言葉は人間によって創造されたもっとも力強いツールだ。言葉は私たちの頭脳の燃料だ。貧しい言葉を使うのは車に粗悪なガソリンを入れるようなものだ。それは長い間に性能を損なわせ、人生に大きな影響を与える。別のたとえで言えば、貧乏な人は貧乏なのではない。彼らは自分の力強い脳に貧しい言葉を注ぎ込んでいるのだ。

お金だけで貧困を解決するのは不可能だ。多くの人が、慈悲心から貧しい人にお金を施し、貧困を助長する。だが、本当に貧困をなくしたければ、貧しい人々が使っている言葉を変えさせることから始めなければならない。

子供のころ私が通っていた日曜学校での最初の教えはこうだった。

「魚を与えれば、人は一日食べられる。釣りを教えれば、一生食べていける」

人々を自立させるには、権利を主張する言葉よりも力を生む言葉から始める。多くの中流層が苦労から抜け出せないのは、彼らもまた貧しい言葉を使っているせいだ。中流層の多くは「貯金する」という言葉を使う。だが、銀行や政府が高速の印刷機でお金をせっせと刷っているのだから、貯金しても意味はない。

今、数百万という中流層と素人投資家が「長期投資」をしている。プロの投資家がＨＦＴ、つまり高速取引のシステムを使って一〇〇〇分の一秒単位の取引をしている時、長期投資に意味はない。ＨＦＴを使用する投資家にとって長期投資とは〇・五秒のことだ。

●お金についての混乱

多くの人がお金で苦労しているのは、自分が理解していない言葉を使うからだ。いわゆる「お金の専門家」が自分を知的に見せるため、あるいは顧客を煙に巻くために専門用語を使う。私がファイナンシャルセミナーに参加した時、「確率的」「移動平均」「市場外取引（ダークプール）」などの言葉をさんざん聞かされた。よく言われるように、「知性で人々を圧倒できないのなら、出まかせを言って黙らせろ」というわけだ。人々が投資でお金を失うのは、誰かがお金についての出まかせで黙らせているせいだ。

金持ち父さんが苦笑した言葉に「ブローカー」がある。誰かがこの言葉を口にすると彼は吹き出したものだ。「彼らが株式ブローカーとか不動産ブローカーと呼ばれるのは、きみよりもさらに金がない（ブローカー）からだ」

金持ち父さんは、人々に何かを売ることによって生計を立てている人々から投資のアドバイスを受けることは非常に危険だと考えていた。「多くの人が、金持ちではなくセールスマンからお金のアドバイスを受ける。だから多くの投資家がお金を失ってしまう」。だが、セールスマンに恨みがあるわけではない。金持ち父さんは「良いお金のアドバイスとセールストークを区別できるかどうかは投資家次第だ」と言っていた。

ウォーレン・バフェットもこう言っている。「ウォールストリートは、ロールスロイスに乗ってやってくる人々が、地下鉄で通勤する人々からアドバイスを受ける唯一の場所だ」

●言葉のパワー

金持ち父さんは、自分の息子や私に「私にはできない」とか「それを買うお金はない」と言うことを許さなかった。彼は、そういう言葉を使うのは貧しい人々だ、と言った。「〝私にはできない〟と言う人は、〝私はできる〟という人のために働くはめになる」

「それを買うお金はない」ではなく「どうすればそれが可能か？」と問いかけろ、と金持ち父さんは言った。そして「……したい」という代わりに「……するつもりだ」とか「私は……する」などの言い方を好んだ。

金持ち父さんはフラーと同様、言葉に非常に注意深かった。宗教心はそれほど強くはなかったが、話をする時しばしば日曜学校の講話を引き合いに出した。私たちに言葉の選択や言葉が持つ力について思い出させる時、金持ち父さんはよく聖書の一節、「そして言葉は肉となった」（ヨハネ、一・一四）を引用した。

●お金の強奪

フラーが自分の著書に「強奪」という言葉を使ったことは私にとってかなりのショックだった。「強奪」は非常に強い言葉だ。これをタイトルに使うべきか、フラーは長いこと考えたに違いない。このタイトルを選んだ時、彼が怒っていたのか、それとも自分が宇宙船地球号にいる時間がもはや限られていると思っていたのかは分からない。いずれにせよ、強い主張を込めたかったことは間違いない。

一九八三年、『グランチ・オブ・ジャイアンツ』を読み終わった私はheistという言葉を辞書で調べた。heistのシンプルな定義は、名詞で「強盗・強奪」、動詞で「盗む」だ。繰り返すが、最初私は「強奪」という言葉がかなり強く直接的で、危険でさえあると感じていた。なぜならフラーはこの言葉を、私たちが信頼し敬虔な気持ちさえ抱いている、文化の中心とも言える組織に対して使っていたからだ。

この本を書くまで、フラーは「気さくな天才」として知られていた。強奪という言葉は、それまでの彼の博愛主義からかけ離れていた。学校や銀行、法制度、政府、政治家、軍隊を、「どこにでもはびこっているゾッとするようなお金の強奪」だとして攻撃するのは「気さくな天才」からの決別だった。私はこの問題を自分で調べてみようと決心した。そして発見した事実は、私をひどく動揺させた。

●教育の強奪

まず最初に浮かんだ疑問は、誰が教育をコントロールしているのか、そして、学校で教えることは誰によって決定されているのか、ということだった。自分で見つけた事実に私はショックを受けた。

一九〇三年、ジョン・D・ロックフェラーは一般教育委員会を設立した。彼がこの団体を作った理由について多くの議論が巻き起こった。ある人々は単純に、彼の目的は教育を向上させるためだったと考えている。別の人々は、米国の教育システムを乗っ取るためだったという。強奪（heist）と乗っ取り（hijack）は同じではないが、意味はかなり似通っている。

同じ頃、もう一人の「泥棒男爵」、アンドリュー・カーネギーはカーネギー教育振興財団を立ち上げた。ロックフェラーもカーネギーも米国の教育に影響力を行使し、学生が学ぶ内容をコントロールするのが目的だったようだ。問題は、彼らの真意は何だったのかということだ。

この話は私に例の一般原理「単一性の中身は複数」を思い出させる。ある人々はロックフェラーとカーネギーは善意のもとに、私たちの子供のために行ったのだという。一方、別の人々は正反対のことをいう。

リサーチの結果、私は六〇年から八〇年前に書かれたいくつかのレポートを見つけた。それは信頼できる人々による衝撃的な報告で、とても信じがたい内容だった。それはロックフェラーとカーネギーの企みを責めるもので、使われている言葉はとてもここでお伝えできない。

今日、その後の数十年で明らかになった事実を踏まえて報告書を見ると、作成者たちの主張にはいくらかの正当性があるように思える。これらの、ロックフェラーとカーネギーに対するもっとも辛辣な批判者たちは、ふたりが米国の精神を破壊しようとし、そのために教育システムを利用したと主張している。

米国人はもともと、抑圧を逃れ自由を求めて母国を離れ、より良い生活を求めてやって来た人だ。アメリカンドリームに挑むために。おかげで、私たち米国人のDNAは非常に強く、独立心旺盛で、金持ちや権力者にへつらうにはあまりに野心的なものになった。カーネギーとロックフェラーを批判する人々は、彼らのような金持ちが米国人とその富に対してより強力なコントロールを行うには、アメリカンスピリットを弱め、国民をお金の面で政府に依存する存在にしてしまう必要があったと主張する。

Q　米国の学校にファイナンシャル教育がないのはそれが理由なのか？

A　その可能性は非常に高い。今日、私が第一章で紹介した図を見ると、数十年前、信頼できる批判者たちが懸念したことが裏付けられると思う。

●社会保障への依存

統計に反論することは難しい。

すでに挙げたグラフ⑲を見ると、米国人の政府に対する依存はますます強まっており、給付金依存がアメリカンドリームに取って代わりつつあるようだ。また、グラフ⑳では中流層が減少しているのがわかる。

さらに、グラフ㉑からは社会保障資金の苦しい状況が見てとれる。

今日の米国では、七〇〇〇万人から八〇〇〇万人のベビーブーマー世代がリタイアしようとしている。そして三八〇〇万世帯、約六五〇〇万人の米国人がリタイアのための貯金をほとんど持っていない。つまり、六〇〇〇万人以上の人々がほどなくして米国政府にすがるということだ（グラフ㉒）。

Q　六〇年から一〇〇年前に、金持ち（グランチたち）が教育システムを使ってアメリカンスピリットを弱めたといって批判した人々は、社会から弾かれ、大ぼら吹きの異端児にされてしまったというわけか？

A　そうだ。教育はより高い目的のための純粋で神聖なものとされ、カーネギーやロックフェラーのような泥棒男爵が教育を利用してアメリカンスピリットを弱めたという主張は馬鹿げた異端とされるのだ。

ロックフェラーの一般教育委員会は、農業世代の若者をトレーニングして工業時代に順応させたと主張している。それは事実だ。

しかし、現在の世界と米国に起こっていることに目を向ければ、米国人が政府に対してより多くの援助を求めるようになっているのがわかる。今日の米国は民主主義が後退し、寡頭傾向が進んでいる。ほんの一部の度外れた金持ちや権力者と、普通の人々との差は開いていくばかりだ。さまざまな意味で、米国は今日の

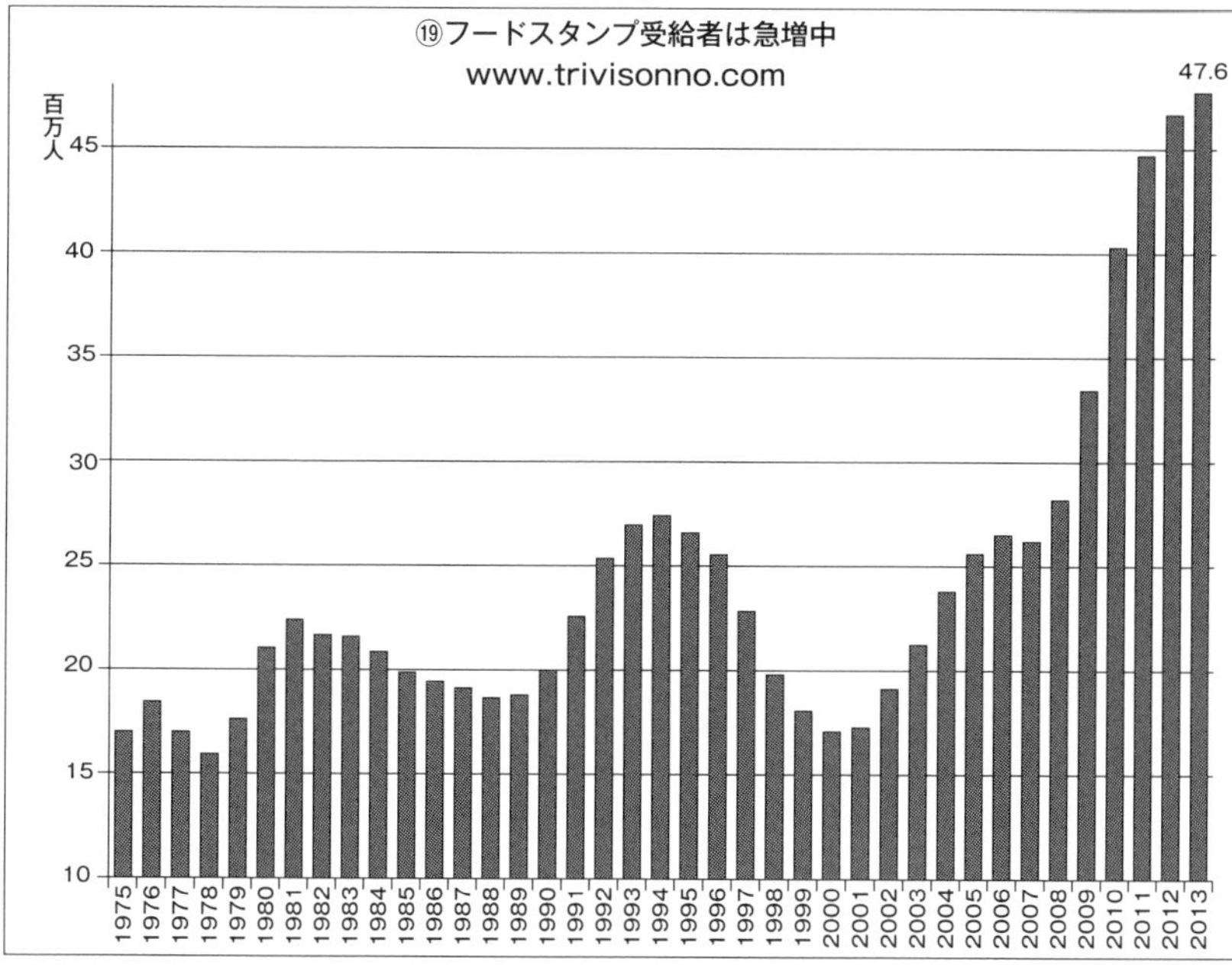

⑳中流層は減少傾向にある

中流層の収入が伸び悩んでいるだけではない。1970 年代から中流層そのものが減り続けている。米国人の収入の中間値の 50%から 150%までの範囲の収入を得ている家庭は、1970 年は 50.3%だったが、2010 年は 42.2%に下がっている。

年収の中央値から 50%以内の家庭のパーセンテージ

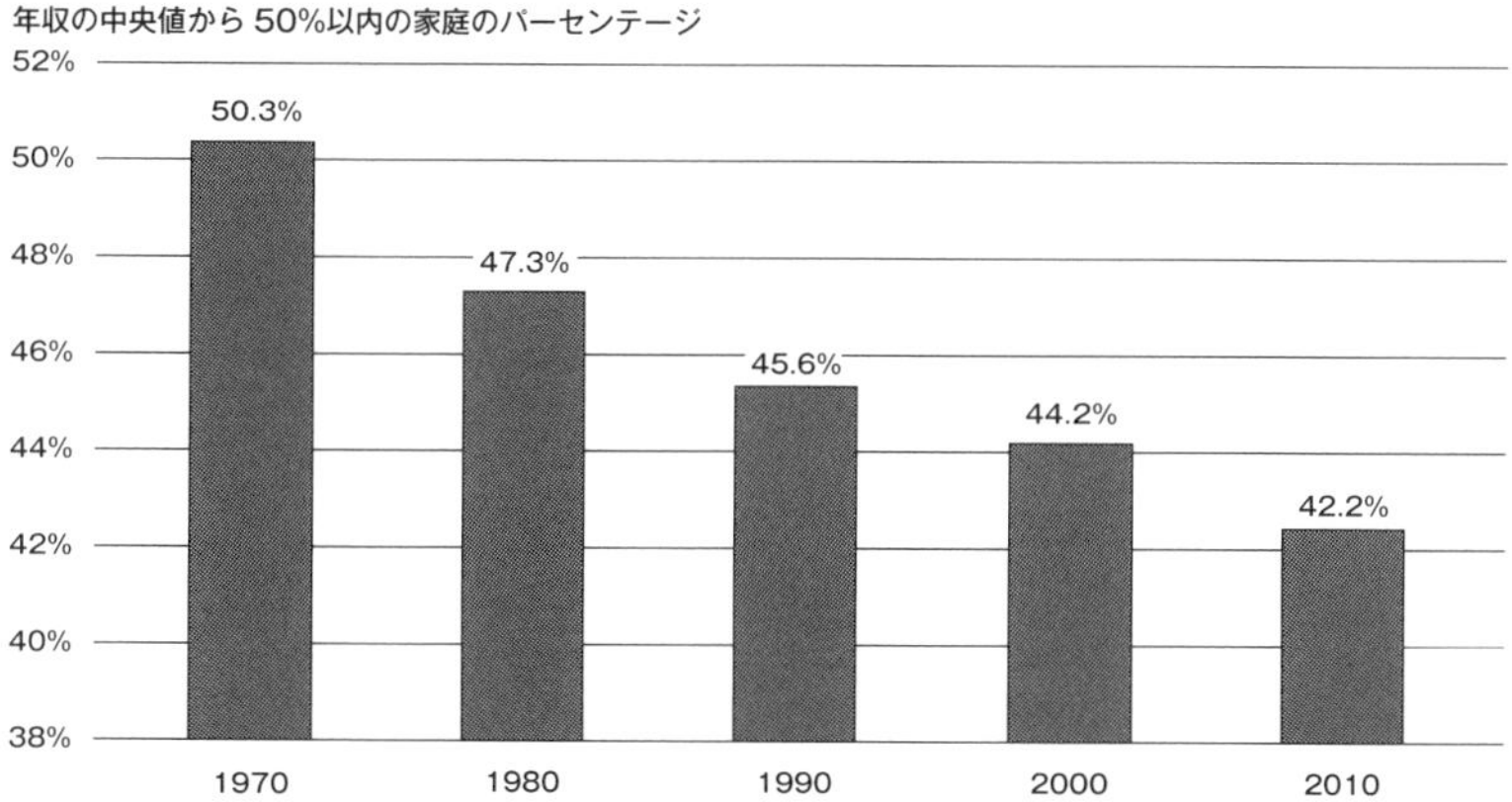

出典:アラン・クルーガー「不公平の増大と影響　(the rise and consequences of inequality)」
センター・フォー・アメリカン・プログレスにおける講演　2012 年 1 月 12 日

ロシアに近づいている。建国の父たちが夢見た民主主義ではなく、一部の人間に牛耳られる世界に向かっているのだ。

ロックフェラーやカーネギーが善人か悪魔か、どちらを信じるかは別として、私のリサーチはフラーが持っていたグランチについての懸念、一握りの超大金持ちや権力者が教育などの重要な機関をコントロールし、学校でファイナンシャル教育をほとんどしない理由を裏付けている。

一九三五年、フランクリン・ルーズベルト大統領は大恐慌のさなかに社会保障制度を確立した。今日、社会保障や高齢者向け医療保険制度、フードスタンプ、そして今、オバマケアが米国の文化の遺伝子に組み込まれようとしている。米国人は政府の助けなしには生きられない方向にどんどん追い込まれているようだ。

大富豪や権力のトップたちが教育への影響力を駆使してお金について教えないようにしている理由は何なのか。その答えはあなた自身で考えてみてほしい。

●ティーチャー・オブ・ザ・イヤー

一九八三年当時、教育への批判は神の冒瀆に等しかった。教育はあらゆる面で宗教と同様に扱われていた。だが、調べていくうちに、私は教会から逃げ出す神父よろしく教育界から離脱した何人もの教師に出会った。その一人がジョン・テイラー・ガットだった。ガットはただの教師ではなかった。一九八九年と九〇年、九一年にニューヨーク市の最優秀教師に選ばれ、九一年にはニューヨーク州の最優秀教師にも輝いている。この年、彼はウォールストリート・ジャーナルに声明を発表し、教職から離れることを表明した。その中で彼は「自分の生活のためにこれ以上子供たちを傷つけることはできない」と語った。

彼はこれまでに、"Dumbing Us Down"（バカをつくる学校）、"The Underground History of American Education"（米国の教育の裏歴史）を含む五冊の本を著している。

㉑社会保障の先行きは暗い？

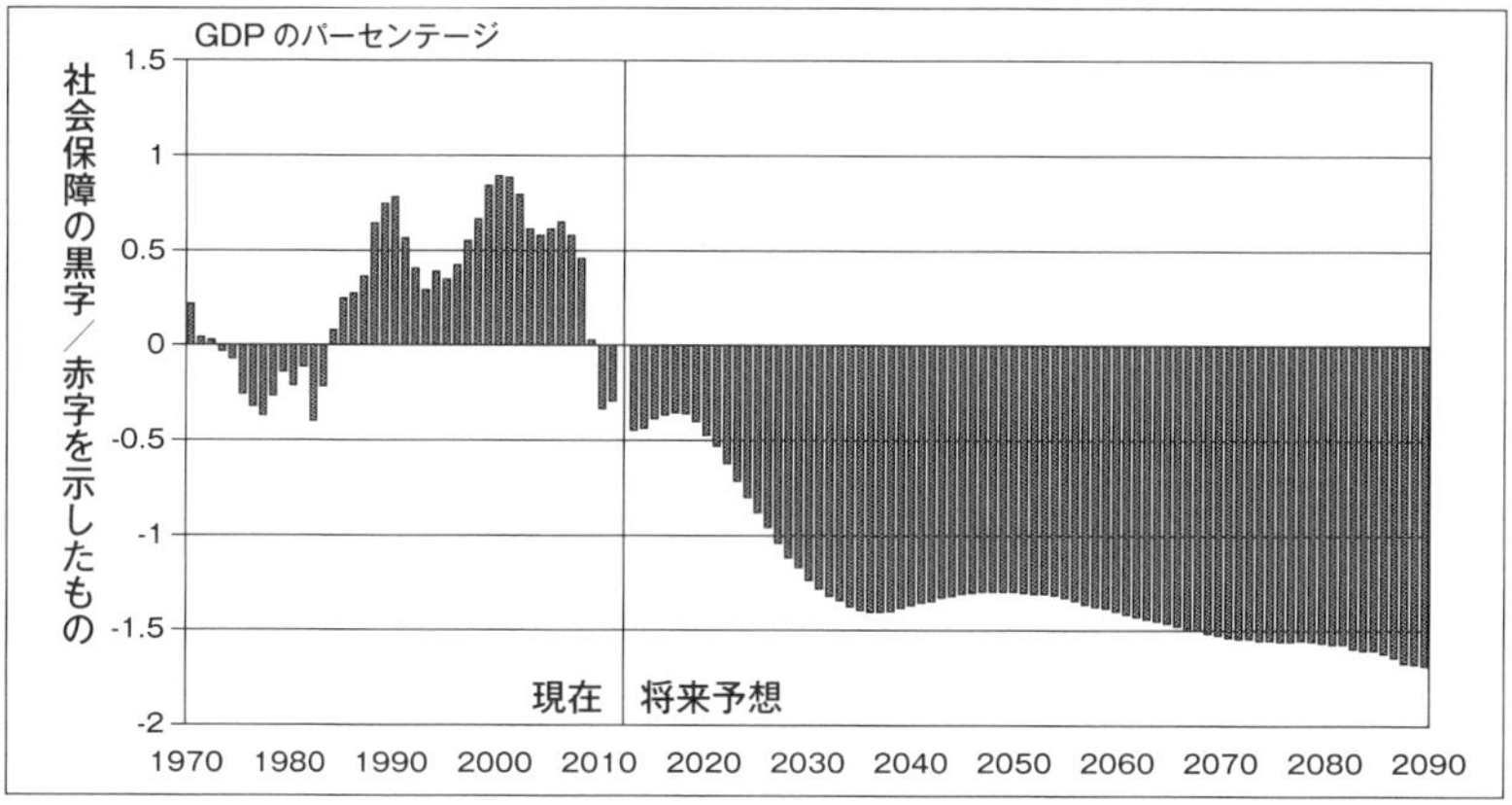

㉒米国の債務残高が急増している

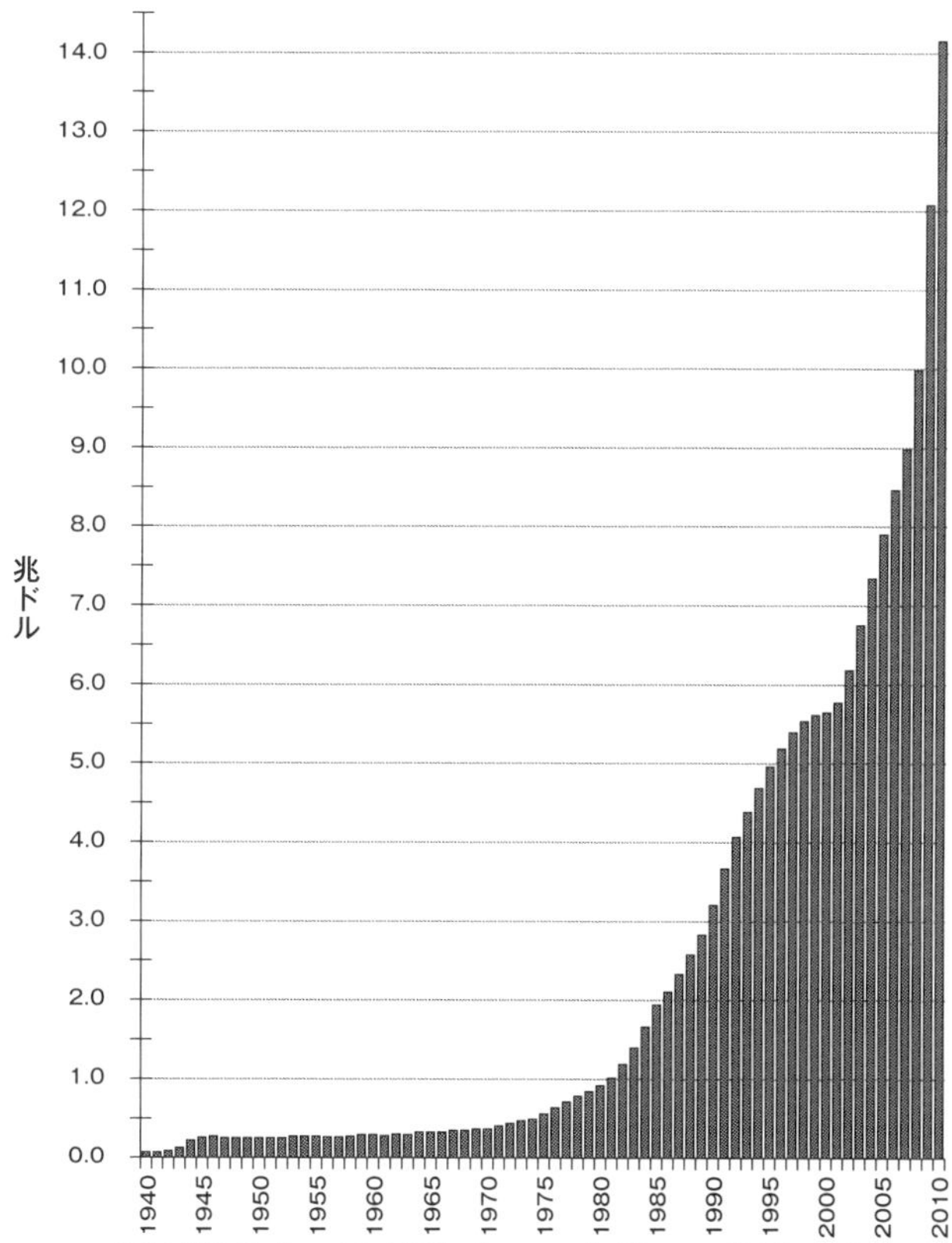

出典：U.S. National Debt Clock　www.brillig.com/debt_clock

●教育の目的

米国社会には三つの経済的階級が存在する。富裕層、中流層、貧困層だ。前にも書いたが、かつては奴隷に読み書きを教えることは犯罪だった。教育のない奴隷たちは常に貧しかった。調査の結果私が達した結論は、現代教育の目的は、貧しい人々を教育し、会社幹部、専門職、兵士など、教育のある労働者で構成される巨大な中流層を作り上げることだった。もっとはっきり言えば、従業員、消費者、納税者である。

中流層を富裕層に引き上げることは、今日の教育の目的ではない。私の考えでは、これこそが学校でファイナンシャル教育を行わない理由だ。こうした見方で次のグラフを見ると非常に興味深い。グラフ㉓は、『となりの億万長者』に描かれた、インフレによる持ち家と年金口座の値上がりのおかげで億万長者になった中流層が、近い将来そうではなくなる理由を説明している。

そして、グランチによる富の強奪の一つの手段が、学校でお金について教えないことなのだ。

●貯金をすると損をする理由

貯金は教育と同様正しいことだとされている。だが銀行預金をするのは教会に行って金融の神様であるグランチに寄進をするようなものだ。ファイナンシャル教育なしで、一般人が預金という形で富を奪われていることに気づけるだろうか。いや、それは無理な相談だろう。

預金者の富は部分準備制度として知られる銀行の仕組みを通して奪われる。部分準備制度の歴史は何千年も前に遡る。それを学校で教えない理由は、私にとっては謎でも何でもない。それこそまさに銀行が金を儲ける手段だからだ。ひどい話だ。

何千年か前、商人たちが旅する時、金や銀は持っていかず、「銀行家」に安全に保管してもらった。銀行家はそれらと引き換えに紙に書いた権利書を発行した。商人たちは遠く離れた町に旅し、物品を購入して

㉓「となりの億万長者」は億万長者でなくなりつつある

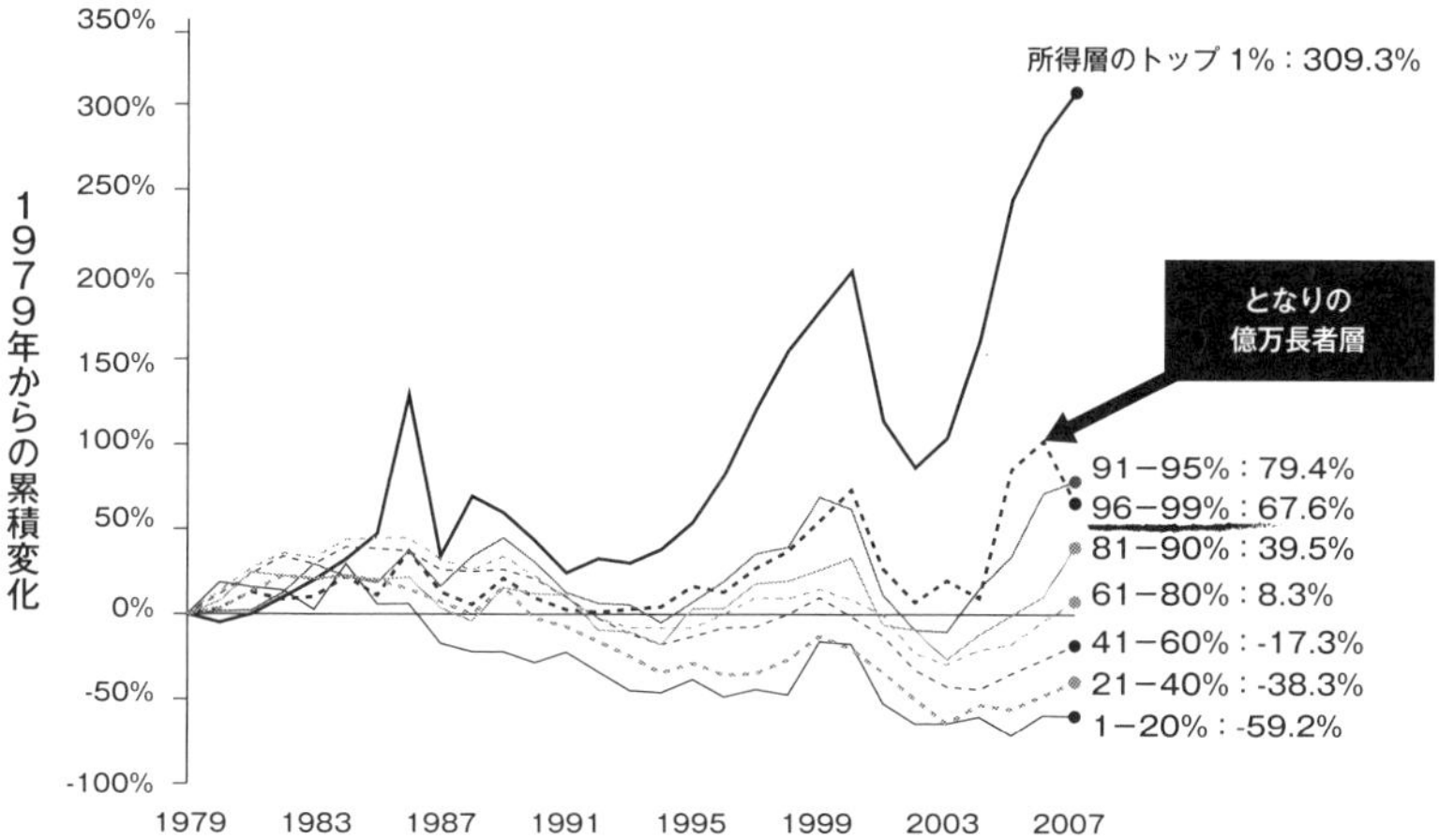

「権利書」で支払った。売り手は銀行に行って金をもらう「権利」を主張するか、あるいはもっと簡単に、権利書を使って物を購入した。

銀行家は人々が紙の権利書を好むことに気づいた。金銀よりもずっと持ち運びに便利で、日々の取引が簡単になるからだ。やがて銀行家は権利書を印刷し、それを人々に「貸し出す」ようになった。金や銀の持ち主が返却を要求しない限り、このもくろみは成功した。

所有者が、銀行家が預かっている金銀の量を超えた権利書を発行していることに気づいた場合、いわゆる「取り付け」が起こった。「取り付け」とは、銀行家が金銀の所有者から信頼を失い、所有者が権利書を金銀に交換しようと銀行に押しかけることだ。発行した権利書が銀行の保有している金銀を上回っていれば、銀行は倒産し、預金者は泣きを見る。

これが部分準備制度が作られた理由だ。簡単に言えば、銀行は金庫に入っているお金のうち決められた量しか貸し出すことができない。貸し出せるお金に上限が設けられているのだ。

分かりやすくするために、部分準備比率が10だとしよう。つまり、あなたが一〇ドルを預金口座に預けたら、銀行は一〇〇ドル（つまり預金の一〇倍）を貸し出せるということだ。部分準備制度は図で表すとずっと分かりやすい。図㉔から二つのことがわかる。

1. あなたの預金一〇ドルはあなたの資産である。

2. あなたの預金一〇ドルは銀行の負債である。

おわかりのように「単一性の中身は複数」である。この場合は「資産があれば必ず負債がある」ということだ。

Q　私の資産一〇ドルがどうして銀行の負債になるのか？

A　資産の定義はあなたのポケットにお金を入れてくれるもので、負債の定義はポケットからお金を取っていくものだ。あなたが一〇ドル預金すると銀行は利子をくれる。利子の現金は銀行からあなたのポケットに入る。図㉕で説明しよう。

●銀行の資産

部分準備比率が一〇だとすると、銀行はあなたが預けた一〇ドルの一〇倍を貸し出すことができる。そして一〇〇ドルの貸付金は銀行の資産となる（図㉖）。

Q　つまり銀行の資産は貸し付けたローンということか？

A　そうだ。

●銀行はどうやって利益を上げるのか

ちょっと気前のいい想像をしてみよう。銀行はあなたの預金に対して五パーセントの利子を支払うとする。

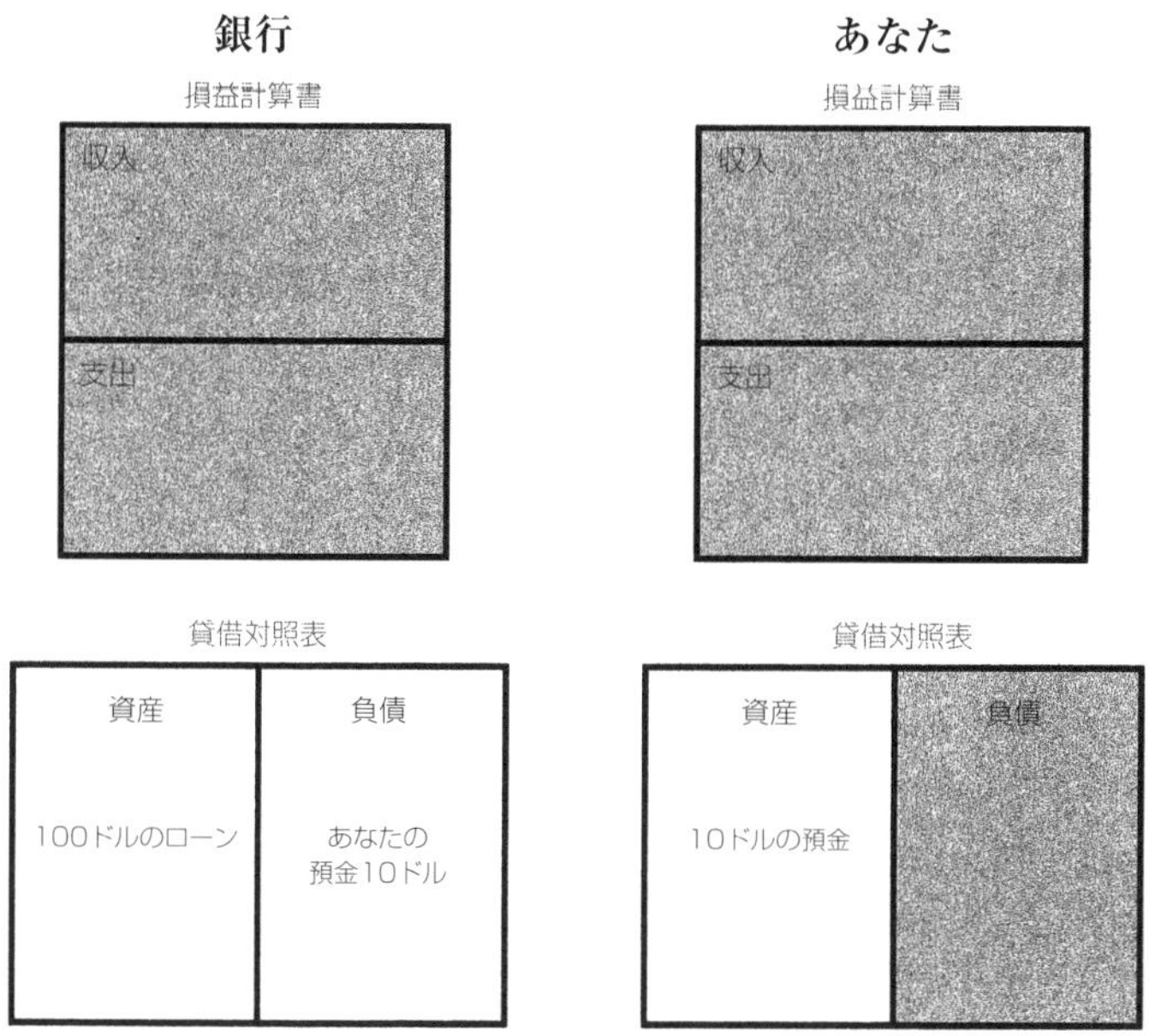

㉔一〇ドルの預金をもとに銀行は一〇〇ドルを貸し出す

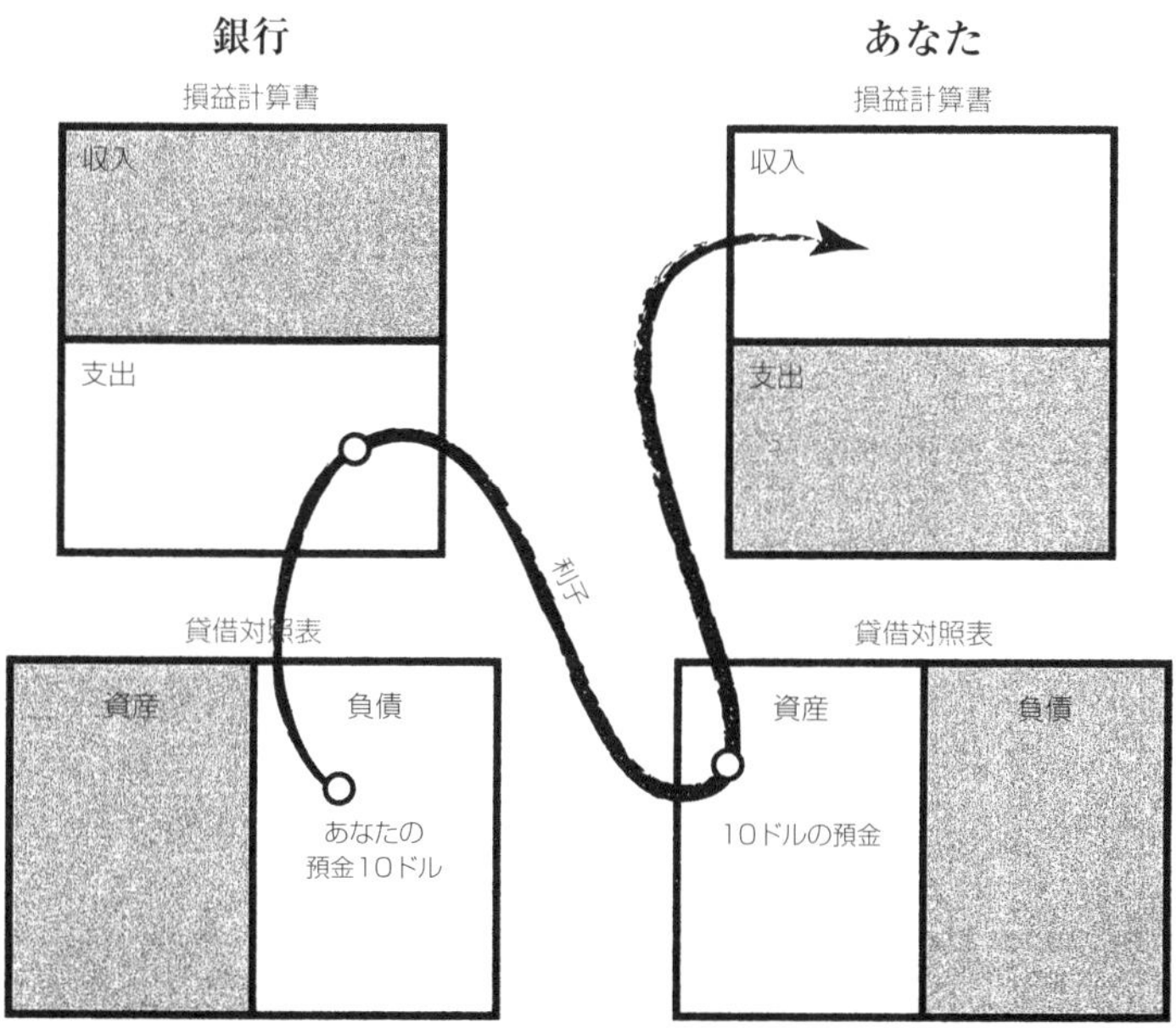

㉕あなたの預金は利子を生む

銀行があなたの預けたお金を使って貸し付けをする時には、使用料として（借り手の信用度に応じて）貸し付けた金額の一〇パーセントから五〇パーセントを請求する。

つまり、銀行があなたに支払うのは、あなたの預金一〇ドルの五パーセントの利子＝年間五〇セントとなる。

そして、銀行があなたの預けた一〇ドルの一〇倍、つまり一〇〇ドルに一〇パーセントの利子をつけて貸し出す場合、銀行が受け取るのは、一〇〇ドル×一〇パーセント＝一〇ドルとなる。

Q　つまり銀行は私に五〇セントしかくれないのに、私の一〇ドルを使って一〇ドル儲けるわけか？

A　そのとおり。少し単純化しているが、これが基本的な部分準備制度の仕組みだ。

Q　この仕組みはどうやって私の富を盗むのだろう？

A　部分準備制度は預金の価値を低め、あなたの一〇ドルの購買力は損なわれる。なぜならその一〇ドルは経済の中では一〇〇ドルになっているからだ。それはインフレとして知られるものだ。

Q　インフレは悪いものなのか？

A　インフレはお金を借りている人には有利だが、預金者には不利だ。預金する人は損をするというのはこういう理由だ。数百万という人々が厳しい生活を送っているのもインフレのせいだ。

Q　なぜ生活が厳しくなるのか？

A　生活費がどんどん高くなっていくからだ。

Q　これが富が銀行システムによって盗まれる仕組みなのか。

A　これは単純な一例に過ぎない。やり方は他にもある。部分準備制度における次の段階を見れば、預金者

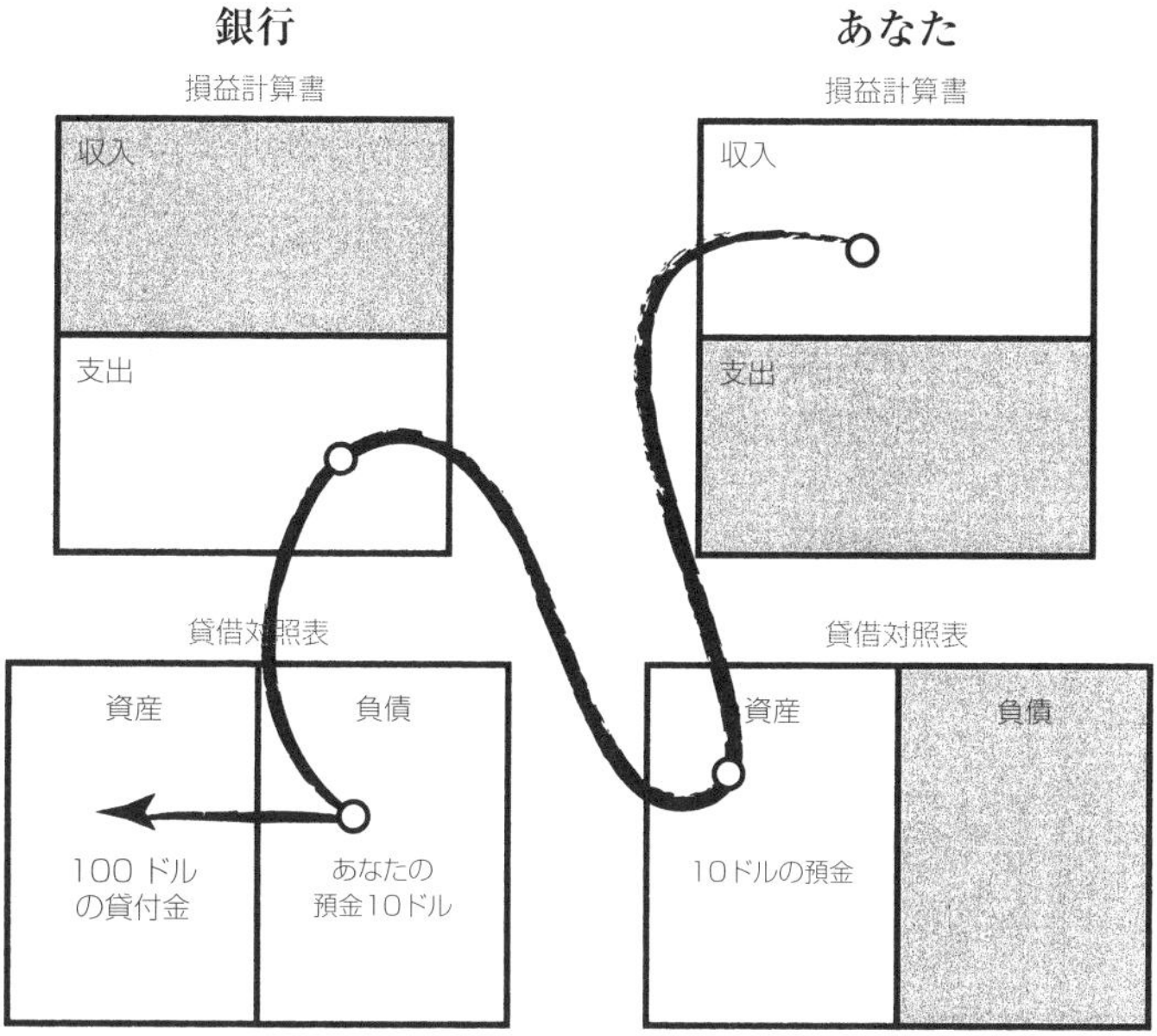

㉖あなたの預金一〇ドルが銀行の一〇〇ドルの資産となる

は敗者だという理由がさらにはっきりするだろう。

Q　次の段階？　つまり、借り手が借金した一〇〇ドルを銀行に預けたらどうなるか、ということか？

A　その通りだ。銀行はそのお金をもとに一〇〇ドルを貸し付ける。

Q　私の預金一〇ドルはどうなる？

A　どんどん価値を失っていく。

Q　どんどん価値を失う？

A　その通り。現代の貨幣制度はインフレを前提としている。銀行も政府もインフレを望んでいるのだ。

Q　なぜ？

A　理由はたくさんある。一つは借り手が借金をより安くなったドルで返せるからだ。もう一つの理由は、もし消費者が物価が上がることを予期していれば、早くお金を使ってくれるからだ。

Q　なぜそうなる？

A　考えてみてほしい、もし人々が車の値段が来年一〇パーセント上がると考えたら、今年のうちに買っておこうとするだろう。だが同じ車が来年一〇パーセント安くなると予想すれば、恐らく来年まで待つだろう。

Q　インフレは人々をギャンブラーにするのではないか？

A　そうだ。多くの人が、来年転売をするつもりで今年家を買う。株式でも貴金属でも同じだ。今の経済は、安定し、成長していく生産的なものではなく、投資家やギャンブラーが跋扈（ばっこ）する世界なのだ。

家を転売する、あるいは株の売買をする人々は経済にはほとんど貢献していない。「転売屋」たちは多少の金を儲けるかわりに他者の人生をより困難に、より金のかかるものにしている。

誰かが一〇万ドルで家を買い、家の改装等はせずに一二万ドルで売った場合、経済へのプラスはほとんどない。誰かの人生をより高くつくものにしただけだ。株式を一〇ドルで買って二日後に一五ドルで売った場合も同じことだ。経済への貢献はほとんどない。

Q　それは良くないことだというのか？

A　そうではない。経済が生産のもとに成長するのではなく、インフレのもとに成長する場合、そうなってしまうということだ。預金者は敗者となり、出費はさらに大きくなって人生は厳しいものになる。インフレは人々を投資家ではなく消費者にしてしまう。彼らは食べ、飲み、買い物をする。なぜなら明日は値段がもっと上がるからだ。

人々は金持ちと一般人のギャップが広がっていることを不思議に思うが、責任の一端は銀行、部分準備制度、そしてもちろん学校でファイナンシャル教育をしないことにある。実際、学校は学生にお金を貯めることを奨励さえしているのだ。

●税金による強奪

税金を払うことは愛国的な行為だとされている。だが歴史を紐解くと、アメリカ革命は一七七三年にボストン茶会事件として知られる税金への抗議から始まっている。過去長い間、米国はほとんど無税か、非常に税金の安い国だったのだ。

Q　なぜ人々は納税を愛国的な行為だと思うのだろう？

A　第二次世界大戦まっさかりの一九四三年、米国政府は当期税法（current tax payment act）を通過させた。政府は戦費を必要としており、税収を増やしたかったのだ。一九四三年までは、政府は納税者が自分で税金を支払うまで待たねばならなかった。これを何とかするために当期税法が作られた。

Q　当期税法とはどういうものか？

A　労働者が賃金を受け取る前に政府が税金を徴収するというものだ。フラーはこの法律を、金持ちが労働者のポケットに手を突っ込むことを許すものだと非難した。今日、これは大掛かりな現金の強奪システムとして続いており、政府がより多くの金を必要とし、金持ちがさらに強欲になるに従い巨大化している。

覚えておいてほしい。給付金依存は貧困層が生み出したものではない。それは社会のトップに君臨するグランチによる、銀行や政府、税金を通して私たちの富を奪おうという計画なのだ。

一九四三年の当期税法は軍産複合体を生み出し、元将軍の大統領、ドワイト・D・アイゼンハワーは一九六一年に引退する時、これについて警告を発した。一九四三年、税収が毎月のように政府に入るようになると、軍産複合体はいつでも戦争状態を宣言することが可能となった。冷戦が始まり、数兆ドルの税金が大量破壊兵器の製造につぎ込まれた。グランチとその仲間たちが戦争や、戦争への恐怖心を利用してしこたま儲けたことは明らかだ。グランチがするべきことは、メディアを利用してイラクや北朝鮮、ロシア、タリバン、そしてＩＳなどの脅威を喧伝し、米国民に納税が愛国的な行動であると信じこませることだけだ。

Q　つまりこれらの脅威は真実ではないと？

A　いや、敵は確かに存在する。私が言っているのは、私たちは常に戦争状態に置かれているが、その理由はそれが儲かるから、ということだ。何世紀もの間、戦争は国家が他国から富を奪い取る手段だった。実際の戦争であれ単なる脅威であれ、戦争は敵にとっても味方にとっても、人々の血や労働、税金を通した大掛かりな強奪なのだ。

●誰が税金を払うのか？

図㉗は金持ち父さんのキャッシュフロー・クワドラントだ。金持ち父さんシリーズの二冊目のタイトルにもなっている。

Eは従業員（Employee）を表す。

Sは自営業者（Self-employed）。スモールビジネスオーナー、医者や弁護士、コンサルタントなどの専門職。

Bはビッグビジネス（Big business）、五〇〇人以上の従業員を抱える大企業のオーナー。

Iはプロの投資家（Investor）。多くの人が投資をしているが、プロではないことが多い。プロの投資家とは税金区分でそう定義されている人々のことだ。

税金は非常に興味深いことを教えてくれる。

EとSは学校を卒業して就職した人々で、もっとも多くの税金を納めている。

BとIはグランチの決めたルールで仕事をしている人々で、最小限の税金しか納めない。

『金持ち父さん　貧乏父さん』の第一の教えが「金持ちはお金のためには働かない」である理由は、これを見れば明らかだ。お金のため、給料のために働く人々は税金という形で富を奪われる。

オバマ大統領が富裕層への増税を約束した時、彼が税金を引き上げたのはEとSの高額所得者だけだった。

●救済による強奪

連邦準備制度理事会議長、ベン・バーナンキ氏の次の言葉を私たちは耳にタコができるほど聞かされてきた。「世に流布している伝説は、我々がお金を印刷しているというものだ。だが我々は印刷などしていない」

一九九四年、G・エドワード・グリフィンは、いまや古典となった『マネーを生みだす怪物――連邦準備制度という壮大な詐欺システム』（The Creature from Jekyll Island）を世に出した。連邦準備銀行の歴史についての本で、長いが非常に読みやすく、銀行業界の歴史についても書いてある。犯罪小説のファンなら楽しく読めるだろう。

原タイトルの「ジキル島から来た怪物」は、連邦準備銀行の構想がジョージア州のジキル島でひそかに練られたことから来ている。米国に中央銀行を作ることには強い反対があったため、秘密裏に設立されなければならなかった。米国を建国した人々は、イングランド銀行のような、マネーサプライをコントロールする中央銀行を作ることに猛反対していた。彼らは中央銀行が米国政府よりも大きな力を持つことを恐れたのだ。

ドイツの銀行家マイアー・アムシェル・ロートシルト（ロスチャイルド財閥の祖として知られる）は言った。「私に貨幣の発行とコ

㉗クワドラントによって税率が違う

E…従業員（employee）
S…スモールビジネス (small business)
　自営業者 (self-employed)
B…従業員五百人以上のビッグビジネス
　(big business)
I…投資家（investor）

ントロールをさせてくれれば、誰が法律を作ろうと関係ない」『マネーを生みだす怪物』の主題の私流の解釈は、「救済措置こそが奴らの切り札だ」である。

別の言い方をすれば、救済措置はグランチが私たちの富を奪うもう一つのやり方だ。誤解しないでほしいのだが、それは偶然生まれたのではない。グランチが救済の制度を作り上げ、システムに組み入れたのだ。

二〇〇八年、米国最大級の銀行への救済が行われた時、多くの人々は「救済」は新しい仕組みで、経済を救うための非常手段だと考えていた。だがこれほど事実とかけ離れた話はない。救済は銀行がグランチの「友人や家族」に金を貸すための手段だったのだ。もし「友人や家族」が金を失ったとして、彼らは決して尻拭いはしない。するのは納税者だ。

救済はグランチを守るものだ。巨大銀行はまったく責任を負わされず、自分のミスについて金を支払う必要もなかった。だがもし私やあなたが金銭上の失敗を犯したら、自己破産を宣言するまでは結果について責任を負い、刑務所に行くか何もかも失うかである。

●ブッシュの救済

一九八〇年代、貯蓄貸付組合への救済が行われた。興味深いのはシルバラード貯蓄貸付組合への援助だ。元大統領のジョージ・H・W・ブッシュ（父ブッシュ）とバーバラ・ブッシュのもう一人の息子、ニール・ブッシュが、デンバーに本拠を置くこの貯蓄貸付組合の理事に名を連ねていた。ニールの父親は当時副大統領だったため、シルバラードの破綻における彼の責任はメディアの大きな注意を引いた。

米国貯蓄金融機関監督局はシルバラードの破綻を調査し、ブッシュによる「複数の利害の対立を含む信任義務違反」の事実を突き止めた。「複数の利害の対立を含む信任義務違反」とは、シルバラードが顧客（預金者）への責任を果たさず、ブッシュ自身が利害関係者だった彼の友人のビジネスに融資を行っていたことである。この件でブッシュが刑事起訴されることはなかったが、連邦預金保険公社（ＦＤＩＣ）はブッシュと他のシルバラードの理事を民事訴訟で訴えた。この裁判は示談で解決し、ブッシュも示談の一部として五万ドルを支払った。

デンバー・ポスト紙は「シルバラードの破綻は納税者にとって一〇億ドルの負担となった」という記事を載せているが、私が指摘したいのはこの点だ。

もう一度言う。勝者はいつも途方もない金持ち、権力者であるグランチで、納税者は敗者なのだ。

●トゥインキーの救済

二〇一二年、ワンダーブレッドやクリーム入りスポンジケーキ、トゥインキーなどのお菓子を製造するホステス・ブランズ社が倒産した。

ホステス社のトラック運転手の退職基金も暗礁に乗り上げた。退職した運転手にお金が支払えなくなったのだ。

二〇一三年、オバマ大統領は運転手の年金の救済を承認した。人々は、この救済が善意からくる適切なもので、運転手たちを守るために必要だとして賞賛した。だが、どんなコインにも表と裏と縁の三つの面があることを忘れてはいけない。問題はオバマは誰を救済したのかということだ。運転手たちか、それとも一四〇年の歴史を持つベーカリーのオーナー、オッテンバーグ家だろうか？　会社が倒産したら、年金を支えるのはオッテンバーグ家ということになる。そうなったらオッテンバーグ家は破産する。

Q　つまり、オバマ大統領が助けたのは運転手たちではなくオッテンバーグ家だった？

A　そこまでは言わない。私が言っているのは、フラーなら「単一性の中身は複数で、少なくとも二つの要素がある」と言うだろうということだ。また金持ち父さんだったらこう言う。「コインには三つの面がある。表、裏、そして縁だ。知性ある人々は縁の部分に立って表と裏を見通す」

グランチは四つのMを支配下に置いている。軍隊（Military）、お金（Money）、心（Minds）、メディア（Media）だ。有名メディアのほとんどは、物語の片方の面だけしか伝えていない。この話の場合は運転手の救済だ。ニュースのレポートで、二つ以上の面を伝えているものはほとんどない。給付金依存は社会の底辺ではなく、トップが作り出したことを忘れてはならない。グランチは、これらの救済は一般人、「水道屋のジョー」（ごく普通の米国人の意）にとってとても良いもので、断じて超富裕層のためではないと社会に信じさせておきたいのだ。

Q　あなたはオッテンバーグファミリーの救済はブッシュファミリーの救済と同じだと言うのか？

A　ブッシュもオッテンバーグも同じ穴のムジナだ。ロックフェラーとカーネギー、クリントンファミリー、オバマ、そしてロムニーもグランチの一味だ。そして、何度も繰り返すが、これがお金について学校で教えない理由だ。

お金についての知識がない人々は鋭い質問をしてこない。彼らが聞くのは、自分が信じたいことだけだ。そして皆、政府は自分を助けてくれるものだと信じたがっている。実際のところ、政府が助けるのは金持ちだけだ。連邦準備銀行は銀行を救済するが、持ち家を失いそうな人は助けないのだ。

だからこそ、連邦準備制度理事会議長、ベン・バーナンキは数兆円のドルを印刷し始めた。第一章でも紹介したグラフ㉘を見るとそれがよく分かる。

Q　バーナンキは嘘をついていたのか？

A　そうではない。ただ真実をすべて言わなかっただけだ。思い出してほしい、すべての真実には少なくとも二つの面がある。流通している通貨の量は変わらないというのは事実だ。印刷したお金は銀行の救済に使われ、実際には流通しなかった。

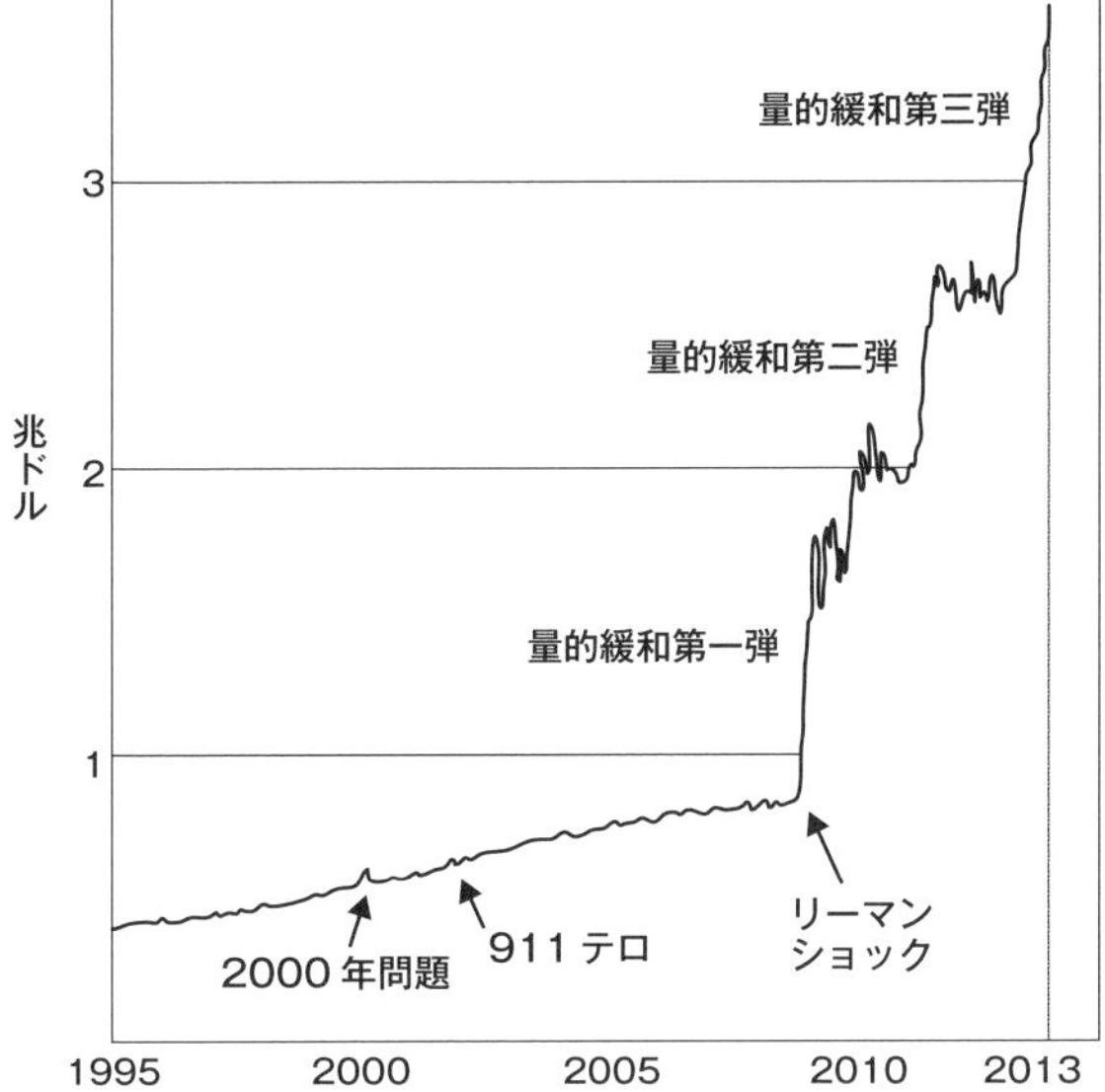

㉘かつてない紙幣の大量印刷
（連邦準備制度によるマネタリーベースの増加）

二〇一四年、巨大銀行は莫大な現金を持っていた。だが彼らがその現金を小規模ビジネスや「水道屋のジョー」に貸し出すことはなかった。バーナンキは巨大銀行を救済したが、彼らに仕事や家、財産や未来を盗まれたホームオーナーは助けなかった。これが、フラーが最後の著書のタイトルに強奪という言葉を使ったもう一つの理由だと私は信じている。

Q　銀行の救済と、トゥインキーの救済の違いはなにか？

A　トゥインキーの救済は新しい前例を作った。トゥインキーのおかげで「救済」の範囲が広がったのだ。今回の救済が大規模だったと思うなら、やがて起こる「退職年金基金の救済」がどんな規模になるかを見て欲しい。退職年金には二つの基本タイプがある。

1. DB年金プラン（確定給付年金）……退職者には月々の支払いが生涯にわたって保障される。
2. DC年金プラン（確定拠出年金）……退職者は、雇用期間中に彼自身と会社が拠出した分だけを受け取る。これはしばしば401（k）、IRA（個人退職年金）、ロスIRA（税金控除ができる個人退職金口座）と呼ばれる。

ＤＢ年金プランと違って、ＤＣ年金プランは退職者が拠出した分以上に長生きした場合、資金が枯渇してしまう。また株式市場が暴落すれば彼らの退職生活も破綻してしまうこともあり得る。トゥインキーの救済はＤＢ年金プランの救済だった。ＤＢ年金プランはプロフェッショナルが管理しているが、ほとんどのＤＣ年金プランは退職者本人によって管理される。

トゥインキーの救済はウォールストリートの典型的な自己防衛とも言える。名門校を卒業したこれらのプロのお金のマネージャーは労働者のために働き、彼らを守るべきなのに、実際はウォールストリートのためにしか働かない。

実際のところ、こうしたプロによって管理されたＤＢ年金プランのいくつかが問題を抱えているが、正確な数は把握できていない。オバマ大統領はトラブルに陥ったＤＢ年金プランの救済の慣例を定着させようとしている。もし経済が弱まるか株式市場が暴落すれば、次の救済は数兆ドル規模になる可能性がある。

Ｑ　ＤＣ年金プランにしている労働者は救済されるのだろうか？

Ａ　可能性はある。しかし私は疑わしいと思っている。ＤＣ年金プランを選んでいるほとんどの労働者はウォールストリートで働いていないし、超大富豪の家系でもない。

Ｑ　年金プランは政府によって守られているのではないのか？

Ａ　政府は大して守ってくれない。年金保証公社は保険会社だ。もし年金プランが破綻したら、年金保証公社が救済することになっているが、問題は年金保証公社が債務すべてを処理できないことだ。

二〇一四年、年金保証公社の赤字は三五六億ドルを超え、その額はさらに増えている。政府は遠からず年金保証公社を救済しなければならなくなるだろう。同様の救済条項が、オバマケアとして知られる患者保護並びに医療費負担適正化法の中に含まれている。オバマケアに参加している保険会社はみな「政府の救済」条項で守られている。救済は金持ちや権力者が金を儲ける手段だということを思い出してほしい。もし金持ちと権力者がお金を失えば、納税者が彼らを救済する。

●ニクソンによる強奪

今日の経済危機についてのニクソン大統領の責任は極めて大きい。

一九七一年、ニクソン大統領は金本位制を撤廃した。これは貧困層や老年層、そして固定給を得ているあらゆる人々にダメージを与えた。金本位制の撤廃は世界経済の大規模な隆盛をもたらした。給与が引き上げられ、持ち家の価値が上がり、年金のポートフォリオが急騰して中流階級に「となりの億万長者」が現れた。

一九七二年、ニクソンは中国を訪れ米中の貿易の道を開いた。これは工場のオーナーには朗報で、皆競って生産拠点を中国に移した。だが中国の安い労働力と戦わなければならない米国の労働者には不利だった。

一九七四年八月八日、ニクソン大統領はウォーターゲート事件によって不名誉な辞任に追い込まれた。

同年九月二日、ニクソンの後任になったばかりのジェラルド・フォード大統領がエリサ法（従業員退職所得保障法）を承認した。エリサ法は後に、多くの米国人従業員が加入している４０１（ｋ）になった。

医療費負担適正化法（Affordable Care Act）などの法律を注意深く検討してみると、それらはしばしば名前が意味するのと正反対であることが分かる。特にこの医療費負担適正化法は、多くの労働者の健康保険をより高価なものにしてしまったことが明らかになりつつある。また、エリサ法は被雇用者の年金収入の安定性を低めてしまった。

ＤＢ年金プランとＤＣ年金プランの比較で述べた通り、ＤＢ年金プランは、理論的には生涯にわたる支払いが保障される。ＤＣ年金プランでは、従業員の拠出年金口座にある金額しか支給されない。そして数百万の労働者が、安定した退職生活に対する夢と希望を株式市場に頼っている。これはもはや投資ではなくギャンブルだ。

第一章でも紹介したグラフ㉙は、興味深い質問を投げかけている。近い将来何が起こるのか？　株式市場は上がり続けるのか？　横ばいになるのか？　それとも暴落するのか？

株式市場が暴落したら、ＤＣプランの年金を受け取るベビーブーマーに何が起こるのか？　政府はグランチの一員である金持ちや権力者と同様に、彼らを救済してくれるだろうか。

Ｑ　株式市場が暴落すると、かつてのような大恐慌が再び起こるのか？
Ａ　答えは自分で考えてみてほしい。私の見方では、すでに数百万人が大恐慌に陥っている。現在政府の援助にすがっている人々、あるいはワーキングプアと呼ばれる人々、そして先細りに苛立っている中流層だ。彼らは皆、良い教育が自分自身や子供たちを救う手段だと信じている。

●暗黒の時代

前にも言ったが、私は暗黒の時代がいつ始まったのかを知りたかった。なぜ私たちは鉄格子や鎖や鍵のない牢獄に閉じ込められているのか？　ファイナンシャル教育を受けなかったからだ。調べてみると、警告はかなり以前からあった。たとえばトーマス・ジェファーソンは一八〇二年にこう言っている。

「銀行制度は我々の自由を脅かす、武力よりも危険な存在だ」

「もし米国人が民間銀行に紙幣の発行を許せば、銀行を中心に生まれる銀行や企業が、最初はインフレによって、次にデフレによって人々の財産を奪うだろう。そして、子供たちは父親たちが苦労して手に入れたこの大陸で、家も持たない存在になってしまうのだ」

暗黒の時代はいまだに続いている。二〇一四年、世界中の中央銀行が数兆ドル分のお金を印刷してデフレと戦っている。デフレを追い払うのはインフレよりもずっと難しい。世界の中央銀行は経済と株式市場の暴

㉙近い将来、何が起こるのか

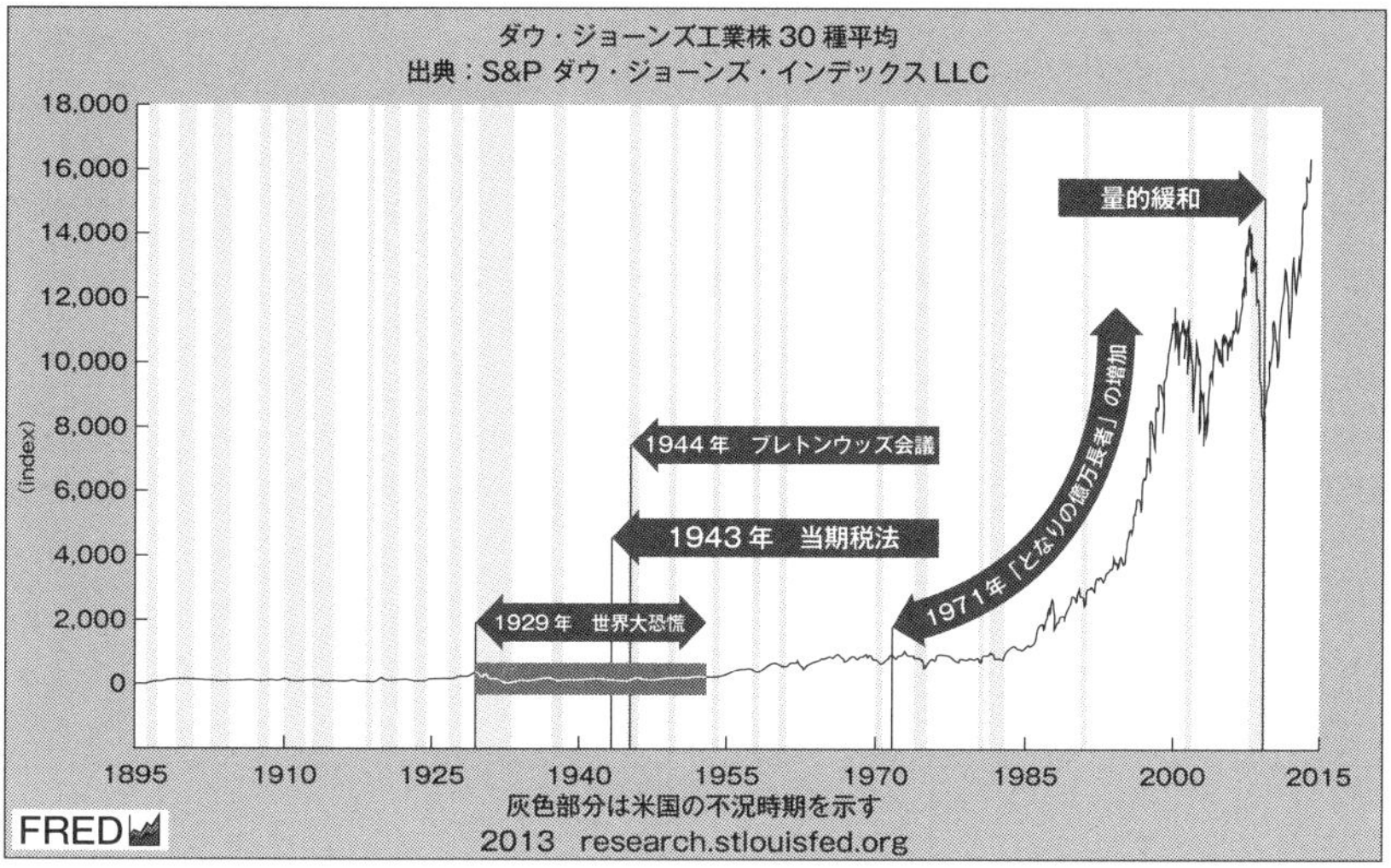

落を防ごうと必死で紙幣を印刷している。そしてこれが、私たちが現在直面している危機を歴史上もっとも危険なものにしているのだ。

「となりの億万長者」はインフレによって起こった景気の急上昇の恩恵を受けた。だが、市場が収縮したら彼らはどうするだろう？　持ち家の価格や株式、給料が上がらなくなったらどうすればよいのだろうか？

●暗黒の時代からどうやって抜け出すか？

問題は、次に富を奪われるのは誰か、だ。お金の強奪が私たちの学校システムで始まったらどうするかということだ。

Q　教育が元凶だとすれば、私たちはどうすればいい？

A　幸いなことに、ある種の人々に対しては、教育が問題を解決してくれる。

Q　ある種の人々？　すべての人々ではない？

A　そうだ。すべてではない。

Q　なぜすべての人々ではないのか？

Ａ　誰もが喜んで学ぶわけではないからだ。大部分の人々は状況は変わらないと考えている。明日も今日と変わらない一日になればいいと思っている。次の一日、次の一週間、次の一年と、時を過ごしていくのだ。

Ｑ　私たちの未来は今までと同じだろうか？

Ａ　その答えは自分で出してほしい。

●最後に

フラーの予測の方法を使って、未来を予想するために過去を振り返ると、次のような未来が予想される。階級闘争だ。

一九七一年、米が金本位制を廃止した時、貧困層と労働者層がその財産を盗まれた。

二〇〇七年、数百万の人々が仕事や家、退職後の蓄えを失い、中流層が財産を盗まれた。

Ｑ　次の犠牲者は誰だ？　富裕層か？　あるいはジェファーソンが警告したように、父親たちが苦労して手に入れた土地で、我々の子供たちがホームレスになってしまうのか？

Ａ　次の章でその答えを見てみよう。

第五章

次の暴落はいつ起こるのか

「私の考えは、危機が起こって初めて注目された。世の中がどうしても必要とした時に、それらは受け入れられた」――バックミンスター・フラー

二〇〇二年、フラーの未来予測の教えを基にした『金持ち父さんの予言』が出版された。金持ち父さんの警告と『グランチ・オブ・ジャイアンツ』からのフラーの教えを一つにしたものだ。

二人の主張は基本的に同じで、金持ちはお金で人々を騙しており、その裁きの日が近づいている、というものだ。二人とも、私たちの富を奪うゲームがついにコントロールしきれなくなり、金持ちたちでさえ来たるべき結果を避けることができない、と考えていた。

二〇〇二年に出版された『金持ち父さんの予言』は二〇一六年近辺での株式市場の大暴落を予見していた。さらに、二〇一六年の大暴落の前に、事前の暴落が起こるであろうことも予想した。ダウ平均株価のグラフを見れば、『金持ち父さんの予言』に書かれた予測が現実となる可能性を自分で検証できるだろう。

以下はカギとなる日付だ。

❶一九九八年……『金持ち父さんの予言』の執筆を開始。
❷二〇〇二年……『金持ち父さんの予言』出版。
❸二〇〇七年……二〇一六年近辺の大暴落に先立って暴落が起こるとの本の中の予測が現実に。
❹二〇一六年……『金持ち父さんの予言』で大暴落が起こると予測した年。

Q　二〇一六年に大暴落が起こるのか？

A　グラフ㉚を良く見て自分で判断してほしい。フラーが世界最高の未来学者だとされる理由は、未来を予測するために過去を振り返っていたからだ。このグラフを使ってあなたも同じことができる。未来を予測すると同時に、エコノミスト誌が史上最大の暴落の一つと呼んでいる一九二九年の暴落についても見てみよう。

一九二九年の大暴落が大恐慌を引き起こし、その後二五年にわたって続いた。もし金持ち父さんの予言が当たったら、今度の大恐慌はいったい何年続くのだろう？　あなたの水晶玉には何が見えるだろうか？

Q　あなたが正しいとして、これが私にどんな影響を及ぼすのか？

A　もし予言が正しいなら、お金の強奪はさらに巨大化するだろう。フラーと金持ち父さんが正しければ、次に財産を失うのは株式に投資している金持ちということになる。繰り返すが、過去を見ることによって未来が見えるのだ。

一九七一年、ニクソンが金本位制を廃止した時、貧困層は敗者となった。彼らが働いて得た金がどんどん価値を失っていったからだ。多くのお金を稼いでも、高額な税金を支払わねばならなかった。稼いだお金が価値を失っていく一方で、物価は上がり続けた。必死で働けば働くほど、貧困層はますます落ちぶれていった。二〇一四年現在、世界中のワーキングプア層が生活できるだけの賃金を要求している。不幸なことに最低賃金が上昇しても、貧困層は貧困層であり続けるだろう。なぜなら彼らはもはやお金ではなくなってしまったものを得るために働いているからだ。

二〇〇七年、中流層は最大の資産だった持ち家を失った。長年にわたって中流層はクレジットカードのおかげでよい生活を送ってきた。持ち家の価値が上がると、彼らはホームエクイティー・ローンを組んでカードの借金を支払った。二〇一四年、住宅価格は低いままに留まり、住宅ローンやクレジットカードの借金、学資ローンは厄介な荷物としてのしかかっている。強奪は住宅の価値の下落という形で行われたのだ。

㉚カギとなる4つの日付

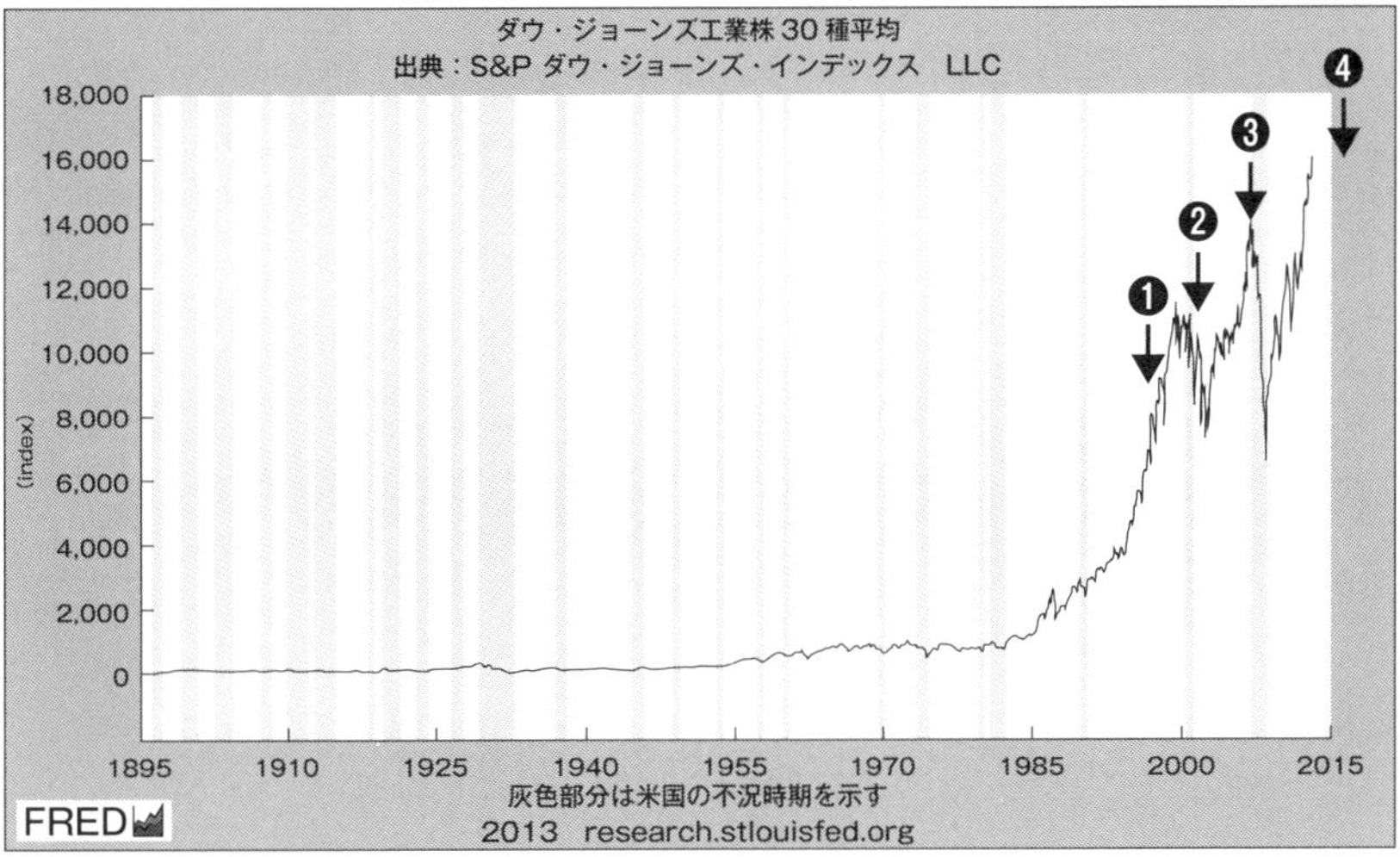

二〇一六年、もし『金持ち父さんの予言』が現実になれば、資産を株式投資に回している金持ちは一掃されるだろう。彼らの資産は次の株式市場大暴落によってまんまと盗まれるのだ。

二〇〇七年、『金持ち父さんの予言』で予想したように、大規模な市場の暴落が起こった。だがそれは本当の暴落の幕開けに過ぎない。それでもこの巨大な経済危機は数百万の人々を破産させた。

今日、世界は経済的な非常事態のただなかにある。貧しいものはさらに貧しくなり、中流層は縮小し、数百万という高学歴の若者が仕事に就けずにいる。ところが、ある人々にとっては二〇〇七年の経済危機は最良の出来事だった。彼らは非常事態にあっても、より豊かで、より強くなり、より未来に楽観的だった。

さて、やがて来る経済の非常事態はあなたにとって良いことか、それとも悪いことか？

フラーは、非常事態という言葉はとても力強いが、しばしば誤解され誤用されていると指摘する。「emergency（非常事態）という言葉の元になっているのはemerge（出現する、浮かび上がる）だ」としてこれを一般原則としている。「新しいもの、新しい人々、新しい社会は非常時に現れてくる」と彼は言う。セカンドチャンスを求める人々にとって幸いなことに、非常時に浮上する人々はより強く、より優れ、より豊かだということだ。

しかし、例によってこれにも二面性がある。不幸なことに、非常時にすべての人が浮かび上がれるわけではない。その多くは一掃されてしまうだろう。次の経済非常時に浮かび上がるには何をすればよいのか？

●増殖する危機

フラーは、現在人類が直面しているのは単なる危機ではなく、巨大な危機だと信じていた。彼はこれを「進化による危機」だと考えた。さらに大事なのは、私たちは「新しい人類」として浮上するか、自滅するかの選択が可能だとフラーが信じていたことだ。

リーダーたちがこの非常事態に取り組んでいないことをフラーは懸念していた。彼らは非常事態を公にせず覆い隠しておくことを決めた。問題解決を先送りし、次の世代に押し付けようとしているのだ。だが、今日の状態を無視することは、災難、災害、崩壊などの巨大な危機のお膳立てをしているようなものだ。

フラーは、人間はあまりに長いことお金や権力、武器の開発などに腐心し過ぎており、今こそ変化するべき時だと思っていた。彼は今こそ、私たち全員が意識的にシフトを起こし、彼が言うところの「殺戮器（killingry）」ではなく「生活器（livingry）」に移行していく時だと考えていた。そして、もしシフトが起こらなければ「人間は恐竜のように滅亡してしまう」と信じていた。

●協力か競争か

今回の進化のプロセスは、人間に、競争ではなく協力することを要求する。

人間は生来競争的なものだ。かつて洞窟に住んでいた頃、人間は、戦い、他の人間たちとの戦争に身を投じることで生き延びてきた。今日、数百万という人々が空腹をかかえて眠りにつく一方で、数兆ドルが戦争や武器に費やされている。

フラーの解決案には非常に興味をそそられる。聴衆の一人として講演を聞いている時、もし私たちが競争を止めて協力し合えば地球上のどれほどの危機が解決できるだろうと思いを巡らしたものだ。だが、言うは易しで、私の経験から言っても人間は協力よりも競争に流れやすいものであることも明らかだった。

少年の頃、金持ち父さんが言っていた。「私に競争は必要ない。私の従業員たちは職場にやって来て、いつも互いにいがみ合っている。私の仕事でもっとも難しいのは彼らを互いに協力させることだ。一人一人の従業員が自分の縄張り、独自のルール、自分だけのやり方、そして自分の意見を持っている。彼らがもっと協力し競争を少なくすれば、誰もがもっと稼げるのに」

フラーの言葉を聞きながら、人間が協力しあうようになるために地球規模の非常事態が必要なわけが分かった。本当の危機が来ないうちは競争を続けるか、もっと悪ければ何もしないのが人間の本質なのだ。フラーが懸念していたのは、たとえ私たちが協調することを選択したとしても、やがて来る非常事態は人類の能力をはるかに超えたものだろうということだ。

●よい成績をとるための競争

フラーも言っているように、学校は学生に、協調よりも競争するようにと教える。学生の頃、私は協力を望んでいた。しかしそれは不正行為とみなされた。

教室はいろいろな意味でネアンデルタール人の洞窟と変わらない。良い成績を残すために、教室という名の洞窟で子供たちはクラスメートとの競争を強いられる。Aの数の多い学生は、必ずしも優秀ではない。Aは競争に勝ち、クラスメートを打ち負かした証に過ぎない。校庭で弱いクラスメートをやっつけるいじめ行為と大差ない。だがもしこうした「Aスチューデント」が協力してクラスメートを助けると、不正行為を働いたとして学校を追い出されるのだ。

親たちもこの原始的な学習習慣を肯定する。彼らは自分の年若い、こん棒を持ったネアンデルタール人がクラスメートを打ち負かすことを望んでいるのだ。勝者はほんの数人であるにもかかわらず、親たちは子供が良い成績を取り、良い仕事に就き、高い給料をもらうことを期待している。成績というのはいろいろな意味でお金そのものなのだ。

Aスチューデントがトップの成績で卒業すると、次に行くのは企業という名の洞窟だ。企業に雇われた若いエリートの仕事は出世の階段を登ること、言い換えれば同僚を打ち負かすことだ。彼らは決して協力し合わない。てっぺんにある椅子は一つだけだからだ。彼らはその椅子を手に入れることを強く望んでいる。また、もし企業が過度に協力しあえば、それは「独占行為」、そこまで行かない場合でも「談合」と呼ばれ、どちらも違法行為とみなされる。

政治の世界では、協力は背信と取られる。共和党は決して民主党とは協力しない。政治家が党派を超えて協力すれば、所属する党から処分を受ける。これが政府において進展よりも膠着の方が多い理由だ。非常事態に何の手も打てず、やがて大災害になってしまうのだ。

フラーが述べたように、人類の進化への課題は協力して地球規模の問題を解決するのを学ぶことだ。協力を習得することはまさに人類の進化だろう。

Q　だが、競争よりも協力をという環境で、果たして人間は学ぶことができるものだろうか?

A　もちろんだ。

Q　例を挙げてほしい。

A　いいとも。個人的な体験を二つ紹介しよう。

チームスポーツでは協力は絶対に必要だ。よく言われるように、team（チーム）のスペルにI（私）はないが、win（勝利）にはIがある。多くの学生がwinのI、個人の勝利を学んで学校を卒業するが、「みんなの勝利」を学ぶものはほとんどいない。チームスポーツでは、チームは一人一人をサポートしベストの働きをさせる。そうでなければチームは勝てない。だが教室では、一人一人の学生は他の学生がベストの力を発揮することを望まない。彼らが考えているのは自分が一番になることだけだ。

海兵隊幹部候補生学校では、若い幹部候補生は、彼のチームが何回勝利したかではなく、いかに協力し合ったかで評価され、勝ち負けは言及されないことさえある。

海兵隊では勝つことよりも協力し合うことの方が大事なのだ。海兵隊は、協力し合えば勝利できることを知っている。そしてこれが、海兵隊員が自分たちを米軍の中で最強だと信じている理由だ。海兵隊の中で、自分が他の隊員より優れていると考えているものはいない。階級に関わりなく、他の隊員の価値を認め、敬意を払うよう教えられているのだ。だからこそ「一度海兵隊員になったら一生海兵隊員」と言われるのだ。海兵隊員の繋がりは金銭ではなく精神的なものだ。

あなたの質問、「協力的な環境で何かを学べるか」への答えはイエスだ。しかし、学校教育の場ではその考えが常に正しいというわけではない。学校という世界では「殺すか殺されるか」「適者生存」「勝者と敗者」「俺は賢くお前はそうではない」であり、「私は勝つ」であって「私たちは勝つ」ではなく、「協力は不正行為」なのだ。

Q　つまり私は協力することから始めるべきなのか?

A　ちょっと違う。一般原則「単一性の中身は複数であり、少なくとも二つの要素がある」を思い出そう。海兵隊は隊員を、まず強い個人、そしてチームの一員として訓練する。お金の場合、多くの人々が弱者であるため、誰も彼らを自分のチームに引き入れたがらない。

お金の世界では、世界で最も富裕な人々はチームを組んでことを運ぶ。しかし、ほとんどの人は個人で活動する。だから彼らはお金のゲームの敗者となってしまうのだ。セカンドチャンスを最大限に活かすには、チームとして協力する術を学ばなければならないと同時に、個人として強くならなければいけない。

●大きな問題

問題は、私たちの協調性の欠如が現在の非常事態を悪化させ、世界規模の巨大な危機にしてしまうことだ。フラーは、今すぐ対応しなければ非常事態はさらに悪化し、人間の手に負えない巨大な危機に発展する、と考えていた。以下は、フラーが巨大な惨事に発展すると考えていた危機である。

・環境危機

一九五〇年代と六〇年代に、フラーはすでに地球温暖化の影響を警告していた。今日、多くのリーダーは環境問題の解決を目指して協力するどころか、その存在を否定している。あなたが地球温暖化を信じようと信じまいと、極地の氷冠が解け、海面が上昇し、流出した土が海を汚染し、世界中の数十億人の食料である魚たちが減る一方であることは厳然たる事実だ。信じようと信じまいと、天候がより暴力的になっていることは事実だ。近年、カトリーナやサンディーといった恐るべきハリケーンが私たちを襲っている。また、超大型のトルネードが中西部を破壊している。さらに着氷性暴風雨(アイスストーム)がニューオーリンズやアトランタなどの米国南部の都市を襲った。世界に目を向けると深刻な干ばつがいくつかの地域で起こり、ひどい洪水に襲われた地域もある。そして、非常事態はますます増えている。

・原子力の危機

一九五〇年代から六〇年代にかけて、フラーは反原発の発言を積極的に行った。彼は、神が人類に許した原子力エネルギーは九三〇〇マイル彼方の太陽だけだ、と言っていた。

原子力発電の企業は原子力がきれいなエネルギーだと主張するが、核廃棄物が破滅的なものであることは決して言わない。今日、核廃棄物は地底深くの貯蔵庫に保存されている。核廃棄物が恐ろしいのは、不活性化し無害になるまで数十万年かかる点だ。その上、有毒物質を保管するために数十億ドルの税金が使われる。

二〇一一年、日本を襲った津波により放射性廃棄物が流され、海流にのって世界中にばらまかれた。このたった一つの非常事態の結果が、私たちに数千年のあいだのしかかる。

・軍隊の危機

一九七〇年代から八〇年代、冷戦の頂点の時期に、フラーは「戦争か、それとも我々のどちらかが時代遅れなのだ」と語っている。彼は、人間の知性はこんなにも強力な大量破壊兵器を生み出してしまい、もし核戦争が起これはゴキブリしか生き残らないだろうと言った。そこには勝者も敗者もない。次の戦争は誰もが敗者になる。

バッキーにとって、戦争が時代遅れだという考えは、人間が争いをやめてその進路を変え、進化し、協調しなければならないという、グレート・スピリットからの啓示だった。

不幸なことに人間による殺し合いは続いている。今日、テロリストたちは世界中のもっとも強力な軍隊を凌ぐ力を持ち始めている。彼らは携帯電話を使って人々を煽り、新しい兵士を集め、旅客機を武器として使用し、スーツケースサイズの核爆弾や細菌兵器、化学兵器の作り方を知ることもできる。米国は数兆円を軍隊に費やしている。だが、質素で安価な汚い爆弾（放射性物質をまき散らす爆弾）がたった一つ、ニューヨークやロンドン、東京、北京で爆発すれば、世界中の経済が麻痺してしまう。

一九七二年、私は自分の中隊の仲間がストレラと呼ばれる中国製の肩掛け式赤外線誘導型ミサイル、SA－7に撃墜されるのを目撃した。ベトコンがこのミサイルを使うのに大した訓練は要らなかった。ただ狙いをつけて引き金を引けばあとはミサイル任せだ。数百万ドルのCH－53、ジョリーグリーンジャイアント（米軍救援用ヘリコプター）が一瞬で撃墜され、六二人の海兵隊員が死亡した。二〇一四年にはマレーシア航空の旅客機が同様の武器で撃ち落とされた。

今日、米国は新型武器と軍事訓練に数兆ドルを費やしている。一方で、大したトレーニングを受けていないテロリストが一万ドルの赤外線誘導ミサイルを旅客機に向けて発射すれば、世界経済は崩壊しないまでもいとも簡単に麻痺する。

テロとの戦いは、第二次世界大戦のような今までの戦争とはまったく異なる。私たちはベトナムで、かなり手厳しくこのことを学んだ。テロリストたちは軍服を着ていないし、通常の戦争のルールにも従わない。彼らは工場や港、飛行場を持たず、拠点の都市さえない。テロリストは失うものがほとんどないから勝つ。世界中どこでも戦え、永遠に戦えるから勝つのだ。テロとの戦いは国との戦いではなくイデオロギーとの戦いだ。今日多くの人が、テロリストを殺せば殺すほど、さらに多くのテロリストを生み出すと信じている。私たちは、進化して「戦争は時代遅れ」というメッセージを受け入れることを拒否し、戦い続けている。テロの危機が拡大し続けているのはこれが理由だ。

・伝染病の危機

数世紀前、伝染病はノミやネズミが広めるものだった。今はエボラ出血熱が旅客機によって広められる。

・経済の危機

今日の戦争はお金で行われ、巨大な経済危機を引き起こす。悲惨なことに、お金によって戦われる戦争は、テロリストたちではなく、若者や高齢者など、罪のない人々をターゲットにする。

現在、数十億人が日々の経済危機の中で生きている。深刻さを増す経済危機は、フラーが『グランチ・オブ・ジャイアンツ』で金持ちや権力者がいかに罪なき人々の金を強奪しているかを書く動機になった。

●マズローの欲求段階

一九〇八年生まれの米国の心理学者、アブラハム・マズローは一九四三年、「人間の動機づけに関する理論」という論文をサイコロジカル・レビュー誌に発表した。

㉛マズローの欲求段階

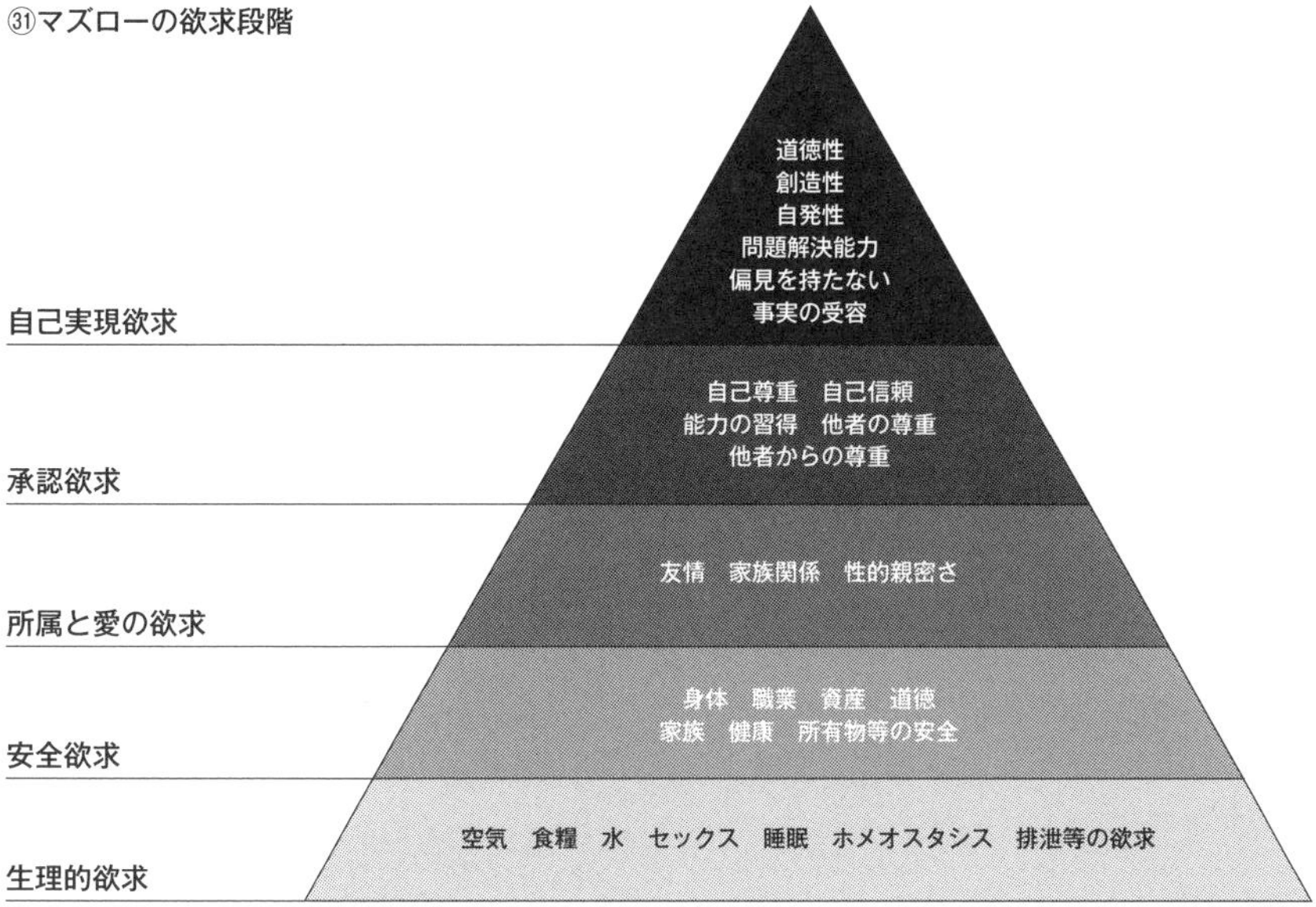

マズロー自身は理論の説明にピラミッドを使わなかったが、今日、彼の欲求段階は図㉛で表されている。マズローの欲求段階は、経済危機がいかに私たちの生活を脅かしているか説明している。

マズローは彼の言うところの「模範的な人々」、アルベルト・アインシュタインやジェーン・アダムス、エレノア・ルーズベルト、フレデリック・ダグラスなどを研究した。ウィキペディアは、マズローがこれらの人々を選んだ根拠を次のように説明している。「身体障害者、発育不全、未熟な人物、不健康な人々を調査対象とすることは、不完全な心理学、不完全な哲学しか生み出さない」。大事なのは、ピラミッドの下部の二つ、生理的欲求（あるいは生存欲求）と安全欲求が、上位の三つのレベル、所属と愛の欲求、承認欲求、自己実現欲求に影響を与えることだ。

●挫折の人生

一九七三年、私がベトナムからハワイの自宅に戻ると、父は失業していた。彼は、上司である民主党の知事に反旗を翻し、共和党からハワイ州の副知事に立候補するために教育委員会の事務局長の職を辞していた。父が選挙で敗れると、知事は彼をブラックリストに載せ、州政府の仕事から締め出した。

父は生計を立てるために預金を切り崩し、退職後の蓄えも吐き出し、全国的なアイスクリームチェーンのフランチャイズ権を買った。一年もせずにビジネスは失敗し、父は無職で無一文の博士号所持者となった。父の中にあったマズローのピラミッドが崩れ落ちるのを見るのはつらかった。基本の二つのレベル、生理的欲求（生存欲求）と安全欲求が崩壊し、ピラミッドの上位の部分が彼の頭上に落ちてきた。

母は、父が選挙で負けてほどなくして亡くなった。二年後父は再婚したが、すぐに離婚した。まだ五〇代前半で、子供たちは彼を慰めようとしたが、父には愛も所属の感覚もなく、孤独で常に悲しみを抱えていた。父は生涯のほとんどの時期は誇り高く自信にあふれていたが、選挙の敗北と妻の死、仕事や肩書、権力の喪失により自尊心を打ち砕かれ、泥を払って再び立ち上がり、世界に立ち向かう気力を失ってしまった。父は自己実現どころか、家に閉じこもってテレビの前に座り、酒を飲んで、友人たちの成功を妬む不機嫌な男になってしまった。

マズローのトライアングルの頂点は道徳性だ。父が道徳性を失わなかったのは本当に幸いだと思う。父の過去の名声と成功を利用しようとする人々が多くの怪しげな話を持ち込んできたが、父はすべて拒否した。道徳性を失うよりも貧しい生活を選んだのだ。

だが、多くの人々は道徳性を売り渡してしまう。生存や安全が脅かされると彼らは犯罪に走り、麻薬やセックスを売り、盗み、騙し、不正を働く。人々がやけになった時、馬鹿げた裁判沙汰が増え、訴訟を求めて走り回る弁護士が儲かる。

一九七三年、私は未来を垣間見た。父の世代の未来ではなく、私や子供たちの未来だ。

人々は生産的で自立しているどころか、自分たちは政府の援助を受けるべきだと考えている。将来の資金計画といえば、宝くじをあてること、あるいは災難で手に入れた賠償金で生活することだ。

生存と安全が脅かされると、道徳観や道徳、秩序ある文明社会が最初にダメージを受ける。私たちは経済危機のただなかにいる。問題は、この危機の中で浮かび上がれるのは誰か、誰が自信を深め、自己実現し、人生とお金のセカンドチャンスをものにするかということだ。

Q　マズローの言う自己実現とはどんなものか？

A　自己実現した人々は、立ち止まることがない。彼はアルベルト・アインシュタインやジェーン・アダムス、エレノア・ルーズベルト、フレデリック・ダグラスなどを研究対象とし、精神的に問題のある人々やノイローゼの人々は除外した。自己実現した人々は、行く手にどんな障害があろうと前進する。

Q　自己実現した人々はやる気を刺激する必要がないのか？

A　その通りだ。今日、お金やキャリア、資産について、人々は動機付けを必要とする。彼らはこんなふうに言う。「あなたの下で働いたらどのくらいお金が貰えますか？」「ボーナスはいくらですか？」「いつ給料を上げてもらえますか？」「福利厚生はどうなっていますか？」

人々は「賞賛」も求めている。つまり「もし私の自尊心を刺激してくれたらもっと働くよ」ということだ。こう考える人さえいる。「私の気分を盛り上げてくれないなら、辞めるか、あなたががっかりするようなことを仕出かしますよ。職場でゴシップをばらまきますよ。私を本当に怒らせたら、いじめやセクシャルハラスメントで裁判沙汰を起こしてやりますよ」

「罰」を必要とする人もいる。忠告や叱責を受けないと仕事に戻らない人もいる。「勤務評定」がないと能力を発揮しない人もいる。

Q　こういうことは家庭から始まっているのではないか？

A　私もそう思っている。両親たちが「成績表のＡ一つにつき一〇〇ドルをやることにしているんだ」と言っているのをよく聞く。または、「子供が本を読んだらお金をやるんだ」「家のまわりを掃除したら報酬をやる」と言う。私に言わせれば、子供がお金のために働くようにトレーニングしているようなものだ。金持ち父さんが自分の息子と私に賃金を払わなかったのもこれが理由だ。彼は言ったものだ。「子供に賃金を払うのは、雇われて働くための訓練をしているようなものだ」

金持ち父さんは、息子と私に起業家になるための訓練をした。自発的にことを行い、収入や雇用を生み出す資産を作る人間になるトレーニングをした。お金や安定した仕事、福利厚生のために働く大人にはなってほしくなかったのだ。彼は言った。「もしそういう人生を望むなら、学校を卒業し、私のような人間のために働きなさい」

●名声・成功・金VS偉大さ

単純に言えば、名声と成功とお金はモチベーションや創造性、または脅しや報酬によって手に入る。ほとんどの人にとっては、有名になること、成功すること、金持ちになることが十分な動機だ。だがこれらの報酬は偉大さとは違う。マズローによれば、偉大さは自己実現によってのみもたらされる。自己実現していれば、たとえお金や良い仕事、学歴、専門職の資格、健康、あるいは住む家を持たなくても無敵なはずだ。

セカンドチャンスについて考える時、こう自問するといい。「自己実現するには何が必要だろうか?」と。自己実現していれば、次の危機の際に浮かび上がるチャンスは大きくなる。

●ピラミッドの頂点

マズローのピラミッドの頂点は道徳性であることを忘れないでほしい。人は、名声や成功、お金を追い求めるうちに道徳性を犠牲にしてしまう。成功した野心的な人々が偉大さを身につけていないのはこれが理由だ。名声や成功、お金への欲望があまりに強いため、自分のモラルや価値観を犠牲にすることを含め、必要なことは何でもしてしまう。あなたもこういう人に心当たりがあるだろう。テレビも新聞もそうした人の話で溢れているし、一緒に働いたこともあるかもしれない。あなたの教会にもそういう人がいるかもしれない。

実社会には、名声や成功、金とは縁がないが偉大な人はたくさんいる。貧乏父さんと同様、どんなに困窮しても道徳性を売り渡すことを拒否する数十億の名もない人々だ。

セカンドチャンスを追い求めるあなたに、こうした人々の一人になってほしい。お金、成功、名声を得ることがなくても偉大さを目指そう。世界が必要としているのはもっと多くの偉大な人々だ。「私は勝つ」ではなく「私たちは勝つ」を目指す人々、強い道徳律を持って生きる人々だ。

●偉大さを試す質問

自分に以下の質問をしてみよう。

質問：　名声を手に入れているが、あまり偉大ではない人を誰か知っているか？
答え：

質問：　成功しているが、偉大とは言えない人を誰か知っているか？
答え：

質問：　金持ちだが、偉大ではない人を誰か知っているか？
答え：

質問：　偉大な人物だが、無名で、あまり成功しておらず、金持ちでもない人を知っているか？
答え：

質問：　あなたが知っている偉大な人物に、彼らが偉大であること、そしてその理由を言葉で伝えたことがあるだろうか？

答え：

偉大な人々に、あなたがそう思っている理由を告げるのは素晴らしいことではないだろうか？　その時、彼らのどういう行いを素晴らしいと思うのかも説明しよう。「あなたは素晴らしい」と伝えるだけではあまりはっきりしないし、説得力もない。

他者の偉大さを認めると、あなたと相手の両方の偉大さが高まる。一人の偉大な人物が一〇人の偉大な人々を承認し、この一〇人が別の一〇人を承認すれば、マズローの自己実現は世界中に広がっていくだろう。絶望の代わりに偉大さが世界中に広がれば、私たち人間はやがて来る非常事態の解決を指導者に任せず、自分たちで何とかする力を持てるだろう。「私が勝つ」ことを目指す人々には喜ばしいことではないかもしれない。だが彼らはそろそろ退場し、世界が勝利すべき時期だ。

●来るべき経済危機

やがて来る経済危機では、現在富裕な数百万の人が、マズローの欲求段階の階層崩壊を経験するだろう。本書はこれまで、米国と全世界の国々が経験している経済の非常事態について書いてきた。次章では、近づいている経済危機の詳細とその犠牲者、その理由について説明する。

・貧困層

一九七一年　ニクソン大統領が金本位制を廃止した時、貧困層は「貧困との戦い」に敗北した。銀行と政府がお金を印刷する時、税金は上がり、インフレは加速し、貧困が深まる。残念ながら彼らの多くは次の経済危機を切り抜けられないだろう。

・中流層

二〇〇七年、中流層は「中流層の戦い」に負け、数百万人が仕事や家、退職後の蓄えを失った。二〇一四年四月二二日、ニューヨークタイムズの一面の見出しは以下のようなものだった。「米国の中流層はもはや世界で一番の金持ちではない」。記事によれば、今や米国よりもカナダの中流層の方が収入が多いという。また貧困層でも、米国よりもヨーロッパの方が稼ぎがよい。

二〇一四年現在、前回の経済危機から脱出した米国の中流層はほとんどいない。失業率は教育程度の高い若年層と、経験豊富で高学歴の熟年労働者に多い。また、職を見つけた人々も、三分の二が、二〇〇七年のサブプライムショック以前の仕事よりも月給が安くなったという。

●次に来るのは何か?

二〇〇二年、『金持ち父さんの予言』が出版された。それは、政府やお金、銀行についての金持ち父さんの教えと、バッキー・フラーのグランチについての警告や一般原則、予言、未来予測の方法を一つにしたものだった。

『金持ち父さんの予言』では、史上最大の市場暴落が二〇一六年近辺に起こると書いた。あなたの想像通り、ウォールストリートのメディアは猛反発し、本と著者の私を徹底的にこき下ろした。スマート・マネー、マネー・マガジン、そしてウォールストリート・ジャーナルなども『金持ち父さんの予言』にはあまり好意的でなかった。予言された暴落が一〇年以上先のことだったにもかかわらず。

Q　どうしてメディアが攻撃的だったのだと思う?

A　『金持ち父さんの予言』が、数百万の労働者が毎月納めている401(k)、確定拠出年金の欠陥を指摘していたからだ。この欠陥は金持ち父さんが、史上最大の暴落が二〇一六年頃に起こるとした根拠の一つだった。思うに、スマート・マネーの記者はグランチの一部である雑誌の広告主を守るために、この本と著者である私を非難すべきだと感じたのだろう。

広告主を守ろうとしたことは理解できる。しかしなぜ嘘をつかなければならないのか？　なぜ自分のモラルをお金で売ってしまうのか？　ウォールストリート・ジャーナルもマネー・マガジンも『金持ち父さんの予言』に反論したが、嘘はつかなかった。私はこうした反応を予期していたし、敬意を払っていた。コインには裏と表と縁が存在する。ウォールストリート・ジャーナルとマネー・マガジンは一つの面を見せたに過ぎない。私は彼らが金持ち父さんや私の本、そして私に同意してくれることは期待していなかった。

Q　誰が正しいのだろう？

A　金持ち父さんとバッキー・フラーが正しいことはすでに明らかだ。私が過去一〇年間言い続けてきたのは、「予言者の仕事は間違えること」なのだが。

Q　なぜ間違えることが良いと？

A　予言というのは警告だからだ。予言者は予言が外れることを願っている。彼らはそれが起こる前に人々が行動し、準備し、変化を起こしてくれることを望んでいるのだ。

Q　それは起こっているのか？

A　残念ながらまだ起こっていない。グランチと政府のリーダーたちは来るべき非常事態をより深刻に、迫りくる予言をより破壊的な結果にするばかりだ。

Q　金持ち父さんの予言はどのくらい正確なのか？

A　前にも見せた図だが、図㉜を見て自分で判断してほしい。

❶は一九二九年の世界大恐慌を示す。今日多くの人々、そしてエコノミスト誌さえも一九二九年のクラッ

㉜金持ち父さんの予言を検証する

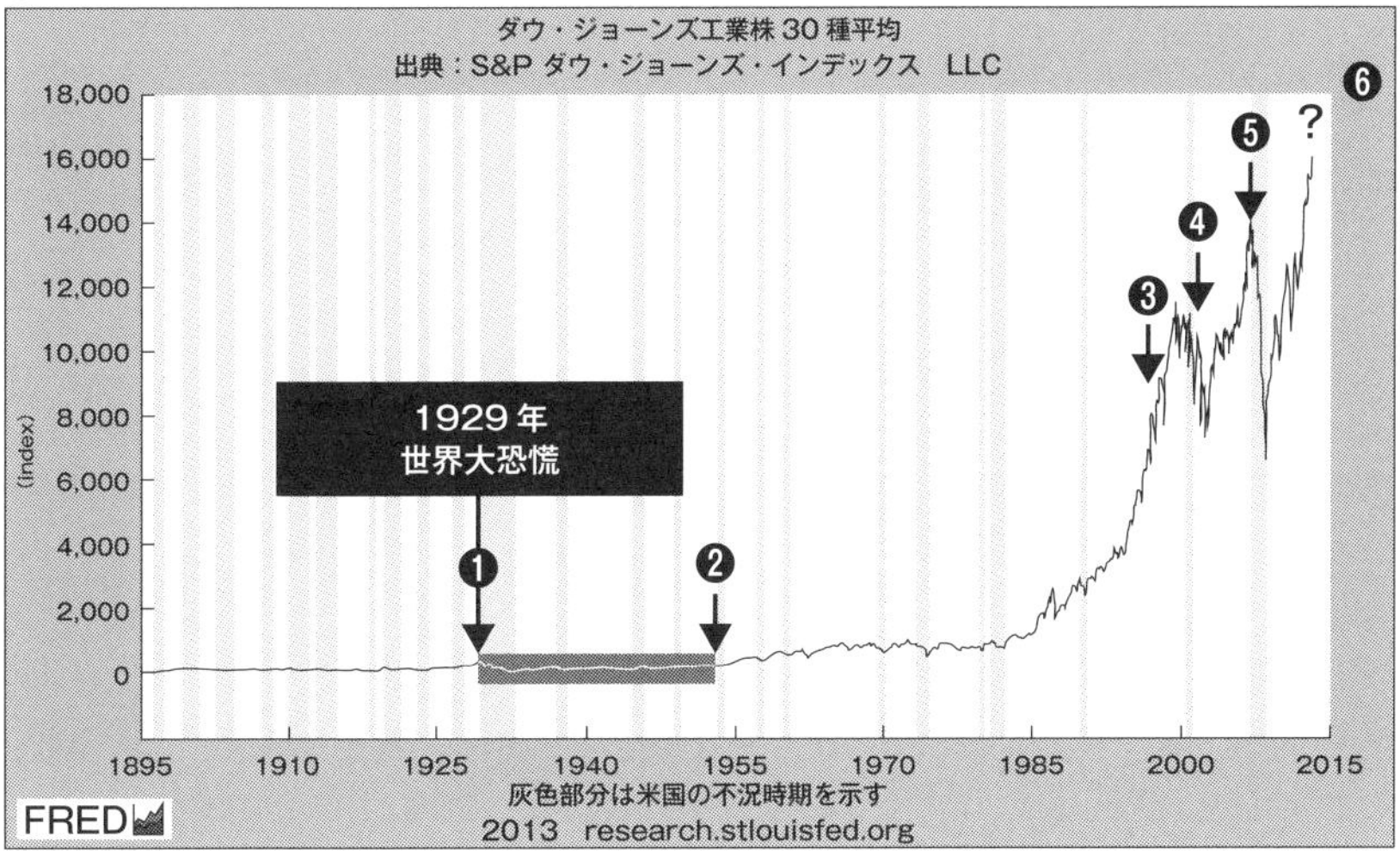

シュが史上最大の暴落の一つだと認めている。

❷は世界大恐慌の終わりを示している。大恐慌は実質的に二五年間続いた。

❸は一九九七年を指す。持ち家は資産ではないと主張する『金持ち父さん　貧乏父さん』が出版された。

❹は二〇〇二年を指す。『金持ち父さんの予言』が出版された。

❺は二〇〇七年、ダウ平均株価がこの年のピークを記録した一〇月を指す。『金持ち父さんの予言』の中で私は、二〇一六年のモンスター級の暴落の前に巨大な暴落が起こるとはっきり書いている。二〇〇七年の暴落はこの予言の後に起こった。それは何百万というホームオーナーを消し去った。多くの人が、一〇年前、一九九七年に出版された『金持ち父さん　貧乏父さん』の中の「持ち家は資産ではない」という指摘を苦い思いと共に理解した。二〇〇七年の暴落は多くの中流層と「となりの億万長者」を破産させた。

❻は二〇一六年を指す。『金持ち父さんの予言』の予想だと、あらゆる暴落を超える究極の暴落が起こる年だ。

Q　予言は当たるのだろうか?

A　それは誰にもわからない。起こらなければいいのだが。

第六章

一〇〇〇兆ドルってどのくらい？

「自分に向かってくるのが見えなければ、物事を避ける術はない」——バックミンスター・フラー

たくさんの人が、とてつもなく大きな問題が起こることを予期している。問題は、それが見えないことだ。見えるならば避けることもできるのだが。

●見えない時代

一九七四年、数百万の労働者のお金の未来が変わってしまった。

この年、米国議会はエリサ法、従業員退職所得保障法を通過させた。それは義務化され、４０１（ｋ）の誕生につながった。今日ほとんどの西欧諸国が何らかのＤＣ年金プランを用意している。オーストラリアで老齢年金（superannuation）、カナダで登録退職貯蓄制度（ＲＲＳＰ）、日本では確定拠出年金と呼ばれる。

一九七四年、産業時代の年金プランが終わりを告げた。産業時代の労働者にはＤＢ年金プランが適用されていた。ＤＢ年金プランでは従業員が死ぬまで年金が支払われる。

ＤＣ年金プランは、労働者がプランに拠出するタイプの年金で、資金源は拠出されたお金だけだ。従業員が引退した後、口座のお金を使い果たしたらそれで終わりだ。彼の財政は危機に瀕してしまうだろう。

ＤＢプランは産業時代の年金で、ＤＣプランは情報時代の年金と言える。情報時代には、市場をチェックするのはとても簡単だ。テレビやラジオの情報に加えインターネットやスマートフォンのアプリで、株価や市場を四六時中監視できる。株価が上がれば人々は満足し、下がれば不安になる。

●見えない巨人

ファイナンシャル教育を受けていない人々は、株式市場よりもはるかに大きいファイナンシャル市場があることを知らない。この巨大な市場はファイナンシャル教育がない人には見えないのだ。もしこれらの巨大市場のどれかが風邪を引き、咳やくしゃみをすれば、見えない巨人によって数十億人の安楽な老後の夢が吹き飛ばされてしまうのだ。

本章の後半では、デリバティブとして知られるこうした見えない巨人の一つをじっくり見ていく。この巨人は二〇〇七年にもう少しで世界経済を破綻させるところだった。その前に、フラーの言った次の言葉を覚えておこう。「自分に向かってくるのが見えなければ、物事を避ける術はない」

私がフラーから学んだ重要な教えは、他の人々に見えないものが見えるように自分を訓練することだ。

●見えないものをどうやって見るか

私は、フラーが少年の頃に初めて自動車を見た話をしてくれたのを覚えている。人々や馬は車を恐れたという。多くの人は、自動車は金持ちの飾り物程度にしか考えず、すぐに消え去ると思っていた。だが周知の通り、自動車は主要な輸送手段として馬に取って代わり、世の中を変えた。自動車は人々の生活を楽にし、多くの人に莫大な富をもたらした。馬は今や金持ちのお飾りだ。

フラーが言いたかったのは、私たちは何年かして初めて生活上の変化に気づいたということだ。自動車は、農耕時代の移動手段だった馬を産業時代の馬なし馬車に切り替える新たなテクノロジーだったのだ。

かつて、生活を変えるような変化は目に見えた。だが、情報時代には、生活を変革する変化を見ることはできない。さまざまな意味で、情報時代は「見えない時代」なのだ。

●失業の増加

失業者が増加し、高給の職が見つからない一つの理由は情報時代のせいだ。かつて馬が車に置き換えられたように、今、人間が置き換えられている。かつては撮影したフィルムをプリントにするために人間が必要だった。私は撮影済みのフィルムをドラッグストアに持っていき、小さな封筒に入れて預け、次の週に取りに行った時代のことを覚えている。

デジタル写真は数万人の職を奪っただけでなく、イーストマン・コダックさえも倒産させてしまった。ちょっと前まで、イーストマン・コダックはフォーチュン500に入る産業時代の巨人だったのに、産業時代から情報時代へのシフトに失敗したばかりに倒産してしまった。

イーストマン・コダックを過去のものにしたのはデジタル写真という新しいテクノロジーだった。皮肉なことに、一九七五年にデジタル写真技術を開発したのは他ならぬイーストマン・コダックだった。同社はその開発に数十億ドルを費やしたが、不幸にも多くの従業員を抱えた旧弊なビジネスモデルは新しいテクノロジーに移行できず、二〇一二年に倒産を発表した。

数十年前にフラーが主張したのは、情報時代が進むに従って仕事が消滅していくということだった。問題は、人々には自分たちの仕事を奪うテクノロジーが見えず、それが近づいてくるのも分からないことだ。今日職に就いている数百万人が、見えないものに轢かれて明日にはそれを失うかも知れない。

セカンドチャンスに備えるために、これからやってくるものを認識する力を養わなくてはいけない。たとえそれが目に見えないものでも。

●ビジョンのない人間が人々を導く

さらに大きな問題は、私たちのリーダーがやがて来る変化を見通せていないことだ。彼らも私たちと同様に事態が見えていないのだ。「変化が見えないこと」が、ワシントンの議員が互いに敵対し、政治が行き詰っている理由だ。そして世界中が同じ状況にある。リーダーたちには変化が見えない。皆、自分のライバルしか見えず、問題は放り出したまま互いに攻撃しあっている。

彼らは今日多くの公約を掲げている。

・多くの仕事を作り出す
・労働者を再教育する
・インフラを作るプロジェクトにお金を注ぎ、雇用を創出する
・子供たちの成績を上げ、グローバル経済の中で競争力を持たせる
・子供の就学期間を長くする
・数学と科学の教育に力を入れる
・最低賃金を上げる
・銀行の救済をやめる
・金持ちに課税する
・法人税を下げる

彼らはこの他、さまざまな計画や公約、アイデアを打ち出し、自分が状況を理解していることを証明し、自らを「プランのある男（あるいは女）」と呼び、この泥沼から我々を救い出す人間であることを示そうとしている。だが、彼らは見えているふりをしているに過ぎない。

「目には見えないものを見る」能力は、情報時代に必須の課題なのだ。

●見えないものを見ることを学べ

セカンドチャンスをものにできるかどうかは、見えないものを見る能力を身につけることにかかっている。

Q　なぜ見えないものを見る能力が必要なのか？
A　未来は見えないものが見える人間の手にあるからだ。見えないものを心で見ることができる人々だ。

●脳VS心

フラーはいつも、人間の脳と心の違いについて語っていた。彼は、この二つは別のものだと言う。簡単に言えば、脳は実体のある物質を見ることに慣れている。一方、心は見えないものを見ることに慣れている。フラーは、脳は物体を見て、心は物と物との見えない関連を見る、と説明する。そのたとえとして惑星同士の関係がある。脳は惑星しか見えないが、心には、惑星を互いの軌道に留めている見えない力、引力の存在が見える。

ゴルフの試合では、ゴルファーは脳を使ってボールやホール、芝の起伏を見る。優れたゴルファーは心を使って見えない芝のラインを見、ボールが穴に向かって転がっていくところを見る。見えないラインを見ることのできるゴルファーはトーナメントに勝ち、多くの賞金を得る。

単純に言えば、人間の知性は脳ではなく心に存在すると言える。だからこそ、スコット・フィッツジェラルドはこう言ったのだ。「第一級の知性かどうかを決めるテストは、異なる二つの考えを心に抱えながら、行動する能力を持てるかどうかだ」

残念なことに、ほとんどの人が脳を使うよう訓練されているが、心を使う訓練は受けていない。

●正しい答えはひとつではない

学校では、正しい答えは常に一つだと学生に教える。人々がそう信じ込むと、私たちの間に言い争い、意見の不一致、離婚、喧嘩、殺人、法廷での争い、しまいには戦争が起こる。学校は、心が探求するような物の関係性ではなく、脳が記憶できる答えを教える。

金持ち父さんは言った。「愚か者と論争すると、二人の愚か者ができあがる」。どちらの側も一つの答えしか存在しないと考える時、双方が愚か者になってしまうのだ。

両親や学校が子供に答えは一つだけだと教える時、マズローの欲求段階のピラミッドの頂上は打ち砕かれ、自己実現は停滞してしまう。自己実現には図㉝が示すものが必要だ。

●セカンドチャンス

セカンドチャンスを捉えるには、人には見えないものを見る勇気が必要だ。また、想像力と自発性、問題解決に多くの答えを思いつける能力、事実を受け入れる能力、偏見のない心なども必須である。

自己尊重や自信、能力の習得、他者の尊重を受けると同時に他者を尊重することも必要とされる。自己尊重を一言で言えば勇気である。勇気（courage）という言葉はフランス語の心（coeur）から来ている。勇気は脳から生まれるものではない。世界は最高の教育を受けた「脳みそたち」であふれている。彼らに足りないのは勇気と未知のものへの探求心、リスクを受け入れる心だ。なぜなら勇気は脳ではなく心から来るからだ。

セカンドチャンスを摑むには脳が見るものと心が見るものの違いを知っておくことだ。セカンドチャンスは正しくあること、あるいは正しい答えを知っていることではない。セカンドチャンスは行動を起こすこと、間違いを犯すこと、軌道を修正すること、失敗してもすぐ立ち上がり、成功するまで続けることだ。

残念なことに、こうした行動は学校では知性的な行動と認められず、むしろ正反対のものとされてしまう。

●見えないもののミステリー

フラーは、宇宙の九九パーセントは見えないものだと考えていた。それが事実なら、人類は存在するもの

㉝セカンドチャンスに必要なもの

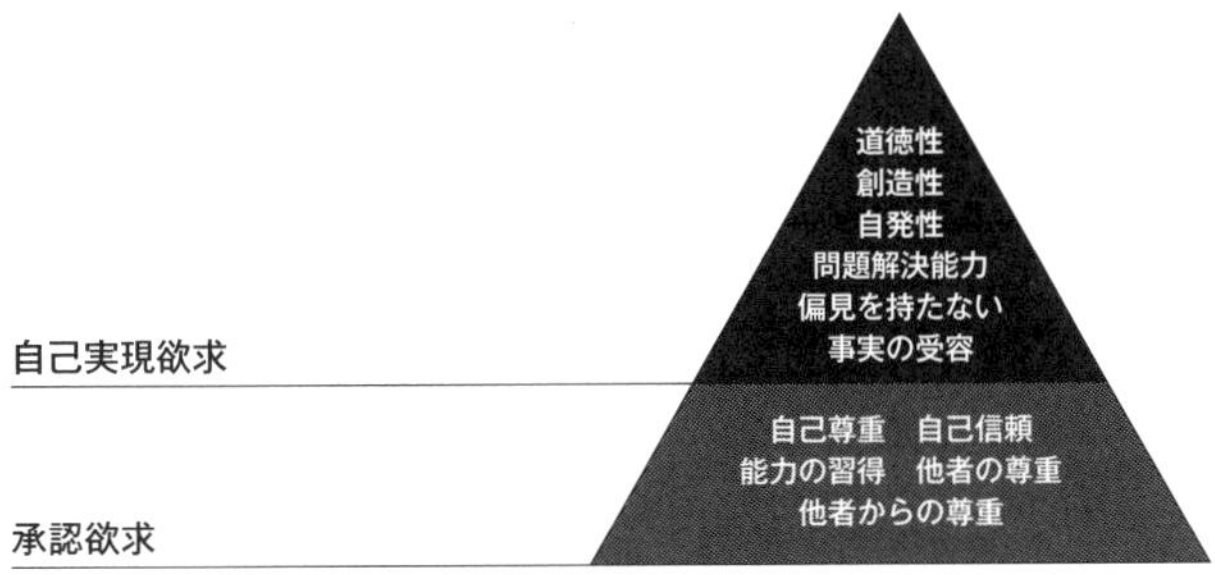

のほんの一パーセント以下、私たちに見えるものだけをもとに自分たちの世界をつくりあげている。

人間は常に、見えないものの存在に気づいている。数千年の間、地球上のあらゆる人間たちは見えないものの存在、不思議さ、力を感じてきた。人類が神を崇拝し、聖なる場所を尊重し、動物の像やシンボル、イエス・キリスト、アブラハム、モハメッド、ブッダなどを崇めてきたのもそのためだ。こうした神の化身を通して人間は見えないものの力や謎に触れてきたのだ。

病気が流行して多くの人が死んだ時、人間は「魔女狩り」をして災厄をもたらした邪悪な人間を見つけ出そうとした。顕微鏡の発明は、ルイ・パスツールのような研究者に、魔女や邪悪な力とはまったく無関係の、人間を死に至らしめる「見えない」細菌やバクテリアを見る能力を授けた。

●現代の魔女狩り

今日見られるのは、階級闘争という現代の金銭的な魔女狩りだ。多くの人々は金持ちが自分たちを貧乏にしていると信じている。確かに犯罪に手を染める「金持ち魔女」が存在するのは事実だが、多くの金持ちは良いことをして金持ちになっている。

フランス革命、ギロチンが有名になり、貧しい者がマリー・アントワネットをはじめとした貴族の首を落とした時代。貧しい者たちは、起業家たち、つまり革新を行い、危険を冒し、雇用を創り出す者、言わばフランス経済の未来を担う人々の首も切った。こうしたことは、富裕者とそうでないもののギャップが大きすぎる時に起こる。フランスの経済は今日でもギロチンの時代から完全に抜け出していない。かつて世界の大国だったフランスは現在、一種の社会主義国家であり、金持ちになることを非難する傾向がある。

Q　米国は社会不安や階級闘争に近づいているのか？

A　そうだ。もし貧困層と中流層が自分たちの問題を富裕層のせいにすることをやめないなら、情報時代の富裕層と一般人の差はますます広がっていくだろう。

Q　なぜだろう？

A　理由は二つあると思う。一つは金持ちが財産を見えないところに隠すからだ。彼らは富を動かす手段をたくさん持っている。金持ちが富を移動させると、経済への投資は少なくなり、貧困層と中流の生活は苦しくなる。アップルのような企業が数十億ドルを国外で稼ぎ、儲けを国内に持ってこない。それらのお金は合法的にオフショアに預金される。米国の企業税法はこれらの利益に巨額の課税をするからだ。もし企業税を引き下げれば、莫大な金が米国内に戻り、社会はより繁栄するだろう。二つ目の理由は、もし金持ちに対して怒りの感情があると、彼らが金持ちになった方法を知るのが難しくなることだ。

Q　怒りがあると目が曇り、金持ちがしていることが見えなくなると？

A　その通りだ。あなたはコインの片方の面しか見られなくなる。セカンドチャンスを捉えるには、金持ちがどうやって金持ちになったかを理解することが大切だ。怒りや妬みがあれば、彼らがしていることが見えない。知識は人々に見る力を与えるが、怒りと無知は物事を見えなくする。

●富の進化

金持ちと普通の人々の間のギャップをもっと理解するために、四つの時代、狩猟採集時代、農業時代、産業時代、そして情報時代の富の変遷を見てみよう。

●狩猟採集時代

狩猟採集時代、人間はすべて平等だった。社会には一つの階級しかなかった。富裕者も中流層も貧者も存在しなかった。部族の首領は皆と一緒に洞窟や小屋、テントに住んだ。首領が住む場所には、水やお湯が出る設備はなく、プライベートジェットもなかった。それは真の社会主義であり、共同体、部族、社会の中で誰もが平等だった。誰も、何も所有しなかった。首領は他のメンバーと同じように生き、食べ、旅をした。首領が特別な病院に行ったり、首領の子供が良い学校に行ったりすることもなかった。すべてにおいてフェアで、人々は平等だった。食べ物や獲物がなくなった時、天候が変わった時には、彼らは移動した。土地には価値を見出していなかった。

●農業時代

農業時代は人類が家畜を飼い、作物を植え始めた頃から始まった。土地に価値が生まれ、二つの階級が誕生した。富裕者と貧者、土地を所有する者としない者だ。不動産（real estate）という言葉は「王の領地（royal estate）」を意味するスペイン語から取られた。小作人（peasant）はフランス語の土地（pays）と人（ant）から派生した、「土地の人」という意味の単語だ。土地に価値が出てきたため、税金の概念が生まれ、誰が税金を払うかが決められた。小作人は税金を納め、王の土地に住み、働く権利を得た。王は税金の見返りとして小作人を他の王から守ってやった。

小作人を自分の支配下に置くために、王は土地（land）の一部を自分の友人、男爵や侯爵（lord）といった人々に与えた。領主や大家（landlord）という言葉はここから来ている。こうした領主は小作人から税金を集め、王に取り分を差し出した。小作人たちが小屋に住む一方で、王と貴族たちは税金を使って城に住んでいた。王侯貴族は馬に乗り、小作人たちは歩いた。戦争になると王は小作人を駆り集め、武器を与えて訓練し、戦場に送りこんで富裕層の財産を守るために戦わせた。

農業時代は二つの階級、貧困層と富裕層、王侯と小作人が存在する社会の幕開けだった。農業時代には、貴族はより豊かになり、小作人はひたすら働いて税金を払い、王による征服と領土拡大のための戦争に駆り出された。状況は今も変わっていない。

●産業時代

産業時代になると三つの階級が生まれた。富裕層、中流層、貧困層だ。

産業時代には、新たな土地が価値を持つようになった。農業時代には肥えた土地に価値があったが、産業時代になると肥沃な農耕用の土地は工場には必要なかった。ヘンリー・フォードが、岩が多く比較的安価な非耕作地を選び、今はデトロイトとして知られるその土地に工場を作ったのもそうした理由だった。工場のまわりには、家を買って一国一城の主となった中流層の郊外居住者が広がっていった。

工業化の波が農業に取って代わるに従い、王と貴族は自分の領地を小さく切り売りしはじめ、銀行家となって「住宅ローン」を中流層に提供するようになった。中流層はこうして自分の「領地」を持てるようになった。住宅ローンの支払いは中流層の最大の支出になり、貧困層は今でも家賃を家主に支払い続けている。

産業時代は新しい王族、銀行家や実業家を生み出した。米国の銀行やビジネスオーナーの何人かは泥棒男爵として知られるようになった。泥棒男爵について、ウィキペディアには以下のような記述がある。

「泥棒男爵とは、社会批評や経済関連の記事などで、一九世紀の富裕で権力のある米国のビジネスマンを指す侮蔑的な用語として北米の定期刊行物で使われた言葉で、一八七〇年八月のアトランティック・マンスリー・マガジンに最初に登場した。一八〇〇年代後半、この言葉は特に搾取的と見なされる手法を使って富を蓄えたビジネスマンの呼称となった。その手法とは、国家資源を支配する、政府に対する強い影響力を保持する、人々を極端に安い賃金で労働させる、競合企業を買収して独占状態を実現し、最終的に値段を上げる、投資家に破綻しそうな企業の株を高値で売りつけた後その会社を倒産させ、彼らを一文無しにするなどだ」

人々は、強欲は産業時代に急激に現れたと信じたがる。確かにそれは産業時代に増加した。強欲と野心が急激に発展したのはこの時代だ。貧しい人々が度外れた金持ちにのしあがるチャンスが産業時代に急激に増えたからだ。多くの泥棒男爵が貧困からスタートし、農業時代のあらゆる王や女王よりも金持ちになった。

有名な（あるいは悪名高い）泥棒男爵は以下の通りだ。

アンドリュー・カーネギー（鉄鋼）ピッツバーグ、ニューヨーク
ジェームズ・デューク（タバコ、エネルギー）ダーラム、ノースカロライナ
アンドリュー・W・メロン（金融、石油）ピッツバーグ
J・P・モルガン（金融、産業再編成）ニューヨーク
ジョン・D・ロックフェラー（石油）クリーブランド、ニューヨーク
リーランド・スタンフォード（鉄道）サンフランシスコ、カリフォルニア
コーネリアス・ヴァンダービルト（水上運送、鉄道）ニューヨーク

バッキー・フラーは、こうした泥棒男爵の何人かが、米国でもっとも権威ある大学を創立したことを指摘している。スタンフォードやデューク、ヴァンダービルト、カーネギー、そしてメロンなどは、彼らの名を冠した学校が存在する。フラーはハーバード大学のことを、J・P・モルガン会計学校と呼んでいた。ジョン・D・ロックフェラーは一八九〇年にシカゴ大学を、一九〇三年に一般教育委員会を設立している。

ロックフェラーは一般教育委員会を設立した理由を、農業時代に生まれた農村の若く優秀な男女を産業時

代に適応させるためだとしている。こうした優秀な男女の何人かはＣＥＯやＣＦＯ、会計士や弁護士などの、泥棒男爵のために働く新しい時代の「貴族」になったのかもしれない。

多くの人が、ロックフェラーが一般教育委員会を設立したのは米国の教育カリキュラムをコントロールするためだったのではないかと疑っている。前に述べたように、一般教育委員会は、私たちの教育システムを乗っ取る存在のように思える。人々は、ロックフェラーは従業員や側近としての優秀な若者を教育しようとしていたが、自分のような事業家は作りたくなかったのではないかと考えている。幸い、現在多くの大学が、従業員や企業幹部になるための教育の他に、起業家になるための学科を設置している。だが学校教育に大規模なファイナンシャル教育を導入することについてはなかなか変革が起きない。

●階級闘争

今日、米国を含む世界中で階級闘争が起こっている。人々は、今日の富裕層はペテン師や盗人と大差ない泥棒貴族たちの生まれ変わりだと信じている。

だが、セカンドチャンスをつかもうとするなら、コインの縁から表と裏の両方を見ることが大切だ。どちらか片側しか見ないなら、泥棒貴族たちがかつての王や王妃を凌ぐ途方もない金持ちになった理由を理解できないだろう。片側一方しか見ないなら、あなたはこの階級闘争の貧しい側で終わってしまうだろう。

ウィキペディアはＴＶジャーナリストのジョン・ストッセルの言葉を引用し、コインの片側の意見を支持している。

「彼らは泥棒などではない。盗みを働いたわけでも男爵でもない。もともとは貧しい生まれの人々だった」

「ヴァンダービルトは人々を楽しませて財を成した。彼は旅行や運送のコストを下げる方法を発明した。それまでより大型で高速の船を使い、船上で食事ができるようにしたのも彼だ。ニューヨーク―ハートフォード間の船賃を八ドルから一ドルに下げた。おかげで消費者は、どんな消費者団体ももたらしてくれなかった利益を得た」

「ロックフェラーは石油を売って金持ちになった。競争相手や政府は彼を独占主義者と言って非難した。だが彼は独占主義者ではない。当時は一〇〇社を超える競合があり、だれも彼から石油を買うことを強要されなかった。ロックフェラーは安い価格を提示して消費者を引きつけたのだ。それが競争相手の癇に障った。ロックフェラーが掘り出した石油を安いコストでガソリンスタンドまで運ぶ方法を発見したおかげで、数百万人の生活が楽になった。それまでは、暗くなればベッドに入っていた労働階級の人々もランタンの燃料を買うことができ、夜遅くまで起きて本を読むようになった。ロックフェラーの強欲は、クジラの命さえも救ったと言える。彼が灯油やガソリンの値段を下げたおかげで鯨油の需要は消え去った。鯨の大量虐殺は突然に終りを告げたのだ」

人々はロックフェラーのような資本家が為した良いことを無視し、自分の生活を向上させてくれたとは考えず、泥棒男爵と呼んで非難する。見方を変えれば、泥棒男爵は強欲ではなく、気前がよかったともいえる。あなたが金持ちになりたいなら、気前よく人々に奉仕するべきなのだ。

●情報時代

一九五七年、ソビエト連邦は、地球を周回した最初の人工衛星スプートニクを発射した。このニュースは情報時代、不可視の時代の幕開けと捉えられた。人工衛星は頭上に存在しているが、見ることはできない。今日、目には見えない数千もの人工衛星が頭上を飛んでおり、私たちの生活に入り込んでいる。

情報時代は再び富を進化させた。今日、新しいタイプの不動産、目に見えない空間が現れた。それは「サイバー不動産」と呼ばれるものだ。サイバー不動産のおかげで大学も卒業していない一九歳のビリオネアが誕生し、大学教育を受けた五九歳の元重役が失業して職を探している。

サイバー不動産はスマートフォンやアイパッド、コンピュータなどの機器の中に存在する。あなたや私がグーグルやアマゾンのサイトに行くということは、モノポリーで得点の高いパークプレイスやボードウォークのマスに駒が進んだのと同じことだ。

以下は、新しい時代の泥棒男爵、学校も卒業していない、見えない時代の事業家たちだ。

1. スティーブ・ジョブズ　アップルコンピュータ
2. スティーブ・ウォズニアック　アップルコンピュータ
3. ビル・ゲイツ　マイクロソフト
4. ラリー・エリソン　オラクル
5. トム・アンダーソン　マイスペース
6. デビッド・カープ　タンブラー
7. ダスティン・モスコヴィッツ　フェイスブック
8. マーク・ザッカーバーグ　フェイスブック
9. マイケル・デル　デルコンピュータ

●悪いのは誰だ？

これらの人々はさまざまな意味で、富裕層、貧困層、中流層のギャップを広げた張本人だ。高い失業率も彼らに原因がある。さらに言えば、増え続ける政府の援助プログラムの利用も彼らに責任の一端がある。

また、私たち自身も責められるべきだ。

先にも言ったが、人間の目に変化が見えない時、人々は他人を責める。魔女を焼き殺し、ギロチンで頭を切り落とし、見えない問題を解決する代わりに互いに攻撃しあう（民主党と共和党の戦いを見るといい）。

●金持ちがさらに金持ちになる理由

一九六七年、私は同級生のアンディーと二人でカナダのモントリオールまでヒッチハイクをした。私たちの目的は、未来についてのワールドフェア、六七年万国博覧会の米国パビリオン、バッキー・フラーのドームを見ることだけではなかった。私たちはフラーがしばしばいう言葉「神はすべての人類が金持ちになることを望んでいる」をもっと理解したかった。フラーはまた、一九八一年の本『クリティカル・パス――宇宙船地球号のデザインサイエンス革命』の中で、「技術的に言って、宇宙船地球号は六〇億人のビリオネアを持てる」と言っていた。二〇歳になったばかりの私たちの脳みそには、まったく現実感がない言葉だった。学校では絶対に教わらない主張だった。学校では、ごく少数しか金持ちになれないと教わっていた。

モントリオールの米国パビリオンの中に数時間佇んでみたが、求める答えは見つからなかった。私たちの脳で認識できたのはこの巨大な構造物、支えの部分がほんのわずかしか見えない、宙に浮かぶような球体だった。今まで見たどんな建築とも違っていた。羽毛のように軽そうだが巨大な空間を囲っていた。

探していた答えは見つからなかったが、私たちの心はフラーが見ていた世界の可能性を感じることができた。アンディーと私は深淵な可能性の感覚、勝つか負けるか、お前か俺かの世界ではない、誰にでも恵みのある世界への期待に包まれてモントリオールを離れた。自分が生きていくために誰かを殺すことも、他者から盗むことも必要ない世界。あなたも私も、誰もが勝者になれる世界。

読者の多くが知っているとおり、私は誰もが自分の資産の未来をコントロールすることができると思っている。彼らが喜んで学び、行動し、失敗し、失敗から学び、挑戦をやめなければの話だが。

ハワイのヒロ出身の、学校ではお世辞にも優秀とはいえなかった私は、逆境に打ち勝つことでそれを証明した。自分を信じ、自ら蓄えた知識に基づいた行動を起こせば、あなたも同じことができる。あなたもセカンドチャンスをものにできる。

●金持ちの一般原理

金持ちの一般原理は短命化（ephemeralization　フラーの造語）の一般原理だ。最もシンプルな言い方をすれば「少ないもので多くを行う」ことだ。

農業時代の王たちは最小限の行動で金持ちになっていた。食べ物を探して場所を転々とするのをやめ、一か所にとどまり食糧の生産を始めたのだ。土地を耕すことにより、より多くの食糧を、より多くの人々に供給することができた。

産業時代の米国の泥棒男爵たちも短命化の法則を利用した。少ないもので多くを行ったのだ。

ジョン・ストッセルの「泥棒男爵は気前のいい人々なのだ」という主張を思い出してほしい。彼はまさに短命化の一般原理について説明しているのだ。

Q　ある人々は泥棒男爵は強欲だと言い、ある人々は気前がいいと言っているのか？

A　そうだ。繰り返すが、コインには裏表があり、賢い人はコインの縁に立ってその問題の両面を吟味する。

Q　新しい泥棒男爵はスティーブ・ジョブズやマーク・ザッカーバーグ、デビッド・カープなどの事業家か？　彼らも短命化の一般原理を利用していたのか？

A　その通り。忘れないでほしい、馬は馬なし馬車に置き換えられた。情報時代には、人間は彼らの目には見えないテクノロジーに置き換えられるのだ。

今日、サイバー空間の小売業者、アマゾンやアリババは、今までの小売店、シアーズやＪＣペニーなどを消し去ろうとしている。世界中の都市で、数百万の人々が職を失っている。

Q　金持ちと貧困、中流層のギャップが広がっているのもそれが理由か？

A　それらは理由の一つだ。

Q　つまり、ある人々は産業時代の発想で行動し、別の人々は情報時代の発想で動いていると？

A　そうだ。高学歴だが失業中の元管理職は、産業時代の高い給与と福利厚生を求めて仕事を探している。残念なことにほとんどの学校や教師たちも、仕事に関して産業時代の発想に囚われている。彼らはできるだけ少人数のクラスを教えてできるだけ多くの賃金をもらいたいと考えている。この考えは短命化の一般原理に反している。彼らはもっと多くの成果（もっと多くの生徒を抱え、もっとよい指導を行い、よりよい結果を得るなど）を、より少ない労力で実現するべきなのだ。

Q　インターネットを利用して、多くの生徒に安い金額で指導を行っている教師もいる。

A　その通り。数は少ないがそれで数百万ドルを稼いでいる教師もいる。彼らは、少ないもので多くを得る、短命化の法則を実践している。

Q　短命化の法則を無視している教師たちはどうなる？

A　答えは自分で考えてみるといい。私は、最小限の労力でできるだけ稼ごうとする人々が行き詰る日は近いと思っている。失業中の人やパートタイム雇用者の多くは産業時代の思考から抜けられず、自分のまわりにあるチャンスが見えないのだ。

Q　リーダーたちも同じなのか？　彼らには変化が見えていない？

A　その通りだ。そのため、次の経済危機は一〇〇〇兆ドル規模になる可能性がある。

●見えない巨人

以下は、世界最大の市場の一部だ。

1. デリバティブ市場
2. 通貨市場
3. 債券市場
4. 株式市場
5. 商品市場
6. 不動産市場

なかでも世界の三大市場は、大きい順に、デリバティブ市場、通貨市場、債券市場だ。それ以下の株式市場、商品市場、不動産市場の順位についてはさまざまな意見がある。どれもがあまりに巨大な市場で互いに重複した部分もあるため、その大きさを測ることは難しい。たとえば、たくさんの人がＲＥＩＴ（リート）（不動産投資信託）を通して不動産に投資しているが、これは実質的には株式だ。同じことが商品市場や株式市場、債券市場にも言える。非常に複雑怪奇なものだ。

●デリバティブ市場

重要なのは、世界でもっとも巨大な市場はデリバティブ市場だということだ。これに比べると他の市場は小さなものだ。ほとんどの人は詳しく知らず、理解もできず、存在さえも見えていないモンスター市場だ。

Ｑ　どのくらい巨大なのだろう？
Ａ　二〇〇七年の暴落以前は七〇〇兆ドルと見積もられていた。
Ｑ　デリバティブ市場がなぜそんなに大事なのか？
Ａ　二〇〇七年の危機の本当の原因は不動産市場の暴落でも株の暴落でもなく、デリバティブ市場の暴落だったのだ。

Q　そもそもデリバティブとは何なのだ？

A　その質問に答える前に、デリバティブに広範な知識を持つエキスパートのコメントを紹介しよう。世界でもっとも富裕な投資家ウォーレン・バフェットは次のように言う。「デリバティブは金融における大量破壊兵器だ」

世界でもっとも成功した投資家、ジョージ・ソロスはデリバティブの取引には関わらないという。「なぜならその仕組みがよく分からないからだ」

一九七〇年代にニューヨークを財政危機から救った投資銀行家、フェリックス・ロハティンはデリバティブを「金融の水爆」と表現した。

●コインの裏側

それでもある種の人々はデリバティブを好んでいる。マエストロと呼ばれ、四人の大統領（レーガン、第四一代ブッシュ、クリントン、第四三代ブッシュ）に仕えた元連邦準備制度理事会議長アラン・グリーンスパンは、デリバティブについて肯定的なコメントしか残していない。

「凝縮されたリスクは、より容易に確認でき、その度合いが仲介人のリスク選好を超えた場合、デリバティブや他の信用リスク、金利変動リスクなどの手段が適用でき、潜在的なリスクを他の実体に振り替えることが可能になる。

その結果、金融機関は潜在的リスク要素がもたらすショックへの耐性を高めることができるばかりか、金融システム全体がより高い復元性を持つようになる」――アラン・グリーンスパン、二〇〇四年

二〇〇五年の上院公聴会において、ベン・バーナンキがグリーンスパンの後任として連邦準備制度理事会

議長に就任した際、以下の質疑応答が行われた。

ポール・サーバンズ上院議員：ウォーレン・バフェットは、デリバティブは取引する側にとっても、経済システムにとっても時限爆弾だと警告した。フィナンシャル・タイムズ誌は「今までのところ爆発していないが、この市場にはいまだに危険がつきまとっている」と指摘している。これらの警告をどう考えるか？

ベン・バーナンキ：私の意見はもっと楽観的だ。一般的にいって、デリバティブは非常に有益だ。リスクをシェアし、分割し、受け入れたい人が引き受けることのできるシステムだ。それは様々な意味で金融システムに柔軟性を与えていると考えている。安全性に関して言えば、デリバティブの大部分は非常に優秀な金融機関や個人によって取引されており、彼らはそれについて学び、正しく運用することへの適切な動機を持っている。連邦準備制度の責任は、こうした金融機関が健全なシステムと方法を保持し、所有するデリバティブのポートフォリオをうまく管理し、過剰なリスクを抱え込まないように監視することだ。

●二〇〇七年に早送りすると……

二〇〇七年に株式や不動産市場が突然暴落し、数百万の世帯が仕事や家、リタイアのために投資していたものを失った。だが、サブプライムの借り手や焦げ付いた不動産物件、さらには詐欺的なサブプライムの負債さえも、この暴落の原因ではなかった。真の原因はCDS（クレジット・デフォルト・スワップ）とCDO（債務担保証券）だったのだ。ウォーレン・バフェットは激しく非難している。「（デリバティブは）致命的な危険性を持っていたが、それが今や現実になった」

サブプライム爆弾が爆発した時、デリバティブの脅威は「潜在的」から「致命的」へと格上げされた。金融市場の見えない「黒死病」であるデリバティブは、金融界の巨人リーマン・ブラザーズやベア・スターンズを崩壊させ、数百万人の仕事と家、そして未来を奪い去った。

Q　デリバティブとは何なのか？

A　ものすごくシンプルに言えば、あなたが家や車にかけている保険と同じ保険証券だ。サブプライムローンの借り手が支払い不可能になった時、この大量破壊兵器が爆発した。それはニューオーリンズを破壊したハリケーンカトリーナや、ニューヨークやニュージャージーを襲ったハリケーンサンディーのようなものだった。保険とデリバティブの違いは、保険会社は規制され、保険金支払いのための資金準備を義務づけられていることだ。

だが世界最大の金融マーケットであるデリバティブ市場には規制はほとんどなく、当局による取締まりも実質的に皆無だ。デリバティブが暴落すれば、そのつけを払うのは銀行やその取引で利益を出した人々ではなく、納税者だ。

●真の泥棒男爵

連邦準備銀行の議長や米国財務省、巨大銀行のＣＥＯなどは真の泥棒男爵だろう。彼らは短命化の一般原則を利用し、世界経済の資金を使って私腹を肥やしている。まったく強欲で気前のよさなどひとかけらもない。私に言わせれば、彼らは短命化の一般原則を使って世に貢献するどころか、それを破って人々を騙している。

今日、金持ちと一般人のギャップはますます開くばかりだ。数百万人が自分の夢を含め、すべてを失っている。驚くべきことに、起訴された銀行関係者は一人だけだ。そしてグリーンスパンやバーナンキは引退生活を楽しみ、講演で稼いでいる。

Q　デリバティブ危機の犯人は誰なのか？

A　二〇〇〇年、ビル・クリントン大統領がＣＦＭＡ、商品先物取引近代化法にサインし、さらに大きなデリバティブ市場が可能になった。二〇〇〇年から二〇〇七年の間に、デリバティブ市場は一〇〇兆ドルから七〇〇兆ドルに成長した。大爆発はここから始まった。

Q　現在のデリバティブ市場はどのくらい大きいのか?

A　ウェリントン・レターを発行しているバート・ドーメンによれば、二〇一四年のデリバティブ市場は一二〇〇兆ドルに膨れ上がっているという。

Q　一〇〇〇兆ドルというのは一体どのくらいのお金だろう?

A　山ほどの金だ。次章ではほとんどの人が知らない他の市場や、政府による市場操作について見ていこう。

Q　なぜそれについて知っておいた方が良いのか?

A　知識があれば、ほとんどの人々には見えない、やがて来る危機から逃れる時間が持てるからだ。

第七章

見えないものをどうやって見るか

「言葉は道具だ。人間によって作られた一番強力な道具だ」――バックミンスター・フラー

本や講演の中で、フラーは言葉の持つ力について話している。彼の人生最悪の時期に、フラーは問題のほとんどが言葉に端を発していることに気づいた。フラーは言う。「私は言葉を非常に疑ってかかるようになった」。そして彼は、自分が話す言葉のすべての意味を理解したと感じるまでは、沈黙を貫くことを決意した。フラーの沈黙は二年に及んだ。

フラーの言葉を聞いて、私は金持ち父さんが繰り返し言った言葉を思い出した。「持ち家は資産ではない」資産と負債の違いを言葉で説明するかわりに、金持ち父さんはシンプルな図を描いてくれた（図㉞）。

フラーも講義で語ったことだが、私は、資産と負債の違いを知っていたために自分がどんなに有利なスタートを切ったかに気づいた。金持ち父さんが折に触れて書いてくれたシンプルな図は、他の人々が気づかないことを私に教えてくれた。数百万の人々が、自分の家や車を資産と考えたために金銭的なトラブルに陥っている。もっとまずいことに、ほとんどの人は資産とは何か分かっていないのだ。

フラーは言葉というものを疑った。あなたも疑うべきだ。お金の世界で最も重要な言葉は、「お金（キャッシュ）の流れ（フロー）」だ。キャッシュフローは、あるものが資産か負債かを決定する。キャッシュフロー、資産、負債の三つの言葉を理解していれば、豊かな人生を送る可能性は非常に高くなる。多くの人がお金で苦労しているのは、出ていくお金が多く、入ってくるお金が少ないからだ。

ちょっと時間をとって、あなたの資産と負債をすべて書き出してみよう。資産と負債を見分ける基準はこ

うだ。働くのをやめた時、あなたにお金をもたらしてくれるのが資産、お金をとっていくものが負債だ。ほとんどの貧困層と中流層は、負債はあっても資産はない。多くの年金プランは資産ではなく未積立債務であり、うまく運営できたとしても、あなたがリタイアした後はお金が流出していくだけだ。

人が資産を得ようと決心した時、彼らの世界は変わる。見えないものが見えるようになるのだ。

もう一つの重要な言葉は「富」だ。フラーは富を、「それによってあなたが生きながらえることのできる日数」だと定義した。金持ち父さんは富を「働くのをやめたあと生き延びられる日数」だと言った。平均的な米国人は、仕事をしないと一か月も生きられないと言われている。これが人々が仕事や給与にしがみついている理由だ。彼らには仕事はあっても富はない。

キムと私がそれぞれ三七歳と四七歳でリタイアすることができたのは、富に留意してきたからだ。私たちは資産を得ることとキャッシュフローを作ることに集中してきた。

一方で、安定した職業、給与、株式市場への長期投資などの言葉を重要視したことはなかった。預金よりも借金という言葉を重視し、借金をして資産を増やしていったのだ。

●反対の言葉の例

子供たちが、「学校に行き、仕事をして、一生懸命働いてお金を貯め、家を買いなさい（それは資産だから）。借金はせず、株式市場に長期投資をしなさい」などと刷り込みをされると、彼らはそうした言葉のせいでものが見えなくなってしまう。コインの反対側の、金持ちの世界が見えなくなってしまうのだ。

いくつかの言葉とその反対語を並べてみよう。

従業員 ↕ 雇用者

預金する人 ↕ 借金する人

課税対象の収入 ↕ 非課税収入
負債 ↕ 資産
自営業 ↕ ビジネスオーナー
給与 ↕ キャッシュフロー
ギャンブラー ↕ 投資家

学校は学生たちに、上側の言葉を使うように教育する。金持ちは下の言葉に注目する。フラーが二年間発言せず言葉の正しい意味を勉強したように、ちょっと時間をかけて学んでみれば、普段は見えないお金の世界が見えてくるだろう。ほとんどの人が見たことのない世界が。

Q　資産と負債、キャッシュフローの違いは分かった。しかし、Sクワドラントの自営業者とBクワドラントの事業家の違いは何だ？

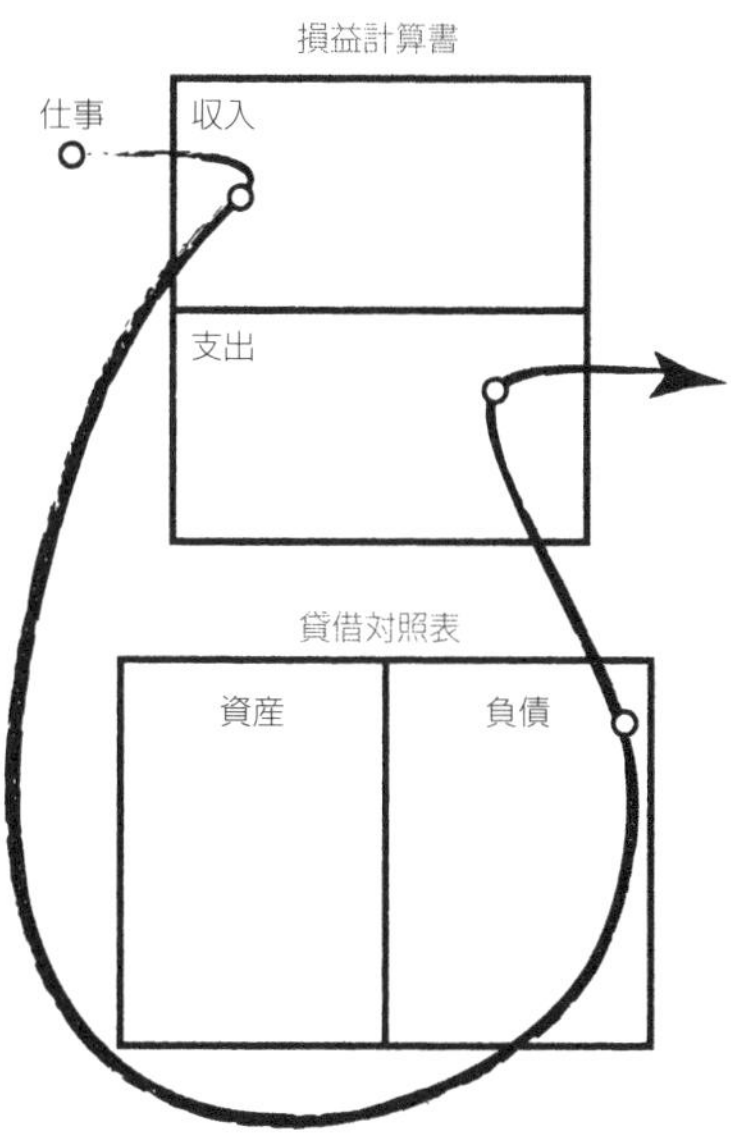

㉞負債はあなたのポケットからお金をとっていく

A　自営業者はお金のために働くが、Bクワドラントの起業家は資産のために働く。たとえば、不動産エージェントは自営業者だ。彼らはお金のため、コミッションという収入を得るために働く。だが不動産関連の事業家は、キャッシュフローを生む資産としての不動産を手に入れる。

不動産エージェントは最高税率の税金を支払うが、不動産投資家は、キャッシュフローにかかる税率はゼロパーセントだ。

不動産エージェントは課税収入のために働き、不動産投資家は非課税収入のために働く。

不動産エージェントは収入を貯金するが、不動産事業家は不動産を買うために借金をする。

不動産エージェントが年間一〇の物件を売り、不動産事業家が年間一〇の賃貸物件を手に入れるとすると、一〇年後には、自営業者の不動産エージェントは事業家より多くのお金を持っているかもしれない。だが実際は、非課税のキャッシュフローを利用した不動産事業家の方がはるかに裕福になっているのだ。

Q　これは全世界で通用する話なのか？

A　程度の差はあれ通用する。税法は基本的に世界のどこでも同じだ。黄金のルールを忘れないようにしてほしい。黄金を持っている人間がルールを作るのだ。

Q　こうしたことをほとんどの人が知らないのはなぜだ？

A　ほとんどの学校では、リストの上側の言葉しか教えないからだ。だから普通の人々は給料を求める。一方金持ちはキャッシュフローを求める。「単一性の中身は複数」という原則に従えば、すべてのコインには二つの面がある。普遍的な陰と陽の二面性だ。

あなたもキャッシュフロー・クワドラントの二面性に気づくだろう。EとSの側にいる人々はお金のために働く。BとIの側の人は資産のために働くのだ（図㉟）。

経済危機はEとSに大きなダメージを与えた。しかし多くの場合、BとIは恩恵をこうむった。EとSのクワドラントは、政府の紙幣印刷やインフレ、増税により持っていた現金と預金の価値が目減りし、負け組となった。彼らが資産だと信じていたが実は負債だった持ち家や、年金口座の株式の価値も下落した。

今までも強調してきたが、キャッシュフロー・クワドラントを学ぶときは、税金も考慮に入れると全体像を見ることができる。（図㊱）

Q　税率が異なる理由は何だ？

A　一つはＥとＳがお金のために働いていることだ。彼らはお金を貯め、株式に長期投資をする。
ＢとＩはお金を貯めるのではなく資産を作るために働き、借金をする。そしてＥやＳが投資対象とするような資産を作ろうとする。

Q　複雑すぎて難しい。

A　見えないお金の世界の裏側を見ているからだ。ちょうど右利きの人が左手だけを使うようなものだ。慣れるまで時間がかかる。

㉟キャッシュフロー・クワドラントの右側と左側の違い

E…従業員（employee）
S…スモールビジネス (small business)
自営業者 (self-employed)
B…従業員五百人以上のビッグビジネス
(big business)
I…投資家（investor）

㊱クワドラントごとに税率が違う

Q　お金の裏の面を見られるようになるにはどうすればいい？

A　私が勧めるのは『キャッシュフロー』ゲームだ。ゲームで遊び、他の人にやり方を教えているうちに、仕事をして給料を得るのと、資産からキャッシュフローを得ることの違いが理解できるだろう。覚えておいてほしい、EとSは収入の欄に集中し、BとIは資産の欄に集中しているのだ。

『キャッシュフロー』は借金の力を教えてくれる唯一のゲームだ。借金をうまく利用するプレイヤーは借金を恐れる競争相手を打ち負かす。ゲームに熟達するほど、なぜ借金や税金が金持ちをより金持ちにし、貧困層や中流層をより貧乏にするかが分かってくる。一度コインの反対側を見れば、混乱は収まり、新しい世界が開けるだろう。ほとんどの人には見えない世界が。

Q　ではまず、自分の使う言葉に注意することから始めればよい？

A　そうだ。それからグランチがすることに注意することだ。他の人々は気づいていないが。

過去を振り返ると、未来についての新たな見方を教えてくれる声が聞こえる。私はそれを「新しいチキン・リトル」と呼んでいる。未来についてのそれらの言葉は実に興味深い。

未来は私たちに見えているものであると同時に、見えていないものでもある。それは、産業時代から情報時代への進化が、私たちのビジネスの方法が変化する以外に、どのように現れるかということだ。

私たちは年中無休で稼働している世界に生きており、その素早い変化の背後にある原動力はほとんど目に見えない。私たちは言葉や、それを使っている人に注意を向け、視覚ではとらえられない部分を見抜けるよう心を鍛える。

新たに登場したチキン・リトルのメンバーを紹介する前に、チキン・リトルのあらすじをお話ししておこう。時を経ても色あせない昔話で、多くの言語で語られている。そして、そのテーマが今ほど重要な時代はないだろう。以下は一番良く知られているバージョンだ。

●チキン・リトルの物語

チキン・リトルは森に行った。

一粒の種が彼の尻尾に落ちてきた。

チキン・リトルは言った。

「大変だ、空が落ちてきた、急いで王様に知らせなきゃ」

チキン・リトルはヘニー・ペニーに会った。

「ヘニー・ペニー、空が落ちてくるよ」

ヘニー・ペニーは言った。

「どうして知ってる？　チキン・リトル」

チキン・リトルは言った。

「かけらが尾っぽに落ちてきたんだ」

「急ごう」ヘニー・ペニーは言った。

「急いで王様に知らせよう」

その途中、彼らはターキー・ラーキーに会った。

ヘニー・ペニーは言った。

「空が落ちてくるぞ、ターキー・ラーキー！」

「どうして知ってる？　ヘニー・ペニー」

「チキン・リトルが教えてくれた」

「どうして知ってる？　チキン・リトル」

「僕はこの目で見たんだよ、この耳で聞いたんだよ、かけらが僕の尻尾に落ちてきたんだ」

「急ごう」ターキー・ラーキーは言った。

「急いで王様に知らせよう」


その途中、彼らはダッキー・ラッキーに会った。

ターキー・ラーキーは言った。

「空が落ちてくるよ、ダッキー・ラッキー」

「どうして知ってる？　ターキー・ラーキー」

「ヘニー・ペニーが教えてくれた」

「どうして知ってる？　ヘニー・ペニー」

「チキン・リトルが教えてくれた」

「どうして知ってる？　チキン・リトル」

「僕はこの目で見たんだよ、この耳で聞いたんだよ、かけらが僕の尻尾に落ちてきたんだ」

「急ごう」ダッキー・ラッキーは言った。

「急いで王様に知らせよう」


途中で彼らはグーシー・ルーシーに会った。

ダッキー・ラッキーは言った。

「空が落ちてくるぞ、グーシー・ルーシー」

「どうして知ってる？　ダッキー・ラッキー」

「ターキー・ラーキーが教えてくれた」

「急いで王様に知らせよう」グーシー・ルーシーは言った。

「僕はこの目で見たんだよ、この耳で聞いたんだよ、かけらが僕の尻尾に落ちてきたんだ」

「どうして知ってる？　チキン・リトル」

「チキン・リトルに聞いたんだ」

「どうして知ってる？　ヘニー・ペニー」

「ヘニー・ペニーが教えてくれた」

「どうして知ってる？　ターキー・ラーキー」


途中で彼らはフォクシー・ロクシーに会った。

グーシー・ルーシーは言った。

「空が落ちてくるらしいぞ、フォクシー・ロクシー」

「どうして知ってる？　グーシー・ルーシー」

「ダッキー・ラッキーが教えてくれた」

「どうして知ってる？　ダッキー・ラッキー」

「ターキー・ラーキーが教えてくれた」

「どうして知ってる？　ターキー・ラーキー」

「ヘニー・ペニーが教えてくれた」

「どうして知ってる？　ヘニー・ペニー」

「チキン・リトルがそう言った」

「どうして知ってる？　チキン・リトル」

「僕はこの目で見たんだよ、この耳で聞いたんだよ、かけらが僕の尻尾に落ちてきたんだ」

フォクシー・ロクシーは言った。
「よし、みんな急いで俺の巣穴に避難しろ。俺は王様に知らせるから」
皆はフォクシー・ロクシーの巣穴に逃げ込んだ。
そして二度と外には出られなかった。

●勇気の物語

この物語には多くの異なった解釈があり、別の結末もある。紹介した話のオチは、フォクシー・ロクシーがチキン・リトルたち全員を食べてしまった、というものだ。他のバージョンでは、チキン・リトルとその友達は脱出する。

チキン・リトルは勇気の物語だ。正々堂々と意見を述べるのには勇気がいる。

よく言われる通り、「悪が勝利するのに必要なのは、良き人々が行動を起こさないことである」

私たちは、何もしない人々を知っている。心配なことや腹の立つことを飲み込んでしまう人々だ。私は、それには理由があると思っている。チキン・リトルになることは簡単ではない。一九九七年に『金持ち父さん　貧乏父さん』を出版した時、私は最初にそれを学んだ。

私が「持ち家は資産ではない」と言った時、多くの人に馬鹿にされ、批判された。二〇〇二年に『金持ち父さんの予言』を出版し、「二〇一六年近辺に史上最大の株式市場暴落があり、その少し前、二〇〇二年から二〇一六年の間にも暴落がある」と言った時、私は「空が降ってくるぞ！」と叫んで回ったチキン・リトルのような扱いを受けた。

バッキー・フラーも金持ち父さんも、そして私も、お金と経済に関しては少なくとも信頼すべきチキン・リトルではない。三人とも経済学を学んだことはないし、銀行家でも株式仲買人でもないからだ。ウォールストリートで働いた経験もない。人々が私たちの言うことを本気にしないのも当然かもしれない。

●新しいチキン・リトル

西暦二〇〇〇年にコンピュータがクラッシュするという、いわゆる二〇〇〇年問題の直後、新種のチキン・リトルが「空が落ちてくるぞ」と警告を始めた。彼らは人々の注目を集めた。その理由は、彼らがまったく新しいタイプのチキン・リトルだったからだ。彼らは一流の学校で教育を受け、ビジネスや銀行業、財務、軍関係の分野などで輝かしいキャリアを持っていた。フラーが「グランチが動かしている世界」と言っていた分野だ。

幸いなことに、人々はだんだん彼らの警告に耳を傾け始めた。残念なのは、彼らの主張は視点こそ違え、フラーや金持ち父さん、そして私が長年言い続けてきたことだったということだ。

Q　それはあまりフェアではないね。

A　確かにフェアではない。私が言いたいのは、ちょっとしたファイナンシャル教育があれば、フォクシー・ロクシーの物語の両方の面を見抜くことができるということだ。

Q　現在の状況はずっと続くのだろうか？

A　可能性はあるが、私はそうはならないと思っている。言葉やごまかし、嘘などよりも強い力が現れているからだ。

Q　どんな力だ？

A　あなたに三人の、真実を喋る勇気のあるチキン・リトルたちを紹介しよう。彼らは新しい力がどんなものか教えてくれる。それは、失業やインフレについてのまやかしの報告書や、選挙民に対するいい加減な約束や、ＰＰＴ（プランジ・プロテクション・チーム。株価操作チーム）による国際市場の操作などよりもはるかに強力だ。この力と、ＰＰＴによる市場操作についてはこの章の後半で詳しく述べよう。

●新たなチキン・リトルたち

声を上げ始めたチキン・リトルたちに最近加わったメンバーがいる。臆さずに発言する勇気を持った人々だ。彼らは名門校で学び、銀行や軍、米国の実業界の中枢で働いてきた。三人とも、今日の危機に関する本を著している。

リチャード・ダンカン……"The Dollar Crisis"（ドルの危機）
"The New Depression"（新たな不況）
ジェームズ・リカーズ……"Currency Wars"（通貨戦争）
"The Death of Money"（ドル消滅）
クリス・マーテンソン……"The Crash Course"（クラッシュコース）

●リチャード・ダンカン

リチャードはヴァンダービルト大学で経済学を学び一九八三年に卒業、バブソンカレッジで国際経済を学び一九八六年に卒業した。

ワシントンＤＣの世界銀行に勤務し、ＩＭＦ（国際通貨基金）のコンサルタントも務めている。二〇〇三年に"The Dollar Crisis"（ドルの危機、邦訳タイトルは『ドル暴落から、世界不況が始まる』）、二〇一二年に"The New Depression"（新たな不況）を出版している。

エコノミスト誌は書評で「最新の著作『新たな不況』で繰り広げられる彼の分析は、今回も非常に正確だ」と絶賛した。

二〇〇三年に『ドルの危機』を読んで、私はすぐにリチャードと親しくなった。世界銀行やＩＭＦの関係者の立場から世界経済を説明してくれる友人がいるのは素晴らしいことだった。私たちは世界のいろいろな場所で行われたイベントで同じステージに立ち、お金がいかに世界を貧しくしているのか説明した。

リチャードは著書や講演の中で、国から国へと流れていく「ホットマネー」がいかに景気を乱高下させているか解説している。

たとえば、日本に流れ込んだ「ホットマネー」のおかげで日本の経済はにわかに景気づいた。企業のマネージメント専門家や一流大学の研究者が日本に飛びつき、「日本の奇跡」を熱心に研究した。大多数は、日本の好景気は日本企業のマネージメントの手腕によると考えたが、本当の理由は「ホットマネー」だった。

一九九一年、「ホットマネー」は日本を離れ、日本の資本バブルは破裂した。日本は現在もその痛手から立ち直っていない。日本経済はいまだに流動的で、政府も銀行も、経済を立て直すことはできないようだ。

「ホットマネー」は今度は東南アジアに流れ込み、タイやインドネシア、台湾、韓国、香港などをアジアの虎やドラゴンに仕立て上げた。そして再び同じことが起こった。これらの国の経済は盛り上がり、一九九七年にはじけてアジアの金融危機を引き起こした。

次に「ホットマネー」が流れ込んだのは米国だった。ファニーメイやフレディマックなどの住宅抵当公社や巨大銀行などがそのお金でサブプライムローンを作り、サブプライムローンからデリバティブを生み出し、その結果、二〇〇七年に米国経済が破綻した。二〇〇三年にリチャードが予言した通りの展開だった。

「ホットマネー」はその後ヨーロッパに移り、かつて富裕で影響力のあったアイルランドやギリシャ、イタリア、スペインなどの国が立ち直れないほどの経済的打撃を受けた。

二〇〇〇年の始め、リチャードは増大するデリバティブの危険について警告したが、誰も耳を傾けなかった。リチャード・ダンカンの視点から世界を見ると、ニクソンがブレトンウッズ体制を破壊して金本位制を廃止した後に生まれた「ホットマネー」が、南アフリカやメキシコ、アジア、米国、ヨーロッパで苦痛と貧困を生み出してきたことが明瞭に理解できる。

Q　なぜ「ホットマネー」が貧困を生み出すのか？

A　サブプライムローンが米国を破産寸前にしたのと同じ構図だ。資金が流入すると、銀行は貸し付けなければならない。銀行預金はあなたにとっては資産だが、銀行にとっては負債だということを思い出してほしい。本書の始めで説明した部分準備制度のおかげで、銀行は準備金の数倍の金を貸し出せる。部分準備のレートが一〇だとすると、銀行は準備金の一〇倍を貸し付けられるのだ。部分準備のレートは連邦準備制度理事会（ＦＲＢ）がお金をいくら市場に出したいか、あるいは市場から引き上げたいかによって変化する。

銀行が貸付を行う時、物価は上昇する。物価が上昇すると銀行はさらに貸し付け、経済がそれ以上の信用貸し、あるいは借金を受け入れられなくなるまで続けられる。つまり、愚か者たちが返済不可能になるまで金を借り続け、その時「ホットマネー」は逃げていくのだ。

彼の視点から見た世界経済をもっと知りたければ、リチャード・ダンカンの本を読み、金持ち父さんのラジオ（Rich Dad Radio）で私が行った彼のインタビューを聞くことをお勧めする。

●ジェームズ・リカーズ

ジェームズは一九七三年にジョンズ・ホプキンス大学を卒業し、一九七四年には同大学のポール・Ｈ・ニッツェ高等国際関係大学院で国際経済学の修士号を取得した。また彼は、ペンシルベニア大学で法学博士号を、ニューヨーク大学法学部で税法の法学修士を授与されている。

一九八一年、ジェームズはイラン大使館占拠事件に関わった。また、一九九八年のニューヨークの連邦準備制度理事会によるヘッジファンドのロングターム・キャピタル・マネージメント（ＬＴＣＭ）の救済の際には、ＬＴＣＭの法務顧問として主席交渉官を務めた。ウォールストリートでの勤務経験は三五年に上る。

二〇〇一年、ジェームズは金融の豊かな知識を買われ、国家安全保障会議と国防総省に対し、来るべき通貨戦争に関するアドバイスを行った。

フォーブス誌は書評でこう言っている。「ジェームズ・リカーズは後の世で通貨戦争におけるポール・リビア（注：独立戦争当時の愛国者。ボストンに駐留するイギリス軍が進軍を始めたことを知らせた）だったと言われるだろう」

フィナンシャル・タイムズの書評担当者はこう結論した。「彼が間違っていることを祈るばかりだ」

ジェームズは『通貨戦争』というタイトル通り、各国がいかにお金の戦争をしているかを解説している。かつて、国家は武器を使って敵を倒した。今日、国家はお金を武器として敵を殺す。不幸なことに、リーダーたちは自国のお金で自国の民をも殺してしまうのだ。

政治指導者たちがもっとも恐れているのは失業だ。失業は社会不安と暴力を招くからだ。米国政府がフードスタンプの制度を拡大しているのもそれが理由だ。飢えた人々は暴動を起こす。腹が満たされていれば少なくとも暴動にはならない。

●クリス・マーテンソン

クリス・マーテンソンは一九九四年にデューク大学で神経毒性学の博士号を、一九九八年にはコーネル大学で金融のＭＢＡを取得している。

彼はフォーチュン３００企業である製薬会社ファイザーで、企業財務アナリストとして働いた。

また、ヤフーの元副社長であるアダム・タガートと共同で、ファイナンシャル教育の企業、ピークプロスペリティーを創業した。ピークプロスペリティーは経済に関する情報や教育素材を発行する会社だ。クリスはまた、二〇一一年に『クラッシュコース』を著している。

二〇一五年のはじめ、リッチダッド・カンパニーは二日間のワークショップとしてクリスとアダムを招いて彼らの著作についての研究会を行った。世界中から人が集まった。不動産分野の金持ち父さんのアドバイザーであるケン・マクロイはセミナーの後私にこう語った。

「ゾッとした。目が醒め、勇気づけられた。明日ではなく今日、今すぐ変化を起こす気になったよ」

クリスは世界経済が抱える問題を説明する時、科学者としての経歴を活かす。恐らくそれが、彼とフラーの見解が似ている理由だろう。『クラッシュコース』が素晴らしいのは、クリスが科学と経済を分かりやすく説明している点だ。

『クラッシュコース』には、吸収し吟味すべき内容が詰まっている。本書のキーポイントを三つ紹介しよう。未来を覗こうとすることは、それを正確に予想することではない。それは行動を起こすことだ。あまりに多くの人が、未来への準備をせずに、証拠が集まるのを待っている。クリスは自分が正しいとは決して言わない。彼は単に、なぜ自分が行動し、予測する未来への準備をするかを説明しているだけだ。

クリスは今日の私たちの生活を左右する「四つのE」を挙げている。それは経済（Economy）、環境（Environment）、エネルギー（Energy）、そして指数関数的増大（Exponential）だ。このうち特に大事なのは指数関数的増大だ。彼は、来るべき変化がなぜ線形的ではなく指数関数的な速度で進行するかを極めて簡潔に、しかし細部まで説明している。彼の主張が正しければ、人々は何が起こるかまったく分からず、準備をする時間さえもないだろう。

彼のアドバイスはシンプルで現実的、実用的であり、誰もが実行できることだ。

彼は科学の視点から、フォクシー・ロクシーたちが口をつぐんでいることをあなたに教えてくれる。中でももっとも議論を呼びそうなのは、エネルギー価格、特に石油と石炭についての彼の予想だ。企業や政治分野のフォクシー・ロクシーたちは米国人に、アメリカはエネルギーを自国で賄えると信じさせたいのだ。クリスもこれをある程度肯定している。

フォクシー・ロクシーが決して言わないのは安いエネルギーの時代が終わりを告げたということである、

とクリスは主張する。世界や米国は豊かなエネルギーを持っているが、今後、エネルギーのコストは上がり続ける、と彼は言う。もしクリスが正しければ、エネルギーコストの暴騰は株式市場を含む金融市場を嘗め尽くしてしまうだろう。

●ポール・リビア

米国史に残るチキン・リトルの物語といえば、ポール・リビアの騎行と、彼が発した警告だろう。彼は人々に「イギリス軍が来るぞ！」と警告し、英雄として歴史に名を残した。

以下の言葉はポール・リビアの行為の原動力になったものをずばりと表している。

「勇気とは、死ぬほど怖くてもともかく前進することだ」――ジョン・ウェイン

●フォクシー・ロクシーとは誰か？

問題は「誰がフォクシー・ロクシーか？」というものだ。フォクシー・ロクシーはそこら中におり、あなたを自分の巣穴に引き込もうとしている。誰もが一生のうちに一回かそこらはフォクシー・ロクシーに出会う。誰もがフォクシー・ロクシーに騙されたことがあるか、恋に落ちて結婚してしまう。一緒に働くこともある。そして、もしかすると私たちの何人かはフォクシー・ロクシーなのかもしれない。

今日、フォクシー・ロクシーはラジオやテレビ、新聞、インターネットを通してあなたの家に侵入する。フォクシー・ロクシーは世界中のどこからでもやって来るのだ。

こうなると次々に新しい疑問が湧いてくる。

Q　フォクシー・ロクシーはどうやって私たちの日常に入り込んでくる？

A　方法はいくつもある。まず、それは言葉を通して入ってくる。フォクシー・ロクシーは、あなたが聞き

たいこと、信じたいことを言う。言葉は彼らの大事な道具だ。「この薬を一錠飲めば一週間で一〇ポンド痩せられます」などというテレビコマーシャルを見たことがあるだろう。実を言うと私はこういうのに目がない。こういうコマーシャルはインチキだと知っていながら、それを信じたくなってしまう。好きなだけ食べて飲んでエクササイズもせず、自分も画面のモデルのようにスリムでいられると思いたいのだ。

●金持ち父さんの言葉の使い方

金持ち父さんは自分が使う言葉にとても注意深かった。彼は言葉がとてつもない力を持っていることに気づいていた。第四章で述べたが、金持ち父さんは言葉の力を重く見ていたからこそ、息子や私が「僕には買えない」と言うことに我慢ならなかったのだ。彼は言ったものだ。「貧しい人は金持ちよりもずっと多く〝私には買えない〟と口にする。だから彼らは貧乏なのだ」

金持ち父さんはこうも言った。「金持ちと貧しい人と中流層の違いは、使っている言葉が原因だ。貧しい人と中流層は「仕事」や「キャリア」、「福利厚生」「給与」などの労働者の言葉を使う。彼らはけっしてお金の言葉を使わない。だから彼らはお金のために働くことから抜け出せず、お金を自分のために働かせることができないのだ」

あなたのセカンドチャンスは今までと違う言葉を学び、使う決心をすることから始まる。あなたが望む結果を引き寄せてくれる言葉を使うのだ。

バッキー・フラーも金持ち父さんも、もっともパワフルな言葉は「責任」だと言っていた。

ふたりにとって責任は宗教的な言葉でさえあった。金持ち父さんはよく言っていた。「政治家は市民の権利について語る以前に、市民の責任について語るべきだ」

それはケネディ大統領の次の言葉だった。「国家が自分に対して何をしてくれるかよりも、自分が国家に対して何ができるかを問うてほしい」

残念なことに、今日の政治家は「責任」よりも「受け取れる権利」について口にする。私たちが使う言葉を変えない限り、そして「責任」という言葉が「権利」に取って代わらない限り、経済が変わることはないだろう。

Q　私のセカンドチャンスは自分の言葉を観察し、注意深く使うことから始まる？

A　そうだ。思考の言葉や話す言葉に注意を向けることに時間を投資すれば、そして意識的にボキャブラリーを変え、増やし、アップグレードさせていけばあなたの人生は変わり、周囲の世界が変化したことに気づくだろう。もちろん一晩で変わることはなく、日々の積み重ねが必要だ。だが、言葉を変えれば人生も変わるのだ。大切なのは、頭にインプットする言葉や口に出す言葉のコントロールによって人生に変化を起こすことができるということだ。聖書の「そして言葉は肉となった」という言葉を思い出してほしい。

Q　しかし、そんなに簡単なものだろうか？

A　簡単に起こるとは言っていない。しかしとてもシンプルなことだ。もし簡単にできることなら誰もがやっているだろう。だがほとんどの人がやらない。多くの人が「金持ちになんかなれっこない」「お金にはそれほど興味がない」と言う方が簡単だと思っている。彼らの人生は、その思考と言葉通りのものとなる。そして、多くの人が金持ちを悪者にし、「あいつらは強欲だ」「金持ちはもっと税金を払うべきだ」と言う方を選んでいる。あるいは「私はもっとお金をもらう権利があるはずだ」と言う。

Q　どうしたらお金のボキャブラリーが増やせるだろう？

A　ウォールストリート・ジャーナルを購読するのは一つの方法だ。記事を毎日ひとつかふたつ読んでみる。金融用語辞典を手元に置いておこう。新しい言葉を毎日ふたつは調べるようにしよう。これらの言葉をその日の会話で使ってみよう。一か月で約六〇の新しい言葉が覚えられる。それを一年続けると、人生は大いに変わるかもしれない。しかし忘れないでほしい、それだけでは何の保証もない。

Q　なぜ保証がないのか？

A　新しい言葉は使わなければ意味がないからだ。それが「肉」となり、あなたの一部になるまで、言葉を行動に移さなければならない。多くの人が、言葉を記憶し、自分を知的に見せるためにそれを使う。しかし彼らは本当の意味でそれらを理解していないし、言葉を行動に移すこともない。

『金持ち父さん　貧乏父さん』を読んだ数百万の人々が、「資産はあなたにお金をもたらすもの」だと知った。彼らは資産の定義を知ったが、大部分は資産を作るための行動を起こしていない。誰もが失敗を恐れ、お金を失うことを恐れ、愚か者に見えることを恐れて腰を上げないのだ。彼らは資産の定義を知っていても、それが自分の「肉」になっていないのだ。

未来を変えることは、ゴルフを習うようなものだ。いいゴルファーになりたかったらレッスンを受け、教わったことを練習し、実際にプレーする時にそれを実践することだ。レッスンを受ける人は多いが、学んだことを練習したり実際にプレーする人は少ない。それではゴルフは上達しない。

Q　なぜ人々は失敗を恐れるのだろう？

A　理由はたくさんある。ひとつは学校において失敗が一番少なかった人が「優秀」と見なされることと関係がある。失敗ばかりする人は「馬鹿」の烙印を押されてしまうのだ。

実社会では多くの失敗をし、そこから学ぶ人が、失敗しない人よりもより多くの成功をつかんでいる。お金の言葉を使うことを恐れるなら、それを行動に移さないなら、失敗を恐れてそこから学ぼうとしないなら、あなたが言葉を覚えることはない。ジョン・ウェインが言ったように「勇気とは、死ぬほど怖くてもともかく前進すること」なのだ。

Q　お金の言葉を知らないとどうなるのか?

A　フォクシー・ロクシーに騙されて巣穴に連れ込まれ、日曜日の夕食のフライドチキンにされるのがオチだ。あるいはサンクスギビングの七面鳥か、クリスマスのローストグース、そうでなければ旧正月のセサミダックだろう。

Q　フォクシー・ロクシーはどんな手を使う?

A　言葉だ。彼らはあなたが聞きたいと思うことだけを言う。ファイナンシャル教育がない人々は、フォクシー・ロクシーのささやく愛の言葉に惹きつけられてしまう。ファイナンシャルの知識がないせいだ。これこそがバーニー・マドフがやったことだ。彼は人々が聞きたい言葉をささやき、史上最大のポンジー・スキーム(ネズミ講詐欺)によって五〇〇億ドルを自分の巣穴に引き込んだのだ。そして、それ以上に大きいポンジー・スキームが株式市場、不動産市場、宝くじ、社会保障制度だ。これらは合法的なポンジー・スキームなのだ。

Q　ポンジー・スキームとはどんなものか?

A　辞書で調べて今日の会話に使うといいと思う。ポンジー・スキームについては理解しておくべきだ。なぜならそれはフォクシー・ロクシーの常套手段だからだ。今日渡したお金が明日にはもっと多くのお金を生むというポンジー・スキームは、まさに人々が信じたがる話だ。現実には、ポンジー・スキームは長く続かず、すぐに破綻する。

●真のフォクシー・ロクシー

フラーがグランチについて書いた時、世界経済をコントロールしている見えない巨人についても書いた。これらの見えない巨人は、法律や政治、そして政治家をコントロールしている。

あらゆる意味で、すべての政治家はフォクシー・ロクシーである。彼らは人々が聞きたがることを言わなければならないと考えている。もし彼らが真実を伝えコインの両側を見せたら、決して当選しないだろう。政治家が有権者を巣穴に引き込むためには、彼らにファイナンシャル教育を受けてもらっては困るのだ。ファイナンシャル教育がなければ、ほとんどの有権者はコインの片面、彼らが見たい面しか見ない。政治家はあえて有権者に真実を伝えない。あるいは問題の両面を見せようとしない。

以下に具体的な例を挙げよう。見えないグランチの巨人たちがいかに米国や世界の経済に影響を与えているか、その方法を紹介する。過去の一〇人の米国大統領の二枚舌ぶりをとくと見てほしい。

●ジョン・F・ケネディ大統領(一九六一—一九六三)

ケネディは失業率の算出方法を変更した。今日、連邦政府が報告する失業者数は真の数字ではない。今日の失業者数には、職探しを諦めた失業者は含まれない。失業者数は現在、積極的に職探しをしている人々だけしかカウントしない。公表されている失業率は七パーセントだが、実際は二〇パーセント以上だろう。

Q　なぜケネディはそんなことをしたのか?

A　理由はいくつもある。ひとつは自分が良い結果を出しているように見せたかったためだ。恐らく大統領二期目も立候補するつもりで、高い失業率は再選の妨げになると考えたのだろう。

もう一つの理由は、第二次大戦後の米国経済のブームが終りに近づいていたことだ。日本やドイツが競争相手としてすぐ後ろまで追いつき、米国経済は先細っていた。

あまり知られていない理由として、連邦準備制度理事会(FRB)が体面を保ちたかったというのもある。高い失業率はFRBが役目を果たしていないことを意味する。一九七七年、議会は連邦準備法を修正し、FRBの二つの使命を明確にした。

Q　それは何か？

A　ＦＲＢが失業率の低下とインフレの抑制の二つに責任を負うというものだ。

Q　つまりケネディ（とＦＲＢ）は、失業率の高さを認めず、算出の方法を変えたわけか？　失業の定義とその計算方法を変えたのか？

A　そうだ。それが一つの解釈だ。

Q　なぜそんなことをした？

A　人々が聞きたいことを聞かせようとしただけだ。それがフォクシー・ロクシーの手口だ。問題は、本当の失業者数が報告よりもはるかに高いことだ。

Q　なぜそれがそんなにまずい？

A　それは問題を解決しないばかりか、問題に気づかず、対処さえもしないことになるからだ。失業問題を悪化させるだけだ。

●リンドン・B・ジョンソン大統領（一九六三―一九六九）

ある人々は、ジョンソン大統領は社会保障によって米国の総予算が膨れ上がることを許したと信じている。問題は、社会保障のお金が投資されたのではなく、ただ使われたことだ。つまり、引退後の資金だったものが政府の支払いに使われたということだ。おかげで社会保障は空っぽになり、代わりに米国財務省からの借用証書が積み上がった。おかげで数百万のベビーブーマー世代とその子供たちの世代の将来の引退生活がひどく不安定なものになってしまった。

バッキー・フラーは、もし一九三〇年代に社会保障の積立金を株式市場に投資していたら、今日の引退者は億万長者になっていただろうと語っている。だがもう遅い。社会保障という名の巨大なポンジー・スキームは、七五〇〇万人のベビーブーマーが仕事を辞めると資金がすっかり枯渇する（正確に言えば支出超過となる）。

Q　今まで社会保障や高齢者向け医療保険制度の積み立てを続けてきた数百万人に、米国政府はどうやって支払いをするつもりなのか？

A　私には分からない。すべてのポンジー・スキームは、新しく入るお金が、そろそろ辞めたがっている初期メンバーへの支払いを賄いきれなくなった時に破綻する。

●リチャード・M・ニクソン大統領（一九六九―一九七四）

金本位制を廃止した時、ニクソン大統領はインフレの真実をごまかす必要に迫られた。インフレの本当の数字を捻じ曲げるために、彼は消費者物価指数（ＣＰＩ）を定義し直した。インフレの実態を正直に伝える代りにＣＰＩからエネルギーと食料品を取り除いたのだ。

二〇〇九年にバラク・オバマ大統領が就任した時、ガソリン一ガロン（三・七八五リットル）の値段は一・七八ドルだった。二期目の二〇一三年、一ガロンは約三・五〇ドルに跳ね上がっていた。

ガソリン価格が二倍になったにもかかわらず、政府はＣＰＩがインフレを示していないと報告することができた。肥料の多くは石油から作られ、食糧の種付けや刈り入れ、そして輸送にも石油が不可欠なため、石油価格が上がると食糧価格も上昇した。買い物をする人なら誰でも食料品が高くなったことを知っている。しかしＣＰＩ数値はいまだにインフレを示してはいない。

Q　連邦政府のもう一つの義務はインフレを抑制することだったが？

A　そうだ。これもまた、ファイナンシャル教育を受けていない人々が聞きたがっている答えだ。彼らには、真実か否かは関係ない。学校でファイナンシャル教育をしないことの利点は、人々を騙すのが容易になることだ。人々に知識がなければ富を奪うのは簡単になる。

Q　金融のまやかしでリーダーたちは人々の富を盗んでいると？

A　その通り。インフレは富を奪う一つの方法だ。インフレはあなたの労働の価値を下げる。稼ぐお金の価値も、預金の価値も下げる。

●ジェラルド・フォード大統領（一九七四―一九七七）

フォード大統領はニクソンの後任となり、一九七四年にエリサ法（従業員退職所得保障法）にサインした。エリサ法はその後の４０１（ｋ）への布石となった。

Q　なぜエリサ法が重要なんだ？

A　エリサ法は金持ちが従業員のポケットから富をかすめ取る方法の一つだからだ。エリサ法によって、従業員が給与を受け取る前にウォールストリートがお金を取ってしまうのだ。

Q　どうしてそんなことが？　ウォールストリートが先にお金を取るとはどういうことだ？

A　一九七四年のエリサ法は、一九四三年の当期税法とよく似ている。この法律は政府の税務部門であるＩＲＳに、従業員が給与を受け取る前にそこから税金を天引きすることを許した。エリサ法もウォールストリートの銀行が同じことをできるようにした。４０１（ｋ）を選択している人々にとっては、それは自分たちがお金を受け取る前にウォールストリートが取り分を確保していることを意味する。

Q　株式市場についてフラーはなんと言っているのか？

A　株式市場の初期には、投資できるのは金持ちだけだったことを指摘している。株式業界の内部でささやかれていた言葉は「パイカーは中に入れるな」だった。パイカーとは中世の言葉で、先端に金属のついた長い棒や槍を持った小作人の歩兵のことだ。「パイカーを入れるな」とはつまり、「貧乏人は締め出せ」という意味だ。

パイカーたちがお金を持っていることに気づいたグランチは、エリサや他の年金プランを利用して株式市場のドアを開き彼らを招き入れた。パイカーのお金が株式市場に流れ込み、金持ちたちは超大金持ちに格上げされた。

●ジミー・カーター大統領(一九七七―一九八一)

カーターは最近ではおそらくもっとも正直で率直な大統領だった。彼の言葉と考えは一致しており、正直なところを口にした人だ。彼が「忘れられた大統領」と言われるのもそれが理由だろう。

カーターは恐らく少々進歩的過ぎたのだ。ゲイであることを公言するフットボール選手がＮＦＬのドラフトで選ばれたのは二〇一四年になってからだ。

今日私たちはドローンによる攻撃を行っている。テロリストたちが旅客機でなくドローンを使うのは時間の問題だ。カーター大統領は戦争について以下のように語っている。

「戦争は時に必要悪と言える。だが、どんなに必要に迫られようと、それは悪であり、良いものではない。お互いの子供を殺し合っていては、私たちがともに平和に生きる方法を学ぶことは絶対にない」

今日、米国の上院も下院も、正常に機能するどころか戦争状態だ。「双方が勝たなければ、どんな合意も長続きしない」

カーター大統領は社会正義と人権問題の活動を強く支持し、任期を終えた。ハビタット・フォー・ヒューマニティ（貧困層向け住宅建設を支援するＮＧＯ）は、カーター元大統領とロザリン夫人を「もっとも著名なボランティアメンバー」と呼んだ。

㊲1987年のブラックマンデーを示すチャート

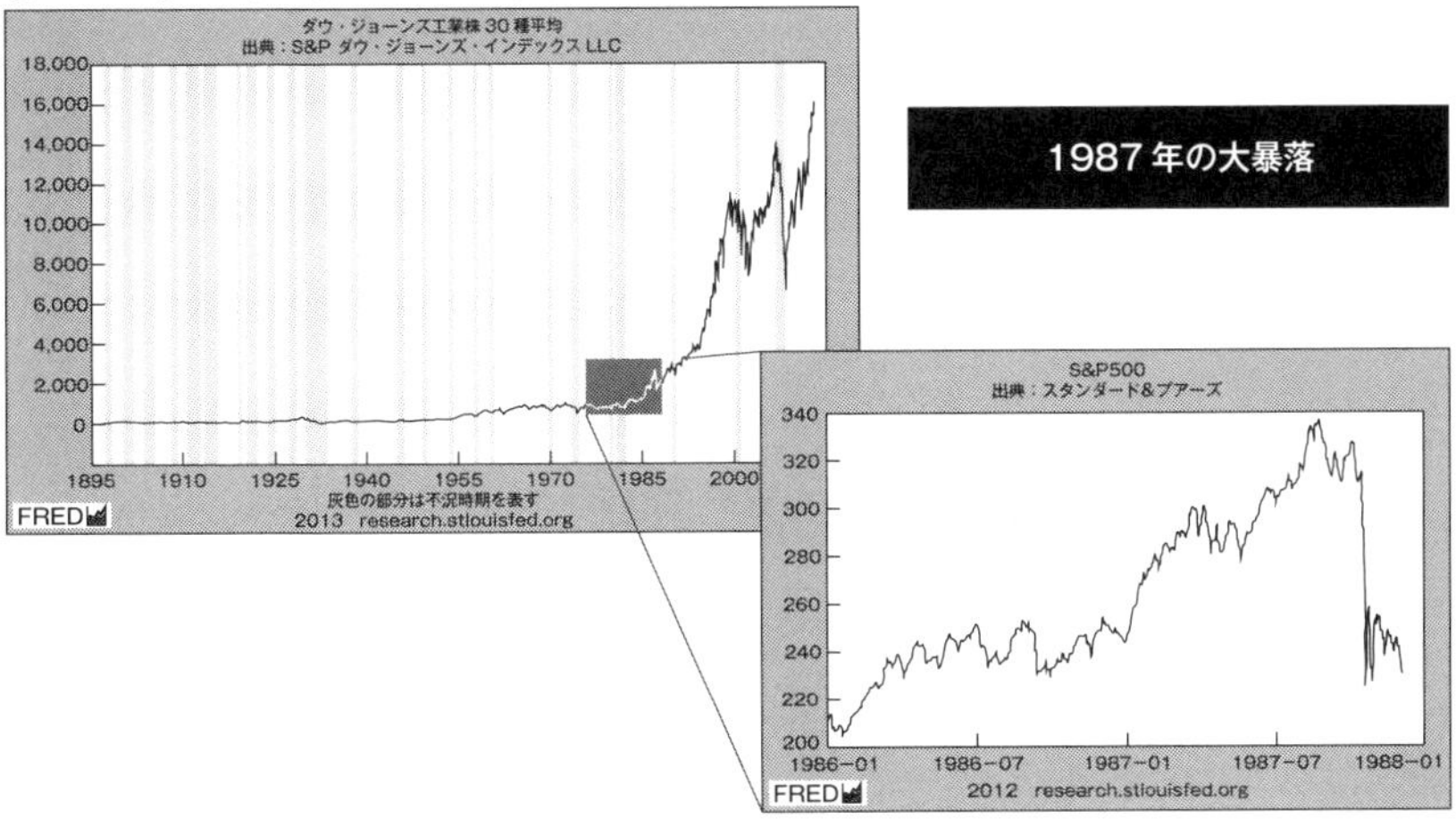

●ロナルド・レーガン大統領（一九八一―一九八九）

レーガン大統領が在任中の一九八七年、ブラックマンデーとして知られる株式市場の大暴落が起こった。㊲が当時のチャートだ。

一九八八年、レーガン大統領は今後の株式市場の暴落を防ぐために金融市場ワーキンググループを設置した。今日PPT（暴落防止チーム）として知られるものだ。

Q　PPTとはどんなことをするのか？

A　誰も詳しくは知らない。皆それについては口をつぐんでいる。

Q　市場が暴落すると何が起こる？

A　昨今、市場の暴落が起こると正体不明の買い手が市場に介入し、JPモルガンやゴールドマン・サックス、オフショアの口座などを通して先物市場やデリバティブの大量買いを行う。この謎めいた、見えない買い手は暴落を防ぐ資金力を持っているばかりか、金・銀市場の高騰を抑える力もある。この次市場の暴落が「奇跡のように」復活したら、フォクシー・ロクシーのせいだと考えてよい。

PPTが動いて市場を買い支えているのだ。市場操作が不可能になるその日まで。

Q　では、金持ち父さんの予言した二〇一六年の大暴落は起こらないのではないか？

A　かもしれない。買い支えられた市場は暴落を回避できる。

Q　いつまでそれが可能だろうか？

A　それは誰にも分からない。

Q　金融市場を操作することは良くないのか？

A　それはギャンブラーを守る行為だ。また市場の自然な力に反することにもなる。今日数百万人が狂ったように投資しているのは、政府が市場を下落させないことを知っているからだ。

Q　それがなぜ問題なのだ？

A　お金が雇用を創出するビジネスや製造工場に流れることを妨げてしまう。お金は投資市場、つまりカジノにとどまり、経済を潤さない。フォクシー・ロクシーは、「お前を守ってやってるんだ」と言うだろう。しかし彼らが守っているのは大手銀行とそのカジノだ。

Q　フォクシー・ロクシーはどうやって銀行を守るのか？

A　方法はいくつもある。そのひとつがＦＤＩＣ（連邦預金保険公社）だ。

Q　それはどんな団体か？

A　ＦＤＩＣは人々の預金を守る保険の役割を果たす。二〇〇七年の暴落の時、銀行は人々が預金を引き出すことを恐れた。そこで政府はＦＤＩＣに保証金額を二五万ドルに引き上げるよう指示した。

Q　なぜそれが悪いのか？
A　預金者を不注意にしてしまうからだ。銀行の状態に注意を払うことをせず、ＦＤＩＣの保険が有効な銀行ならどこにでも預金してしまう。
Q　それがどうしてまずい？
A　ＦＤＩＣは破産状態だ。次の暴落を乗り切る金はない。
Q　するとどうなる？
A　もし次の暴落があったら、ＦＤＩＣは破綻するだろう。そして納税者は再び銀行を救済しなければならなくなる。一つの口座につき最大二五万ドルもの大金だ。
Q　で、そうなると何がまずい？
A　損失は数兆ドルに及ぶだろう。あなたの子供もその子供も、今後何年も銀行の救済を続けなければならなくなる。
Q　つまり、フォクシー・ロクシーは「お前の口座は保証されている」と言うが、実はＦＤＩＣは破綻していて、保険の支払いが必要な時は納税者の金が使われることを言わないでいる？
A　そうだ。フォクシー・ロクシーはあなたが聞きたいこと、信じたいことしか言わない。エコノミスト誌でさえ、ＦＤＩＣの二五万ドルの保険は引き下げられるべきだと主張している。エコノミスト誌は記事の中で、預金者が銀行の健全性と預金の安全性を知るために、すべての銀行が何らかの評価をされるべきだとしている。エコノミスト誌はこのままでは現在と次世代の納税者のリスクが高すぎると考えており、またＦＤＩＣが守っているのは預金者ではなく銀行だとしている。

●ジョージ・H・W・ブッシュ大統領(一九八九―一九九三)

第四一代ブッシュ大統領は言った。「信じてくれ、新たな課税はしない」。しかし彼は課税し、二期目の再選はなかった。

●ビル・クリントン大統領(一九九三―二〇〇一)

ビル・クリントンほど現代の銀行に多くの施策をした大統領はいない。二〇〇七年の経済危機の原因となった人間は大勢いるが、クリントンはその責任の大部分を負わなければならないだろう。彼は貧困層と中流層のお金を使って銀行界の友人たちをとても裕福にした。皮肉なことに、大勢の人が彼は貧困層の味方だと信じている。

クリントンは在任中に重要なことを二つした。一つはグラス・スティーガル法を廃止したことだ。一九三二年に最初に制定されたこの法律は市中銀行に投資銀行としての活動を禁じたもので、一九三三年銀行法としても知られている。

一九九八年、シティバンクが投資銀行ソロモン・スミス・バーニーと提携することが可能になった時、クリントン大統領は公式に「グラス・スティーガル法はもはや時代にそぐわない」と宣言した。

Q　どうしてそれが重要なのだ?

A　市中銀行が投資銀行と同じ業務ができるようになった。つまり、預金者のお金を投資してさらに金儲けができるのだ。

Q　なぜ彼らはそうしたのだろう?

A　もっとお金を儲けるためだ。銀行家はお金を貸すよりも株式に投資した方が儲かる。そして、一度それを許してしまえば株式市場は急伸する。こうしてめでたくカジノが開店し、その投資は政府と納税者によって守られた。もし市場が暴落すればレーガン大統領のPPTが買い支えてくれる。

Q　そしてどうなった？

A　米国に新しい階級が生まれた。投資家階級だ。彼らは金持ちではないが、貧しくもない。そしてもはや中流層でもない。多くは高学歴で高収入の仕事か、医者、弁護士などの専門職に就いている。彼らは余剰の金を「負け知らずの市場」に投資し、二〇〇七年の暴落も乗り切った。他の多くの人々のように仕事や家や退職後の資金を失わずに済んだからだ。

Q　だが二〇一六年頃に金持ち父さんの予言が現実になったら、この層は財産を失うのだろうか？

A　残念だがその通りだ。

Q　クリントン大統領がしたもう一つのこととは何だ？

A　それは前の章で書いたことだ。クリントン大統領は二〇〇〇年、CFMA（商品先物取引近代化法）にサインした。おかげでデリバティブの市場がさらに巨大化した。二〇〇〇年から二〇〇七年にかけて、デリバティブ市場は一〇〇兆円から七〇〇兆円に拡大している。

ウォーレン・バフェットがデリバティブについて言った言葉を憶えているだろうか？「金融における大量破壊兵器」だ。そして二〇〇七年、破壊兵器が炸裂した。

グラフ㊳は、一九八七年のレーガン時代の株式暴落の規模を表した㊲と同じグラフだが、図中にクリントン大統領が在任した八年間の株式市場の好調ぶりを書き入れた。

●ジョージ・W・ブッシュ大統領（二〇〇一―二〇〇九）

二代目ブッシュほど財政赤字を膨らませた大統領はいない。二〇〇四年の選挙以前、彼の人気と職務能力支持率は下がり気味で、多くの人が彼の再選を疑った。

根強い噂によれば、ブッシュ大統領は製薬業界と取り引きし、メディケア処方薬・改善近代化法（メディケア改革法とも呼ばれる）の後押しを約束したという。同法は二〇〇三年に連邦法として制定された。それは三八年間の公衆衛生プログラムの歴史で最大の改革の引き金となった。これによって老齢者は喜んだが、製薬会社はさらに大喜びした。私に言わせれば、この法律が米国の破産を決定的にしたのだ。

連邦会計検査院院長はこの法律を「財政的に見て、一九六〇年代以来最も無責任な立法だ」と批判した。二〇〇四年、ジョージ・ブッシュ・ジュニアは二期目に再選された。

●社会保障とメディケア

社会保障に関する図表は本書で何度も見てきた。グラフ㊴は、社会保障とメディケアの将来予想である。

Q　このチャートが何を意味する？

A　見る人によって違う。政府が老後の面倒を見てくれると期待している大多数の人々には、あまりうれしい物語ではないだろう。

●バラク・オバマ大統領（二〇〇九―二〇一七）

二〇〇九年、オバマ大統領は多くの希望を支えに就任した。だが二〇一二年の選挙の時には、希望は失望に変わっていた。

オバマ大統領は洗練されたフォクシー・ロクシーに過ぎなかった。彼は素晴らしい演説者だった。オバマの話を聞いた人々は、彼を愛するか憎むかのどちらかだった。コインの両側を見通している人はほんの少数だった。オバマ大統領はオバマケアと呼ばれる医療保険制度改革を実行した。

㊳クリントン政権時代に株式市場は急伸した

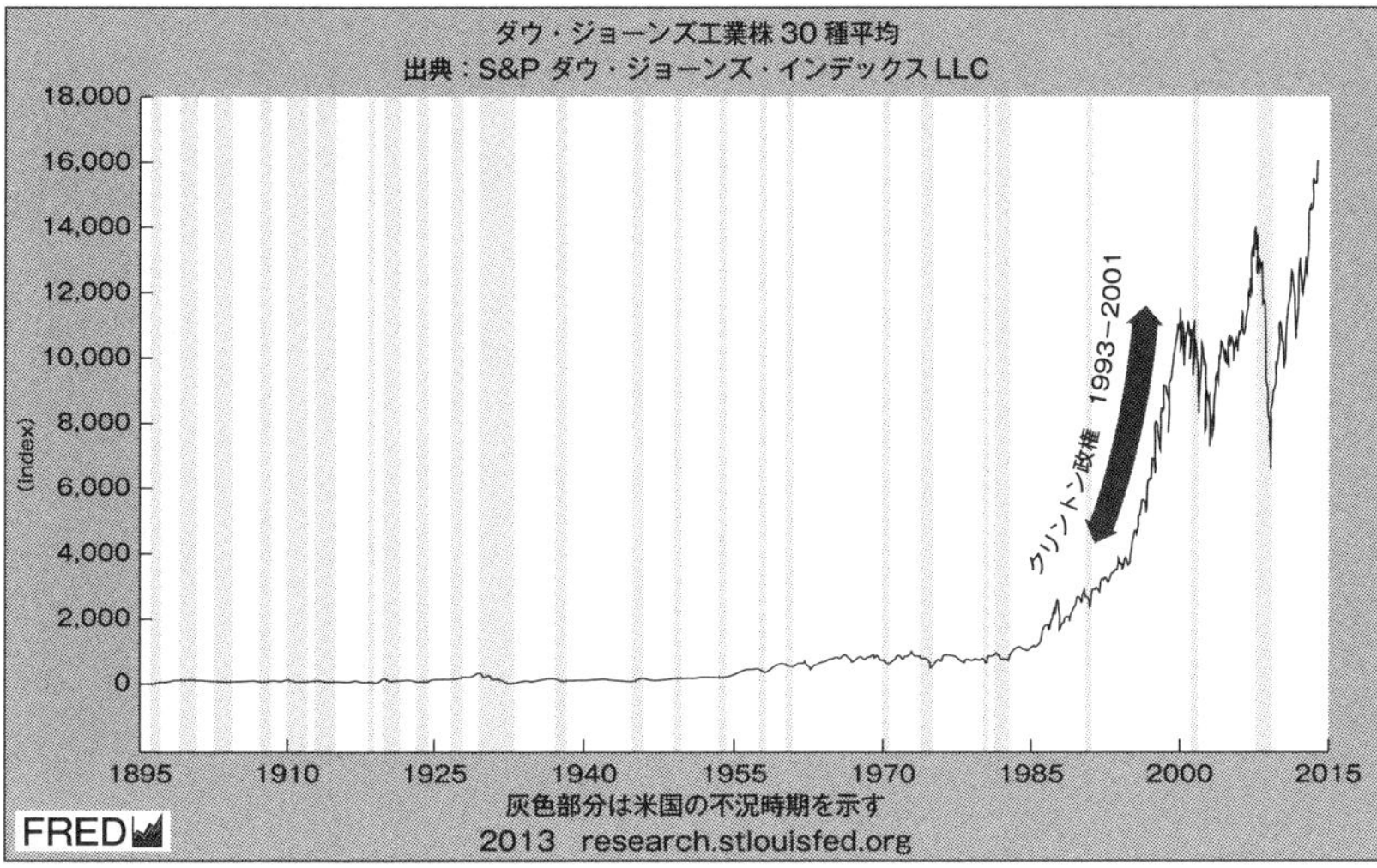

㊴メディケアと社会保障は莫大な赤字を抱える

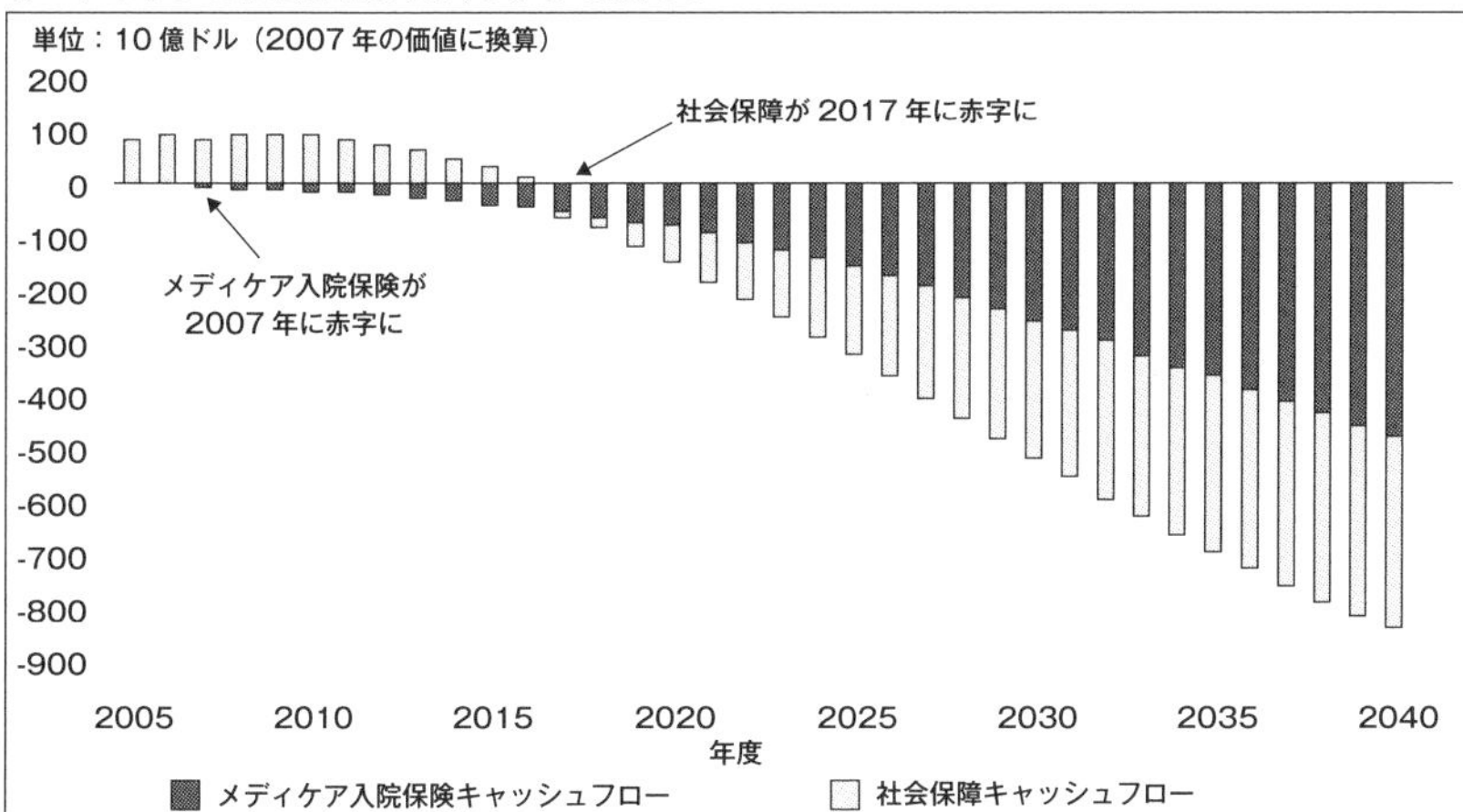

Source: GAO analysis of data from the Office of the Chief Actuary, Social Security Administration and Offices of the Actuary, Centers for Medicare and Medicaid Services.
Note: Projections based on the intermediate assumptions of the 2007 Trustees' Reports. The CPI is used to adjust from current to constant dollars.

決して忘れないでほしい、政府が法律を命名する時、それらはたいていフォクシー・ロクシーのトリックだ。ほとんどの場合、名前と正反対のことが起こる。例を挙げよう。

社会保障制度は第二次世界大戦の世代の人生をより安定したものにした。だがベトナム戦争の世代にとってはそうではなかった。社会保障とメディケアはベトナム戦争世代の子供たち、孫たち、ひ孫たちに重い社会的責任となってのしかかるだろう。

エリサ法（従業員退職所得保障法）は後に401（k）に形を変え、銀行に莫大な利益をもたらしたが従業員の退職後を安定させることは決してなかった。

オバマケアとして知られる医療保険改革は数百万人の健康保険を今まで以上に高価なものにしてしまった。オバマケアの影響は時間と共に明らかになっていくだろう。チキン・リトルの物語は続く。

フォクシー・ロクシーは言った。

急げ。急いで巣穴に逃げ込め。

王様には俺が知らせる。

彼らはフォクシー・ロクシーの巣穴に逃げ込んだ。

そして二度と外に出てくることはなかった。

オバマ大統領は「安価な健康保険」という言葉で人々の気を引いた。しかし彼は、その実態が税金だということは決して言わなかった。

Q　どうしてオバマケアが税金なんだ？

A　オバマ大統領はEとSのクワドラントにいる投資家の税金を引き上げたのだ。

Q　お金のために働いている人々か。

A　そうだ。特に株式や債券、投資信託市場に投資しているEとSだ。オバマは利子や配当、キャピタルゲインなど、主に証券類からの収入に対する課税を引き上げた。

Q　オバマケアの税収で儲けたのは誰？

A　ひとつは借金を利用してキャッシュフローを生む不動産を買った投資家たちだ。不動産を転売してキャピタルゲインを狙う投資家は今頃、増税はオバマケアの結果であると気づいているだろう。

Q　これもキャピタルゲインとキャッシュフローの違いというわけか。

A　そうだ。キャピタルゲインは株式や債券、不動産、ビジネスなどの資産を売却した時に発生する。何かを売った時の利益、キャピタルゲインは課税対象となる。だが、同じ不動産投資家でも、キャッシュフローの利益の場合は課税されない。税金について良いアドバイスが受けられれば、キャッシュフロー収入を非課税とすることも可能だ。

Q　これは公平なことだろうか？

A　もちろん公平だ。税法は誰にも平等に働く。公平でないのは、学校でファイナンシャル教育が行われていないこと、そしてそのことに気づく知識も与えられないことだ。

Q　この状況は世界共通だろうか？

A　ほとんどの国が同じ状況だ。前にも言ったが、用語や政府の方針の違いこそあれ、一般的に税法は同じようなものだ。

　最近スコットランドに行く機会があった。友人のグレアムと奥さんのリアンは、築一五〇年の歴史ある教会を二〇万英ポンドで手に入れた。政府は補修費として三五万ポンドを助成した。返済の義務はないという。

Q　二〇万ポンド支払ってスコットランド政府から三五万ポンドをもらったわけか？　つまり彼は自分のプロジェクトにお金をかけなかったということか？

A　イエスでありノーだ。彼は政府が望むことをしなければならない。それは教会を修復して、低収入の人々に貸し出すことだ。ポイントは、彼が政府の意向に沿ったことをする、ということだ。

彼の計画はエクイティーと呼ばれる投資家のお金四〇万ポンドを使って教会を修復し、一六世帯が住める低家賃の賃貸物件に改修することだった。今後は七〇万ポンドを銀行から借りてプロジェクトを完成させるつもりだ。二年後プロジェクトが稼働し、テナントから家賃としてキャッシュフローが入るようになると、彼は再びビジネスプランを銀行に持っていき、キャッシュフローが増加したことを見せ、プロジェクトの資金としてさらなる借り入れを申請する。

追加の借り入れを使って、プロジェクトに投資した人々は全額を返済してもらい、さらにプロジェクトが続く限りキャッシュフローという無税の収入を受け取ることができる。つまり、二年経過したら彼らの投資金額はゼロになり、投資に対するリターンは無限大になるのだ。さらに、彼らが投資したお金は物件のための借入金から返済されるため、受け取るお金には税金がかからない。また、その借入金はテナントの家賃で返済される。

私の友人でありパートナーでもある金持ち父さんのアドバイザーのケン・マクロイは、私たちと一緒にスコットランドに行き、この古い教会を鑑定した。少なくとも二〇人以上が、「売地」の看板に注意を払わず、目の前にあったこの絶好の機会に気づけなかった。ケンはグレアムとリアンを非常に誇りにしていた。なぜなら彼こそが、本やセミナーを通して彼らにこうした投資の組み立て方を伝授した張本人だったからだ。

この種の投資手法は世界中で使われている。問題は、日々の糧を得るためにこの古い教会の前を通って毎日仕事に行く人々は、グレアムとリアンが見つけた見えないお金の流れにまったく気づかなかったことだ。

Q　うぅ……頭痛がしてきた。何故だろう？

A　あなたの脳と心が今まで見えなかったものを見始めたからだ。見えないグランチの巨人たちが、お金の供給によって世界をコントロールする方法がわかってきたからだ。好きなだけ紙幣を印刷し、私たちの仕事や預金の価値を下げ、税金を上げ、インフレを加速させ、お金のために働く人々の人生をさらに厳しいものにする。なぜ本当の金持ちが株式市場で長期投資をしないのか、その訳が分かり始めたのではないだろうか？　覚えておいてほしい、事実は逆だ。金持ちは自分たちのビジネスの株を売り、中流層と貧しい人々がその株を買っている。学校が給与のために働くことを学生に教えて、お金に関して彼らを無知なままにしていることにも、あなたは気づき始めているだろう。

Q　そして、これらはすべて言葉によって起こるわけか。

A　そうだ。言葉は脳と心にコインの裏側、普段は見えないものを見せてくれる。ほとんどの人が通勤途中、金持ちがさらに金持ちになっていく金儲けのネタを見逃しているのだ。金融の知識があれば誰でも税法を有利に利用することができるにもかかわらず、彼らは税制は不公平だと言う。金持ちと貧困層、そして中流層の違いは言葉から始まるのだ。言葉が金持ちをより豊かにし、貧困層と中流層をさらに貧しくする。

もしあなたが真剣にセカンドチャンスを望むなら、使う言葉を変えることから始めよう。

「私にはできない」と言うことを自分に禁じるべきだ。それは貧しい人が使う言葉だ。「身の丈に合った生活をしなさい」などとは決して言うべきではない。それはあなたの中の富裕の魂を損なう言葉だ。

今日、今から始めよう。貧しい人や中流層の言葉ではなく、金持ちの言葉を使おう。「安定した職業」「給与」「預金」などではなく、「資産」「負債」「キャッシュフロー」等の言葉を使おう。

バッキー・フラーは、言葉は「人間が作ったもっとも強力なツール」だと信じていた。言葉を変えることによって人生を変えることができる。しかも言葉はタダなのだ。

Q　何から始めればよいだろうか?

A　それはこの本の後半部分で話そう。今まで過去について説明してきた。次は現在と未来について語ろう。

本書のパート2と3はあなた自身のセカンドチャンスについて説明する。それはファイナンシャル教育だ。だが、そのファイナンシャル教育は今までの教育と違い、他の人より賢くなること、正しい答えを出すことを目的としない。それは競争よりも協調して働くことを目指す。ファイナンシャル教育には、未来についての個人的なビジョン、あなたが望む、あなたに相応しい未来を創るために必要な知識に、真剣に取り組む姿勢が必要だ。

ファイナンシャル教育は、常に正解を出すこと、ミスを犯さないことではない。それは、少々恐ろしくても勇気を持って行動を起こすことだ。自分や家族の望む人生を手に入れるために、時に間違いを犯すことを容認し、時にはつまずき、失敗するのを覚悟することだ。セカンドチャンスとは、転んでも立ち上がり、つまずきや失敗から学ぶことなのだ。

パート2と3では、過去に何をしたか、あるいはしなかったかに関係なく、あなたにより多くの力を与え、明るい未来のために今準備をしておく方法を学ぶ。あなたのセカンドチャンスは今日から始まる。

バッキー・フラーがかつて言ったように、「我々は未来の設計者である。断じて犠牲者ではない」。

パート2
現在

あなたは正気なのか?　それとも狂っているのか?
「狂気とは、同じことを何度も繰り返しながら、
違う結果を期待することだ」
――アルベルト・アインシュタイン

序章

●政府の狂気

紙幣を印刷することが危機を招くにもかかわらず、政府がそれを続けているのはまともなことだろうか？

●個人の狂気

世界中の政府が株式市場を支えるために紙幣を刷りまくっている時に、人々がお金のために働き続け、預金し続け、株式に長期投資をするのはまともなことだろうか？

●正気を取り戻す時だ

パート2はまずあなたの財政状態について見ていく。セカンドチャンスは自分の今日の状態を見定め、実現したい未来を決めるところから始まる。

第八章

ビフォア・アフター

「芋虫の写真を見ても、それが蝶に変わるとはとても信じられない」――バックミンスター・フラー

人々は、いわゆるビフォア・アフターの写真が大好きだ。テレビのダイエットのコマーシャルは、一九〇ポンドの女性と、ほっそりとした一一五ポンドのビキニ姿の女神を並べて見せる。そして「孫を持つこの五二歳の女性ができたのだからあなたもできますよ」などというナレーションが入る。電話が鳴り止まず、ウェブサイトのアクセスが跳ね上がり、数百万ドルのお金が動く。

ビフォア・アフターの写真は私たちを刺激する。写真は、内面の自分がどんな存在であるかを思い出させてくれる。神が私たちにくれた贈り物、何でもなりたいものになれる可能性に気づかせてくれる。私たちは、人間一人ひとりの内部に蝶がいて、解き放たれるのを待っていることを知っている。

大変身(メイクオーバー)は人気のテレビショー形式として定着した。あか抜けない、あまり魅力的でない人の服や髪形を変え、メイクアップを施し、魔法のようにシンデレラや王子様に生まれ変わらせてステージに上げる。荒れ果てたぼろ家にペンキを塗り、キッチンやバスルームをリフォームし、お化け屋敷のような古い家を夢の家に作り変える番組もある。

●外見と中身

何年か前、テレビのプロダクションから電話がきて、メイクオーバー番組をやらないかと私に持ちかけてきた。「貧しい人」を選んで大変身させる、金持ちに生まれ変わらせる企画だった。

過去何年もの間、私は少なくとも一〇人のTVプロデューサーと真剣に話し合い、毎回同じ疑問に行き当たった。「果たしてそんなことができるのか?」「どうやってやるのか?」いつも同じ疑問が湧き起こり、話し合いはそこでストップした。「どうやって芋虫を蝶にするのか?」

外見だけの変身と内面の変身は違う。古い家の外回りを塗装したり、素敵な服に着替えさせるのは簡単だ。これらはあくまで外見の作り変えだ。だが貧乏な人を金持ちに生まれ変わらせるにはペンキをひと塗りする以上のこと、内面を作り変えることが必要だ。

貧しい人が金持ちになるのは、見えない変身だ。それはペンキを塗るよりはるかに大変なことだ。内面の変身はリアリティーTVの題材としてはふさわしくない。変化が見えないからだ。これらの変身は内面の変化であり、自分とお金に対する考え方を変えることであり、自分の選択を変えることだ。私はそれが可能であることを知っている。しかし今のところ、私もテレビプロデューサーも魔法を起こす公式を発見できずにいる。

●経済危機

現在の経済危機は、内面が豊かでないのに外見を豊かに見せたい人々が引き起こしたものだ。サブプライム危機はこうした人々の欲望が生み出した例の最たるものだ。数百万という貧困層、中流層の人々がニンジャローン（無収入、無職、資産なしでも借りられるローンno income, no job, and no assets loanの頭文字をとったもの）によって家を買ったり、ほとんど返済不可能なプランで購入した家のローンを借り換えたりした。銀行はこれらの「サブプライムローン」をパッケージ化してデリバティブにし、この「金融の大量破壊兵器」をお金に飢えた世界に売りつけた。つまり、金持ちに見られたいという欲望が不動産と株式市場の暴騰と暴落を引き起こし、クレジットカードの借金（さらに学資ローンの借金も）が膨れ上がったのだ。

金持ちに見られたいのは悪いことではない。私は自分の収入に合わせた生活をしようと思ったことはない。

私に言わせれば、身の丈に合った生活をすることは向上心を失わせる。私なら、自分の富を増やす方法を探し、お金を儲けて人生の良きものを楽しむための財産を作る方法を見つける。

私は自分の素晴らしい家と車が大好きだ。大多数の人も同じだろう。問題は、ファイナンシャル教育なしには、内面を金持ちにすることはできないということだ。そしてそれは大きな危機を招く。

●セカンドチャンス

本書は外見的な変身の本ではない。真のセカンドチャンスはキッチンを新しくしたり、ペンキを塗り替えたり、新しい服を着たり、体重を一〇ポンド落としたり、もっと給料の高い職に就くために学校に戻ったりすることではない。

真のセカンドチャンスは変態（メタモルフォーシス）、芋虫が蝶に生まれ変わる時に起こる変容のプロセスと同じものだ。すべての人間が、芋虫から蝶に変わる可能性を秘めている。だからこそ、ビフォア・アフターの写真がテレビショーやコマーシャルですごい効果を発揮するのだ。そうした写真は、私たちの奥底深くに眠る力を思い出させてくれる。

●芋虫を蝶に変える

Q　破産した経験は？

A　ある。しかも何度も。

Q　ではそれがどんな気分か知っているわけだ？

A　もちろんだ。

Q　お金のない人をかわいそうだと思うか？

A　かわいそうだとは思わない。彼らの気持ちは理解できるが、同情はしない。

Q　なぜ彼らに同情しないんだ?

A　すべての人間の内面には、望みさえすれば人生を変え向上させる、神に与えられた力があることを知っているからだ。もし同情すれば、彼らの中のその力を否定することになる。神が彼らを軽視していると認めることになる。神はそんなことはしない。私たちは皆、自由な選択をする力を持っている。

Q　理想主義が過ぎるように思うが?

A　たしかに理想主義だ。だが非常に現実的でもある。かつて自分を哀れだと感じたことがあるから分かる。私は盛大に残念パーティーをやった。問題は、それを楽しむ奴らがいることだ。

Q　それは誰だ?

A　他の犠牲者や負け犬、そして彼らに同情心を寄せる人々だ。

残念パーティーは救済者やおせっかいな善人を引きつける。おせっかいな善人は人々に手を差し伸べるが、彼らのすべてが、人々に与えられた神の力を引き出してやれるわけではない。

救済者たちは人々を無力なままにする。助け、慰め、食べ物を与えることと、力を引き出してやることはまったく違う。繰り返すが、ただお金(あるいは給付制度)を与えることは、彼らの貧困を助長するだけだ。勘違いしてほしくないが、私たちの誰もが、同情や愛を必要とする時はある。落ち込んだ時や再び立ち上がろうとする時に、励ましの言葉は大きな助けになる。しばらくの間は自分を憐れむことも許される。それは癒しのプロセスだ。

Q　あなたも自分を憐れんだことがある?

A　もちろん何度もある。だが長い目で見れば、憐れむのは何の助けにもならない。それは問題をさらに大きくし、長引かせるだけだ。

Q　ビジネスでつまずいてすべてを失ったときはどうした？

A　残念パーティーが終わったら、すぐに立ち上がって仕事に戻った。

Q　お金もないのに？　破産していたのだろう？

A　そうだ。お金がなかったおかげで私は強く、賢く、効率的になった。お金がなかったおかげで、思考をめぐらせ、創造的になる必要があった。もちろん、お金があったらもっと簡単に立ち直れただろう。だが、なかったことで自分の力が呼び覚まされ、お金があったら引き出せなかっただろう才能が磨かれた。

だれもが強い部分と弱い部分を持っていると思う。もし自分を憐れんでいたら、自分の弱さを助長することになる。長いこと自己憐憫に耽っていたら強さは弱さに変わり、弱い部分はさらに弱くなっただろう。

Q　つまり、政府の給付金制度やチャリティーは人々の強さをくじき、弱さを助長してしまうと？

A　私はそう信じている。だが多くの人はそう考えないらしい。誰かに手を差し伸べるべき時はある。逆に、尻を蹴り上げるべき時もある。私も何度も尻を蹴飛ばされ、その時はつらかったが、今にして思えばそのおかげで強くなった。

Q　つまり貧乏だったから金持ちになったということか。貧乏であることが、自分の強さを呼び覚ましたと。

A　そうだ。

Q　では金持ちになることは弱さにもつながる？

A　可能性はある。子供を甘やかしている家庭はよく目にする。望むものを何でも与えれば親も子供もいい気分だろうが、弱い子供になるリスクが高くなる。子供の内なる成長を阻み、つまずいた時に立ち上がる力を弱めてしまうかもしれない。

ラジオ番組、「金持ち父さんのラジオショー」で、私はドナルド・トランプの息子、ドナルドJrとエリックをインタビューしたことがある。二人は、名声と特権に満ちた家庭の子供としてどのように育てられたかを一時間にわたって話してくれた。彼らは私たちには望むべくもない特権を持っていたが、その人生は楽なものではなかった。父親は二人を船のドックや工事現場の作業員として働かせた。大金持ちの息子として皆が考えるような特権階級の人生からは程遠かった。私は折に触れ、彼らと時を過ごした。私から見ても、彼らは富裕な若者ではあったが、甘やかされた子供には見えなかった。何でも与えられて育った私の友人の子供たちよりもはるかに地に足が着いていた。

●悲劇の引き金

私は現在、アリゾナ州フェニックスの富裕層の多い地域に住んでいる。小さいコミュニティーで、ゴルフコースの周囲を豪邸が円形状に取り巻いている。円を形作る家は四〇軒そこそこだが、二〇〇七年の暴落の直後にはこの小さなコミュニティーで三人の自殺者と一件の火事があった。

Q　自殺したのはどんな人だった?

A　一人は若者で、父親の数百万ドル規模のビジネスを継いだが潰してしまった。もう一人は金目当てで結婚した男で、妻の財産をすべて失った。妻と離婚裁判所で対決するよりは自殺する方が楽だったのだろう。火事は、家を三五〇万ドルで買い、五〇〇万ドルで転売しようとしていた「転売屋」の仕業だった。計画が失敗し、ローンの支払いもできなくなった時、最後の手段として自分で火をつけて保険金を支払いに充てようとしたのだった。彼は刑務所行きとなり、後で聞いたところでは自殺したという。

Q　皆、外見は金持ちに見えたが中身は貧しかったということか?

A　私はそう思う。一方で、興味深いことに裕福な隣人の多くが、さらに金持ちになっている。彼らは皆、暴落のさなかに金儲けの機会を見出した。暴落は多くの人にとっては破壊的な出来事だったが、その人たちにとっては好機だったのだ。また、ある隣人は、暴落で金銭上のトラブルを抱えたが、自殺するようなことはなかった。代わりに彼は嵐を切り抜け、脱出の道を見つけた。彼は以前よりずっと強く、賢く、豊かになっている。

Q　彼は新しい強さを身につけ、それをさらに強化したというわけか？

A　間違いない。再び立ち上がった時に強くなるなら、つまずくのは悪いことではない。私の経験から言っても、失敗した人々にお金を援助すると、彼らは立ち上がりはしても前より弱くなってしまう。同じことは納税者が巨大銀行を救済する際にも起こる。今日大手銀行は以前より三七パーセント成長しているそうだ。だが彼らは大きくなっても強くはなっていない。アインシュタインが言ったように「問題というものは、それを生み出した時と同じ思考によっては解決することはできない」のだ。

Q　つまり、次の暴落はとてつもない規模だということか？

A　残念ながらそうなる可能性はある。

Q　私はどうやって強さを身につければよい？　そしてそれを強化するには？

A　それは人生における秘密の一つだ。簡単な答えがあればいいのだが、残念ながら私は魔法の杖を持っていない。

Q　神は、私たちが強くなる機会を与えるために暴落をつくりたもうたのか？

A　私はそう考える。少なくとも、それは一つの見方だ。すでに言ったように、バッキー・フラーの一般原則の一つは「危機から浮かびあがる」だ。世界は史上最大の金融危機を迎えようとしている。問題はどうやって浮上するかだ。

●まったくの一文無し

一九八四年一二月、キムと私は無一文でハワイを離れた。二人のお金を合わせても、財務諸表は図㊵のようなものだった。私たちはあてもなくサンディエゴをさまよっていた。仕事も収入もなかった。人から借りた車や、知人の家の空いている部屋で寝泊まりして、支出を抑えた。収入があった時には何か食べることにしていたが、その機会は少なかった。毎日が財政危機状態だった。

私には資産がなかった。ナイロンのサーファー財布のビジネスを立ち行かせるために、ハワイを去る前にすべてを売却したからだ（主に不動産だった）。八二万ドルの負債は投資ローンで、財布のビジネスのために使われたものだった。ビジネスを離れる時、すべての借金を返済する責任を引き受けた。私は投資家に電話し、何をしようとしているかを説明し、状況が安定したら借金を返済すると約束した。何人かは借金を帳消しにすると言ってくれたが、残りの人々には返済する義務があった。

●「今・ここ」に在ること

サンディエゴでの無一文の生活のことを話したのは、本書のパート2が現在について書かれているからだ。私とキムは未来に一歩を踏み出す前に、自分たちの置かれている状況をしっかりと意識しておかなければならなかった。

多くの人々が、財政的な意味の現在を把握しているとは言えない。なぜならファイナンシャル教育なしには損益計算書がどんなものであるか理解できないからだ。最高の教育を受けたたくさんの人々が、金融についてまったく無知なままだ。なぜなら彼らは損益計算書を読み、使いこなすことができないからだ。

もしあなたが『金持ち父さん　貧乏父さん』を読み、キャッシュフローゲームをしたことがあるなら、損益計算書がどのようなものか、高い教育を受けた人々よりもずっとよく理解しているだろう。未来を見据える時に、その知識を活かすことができるはずだ。

●セカンドチャンス

一九九四年の私たちの損益計算書は図㊶のようなものだった。

私たちは裕福とは言えなかったが、資産が生むキャッシュフローが年間一二万ドルという、いわゆる純資産型の金持ちだった。一九八四年から一九九四年までの一〇年間に経済的自由を得ることができ、働く必要はなくなっていた。

私たちは小さな家に住み、平均的な中流層の生活をしていた。違いは、働かなくてもよくなったことである。私たちはもはやお金の奴隷ではなかった。お金が私たちのために働いてくれた。私たちは芋虫から蝶に変身しようとしていた。だが、まだ蝶にはなりきっていなかった。私たちは、変態（メタモルフォーシス）は自分の内から起こるもので、それがまだ完了していないことを知っていた。

私たちはまだ飛ぶことができず、その前にまだまだやることがあった。大事なことは、富は内面で育って

㊵ 一九八四年の私たちは無一文だった

損益計算書

収入 0
支出 ?

貸借対照表

資産	負債
0	82万ドル

㊶ 一九九四年には純資産型の金持ちになっていた

損益計算書

収入 家賃収入 1 万ドル
支出 個人出費 3 千ドル

貸借対照表

資産	負債
賃貸アパート 52 室	8万5千ドルの 住居

いくもので、決して外側からではないと分かっていたことだった。

●裕福に見える人々

今日多くの人々が、かつての私たちよりも裕福に見える。彼らの財務諸表は図㊷のようなものだろう。

外から見ると裕福な人々の多くが内側ではお金の面で問題を抱えている。彼らが毎月の給与ごとに収支を合わせるのに苦労しているとは誰も夢にも思わないだろう。彼らは二〇〇七年の暴落を生き延びはしたが、未来はそれほど幸運なものではないだろう。もし金持ち父さんの予言が当たれば今後の混乱期の犠牲になるのは彼らに違いない。

Q　なぜこれらの人々が危機に陥るのか、もう一度説明してほしい。

A　いいとも。クリス・マーテンソンは著書『クラッシュコース』の中で、富には第一の富、第二の富、第三の富の三種類があると説明している。

高い給与の仕事に就き、豪邸に住み、銀行預金があり、株式を保有している人々は、第三の富を所有していることになる。クリスによれば、第三の富、投資による豊かな紙の資産を持っている層が、次の暴落で最も痛手を負うという。

Q　第三の富が金融資産だとすると、第二の富、第一の富はどういうものか？

A　第一の富は資源の富だ。たとえば石油や金・銀、魚、樹木、豊かな土地などだ。第二の富は生産の富だ。食料を作る農家、魚を獲る漁師、石油や金を掘る人々、そして製品を作る工場のオーナーなどだ。

恐らくあなたの世代は「ビバリー・ヒルビリーズ」というドラマを知らないだろう。これは三つの富のタイプを説明するのにちょうどいいので、少しその話をしよう。

ある日、ジェド・クランペットという山に住む貧しい男が、自分の土地で狩りをしていた。その時撃った一発の弾丸が彼の人生を変えた。それは文字通り鉱脈に当たり、目の前で石油が噴き出した（黒い金、テキサスのお茶などと呼ばれる）。ＯＫオイルカンパニーはジェドに大金を払い、土地の石油採掘権を買う。そして「気がつくとジェドは億万長者になっていた」。

彼は資源、つまり第一の富である土地と石油を所有していた。ジェドの土地での採掘権を保有していたＯＫオイルカンパニーは、第二の富である生産を所有していたことになる。石油会社は石油を採掘するためにジェドに払う金をどこから生み出していたのだろうか？　彼らはそれを株式市場と個人投資家、つまり第三の富から得ていた。

Ｑ　つまり第三の富を持つ者とは、これらの資源や企業のために働く人か、あるいはその株式を持っている預金者や投資家だということか？

Ａ　そうだ。クリスが言うように、こうした投資家は、富の権利を持っているが富そのものは所有していない。例を挙げると、米ドルは富ではない。それは富の権利書だ。大手食品会社ゼネラル・ミルズの株主は、会社の権利を保有しているが、作物を育てる農地を保有しているわけではない。

㊷裕福に見える人たちの財務諸表をのぞいてみると

損益計算書

収入 会社の給与や 専門職からの高収入
支出 贅沢な生活のための 高額な支出

貸借対照表

資産	負債
株式、債券、貯金	豪邸 高級車 クレジットカードの借入 学資ローン

Q　それがどうしてまずいのか？

A　株式市場が暴落したら株主が最初に被害を被るからだ。

Q　最初に被害を被る？　どういうことだ？

A　なるべくシンプルに説明しよう。ある企業が倒産したとする。少しでもお金が残っていたら、それを受け取るのは従業員、次は納品していた取引先の企業だ。三番目は債権者、会社に融資や長期貸付をしていた人々だ。そして最後にお金を受け取るのが株主だ。もっとも残っていればの話だが。

Q　今日、株主のリスクは非常に高いのか？

A　その通りだ。

Q　なぜ？

A　一九五四年以来、株式投資は極めて安全だった。株式市場は一九五四年からずっと安定した上昇基調にあったからだ。急な下落や上昇、暴落もあるにはあったが、市場はいつも回復したし、長期投資をする株主は通常うまく行っていた。多くの人がすごい利益を上げていた。

Q　一九五四年に何があったのか？

A　一九二九年、史上最高値の三八一ドルをつけた後に大暴落があり、世界大恐慌が起こった。その後再び三八一ドルに戻すまで二五年かかった。市場はそれから六〇年にわたり上昇し続け、数百万人が財産を築いた。もう一度そのチャートを見せよう（図㊸）。

一九五四年以来、人々が株で財産を築き、株式市場に投資し続けていた理由が分かると思う。これが、多くの人がいまだに古典的なアドバイス、「長期投資をせよ」を信じている理由だ。

㊸株式市場は長期にわたり上昇してきた

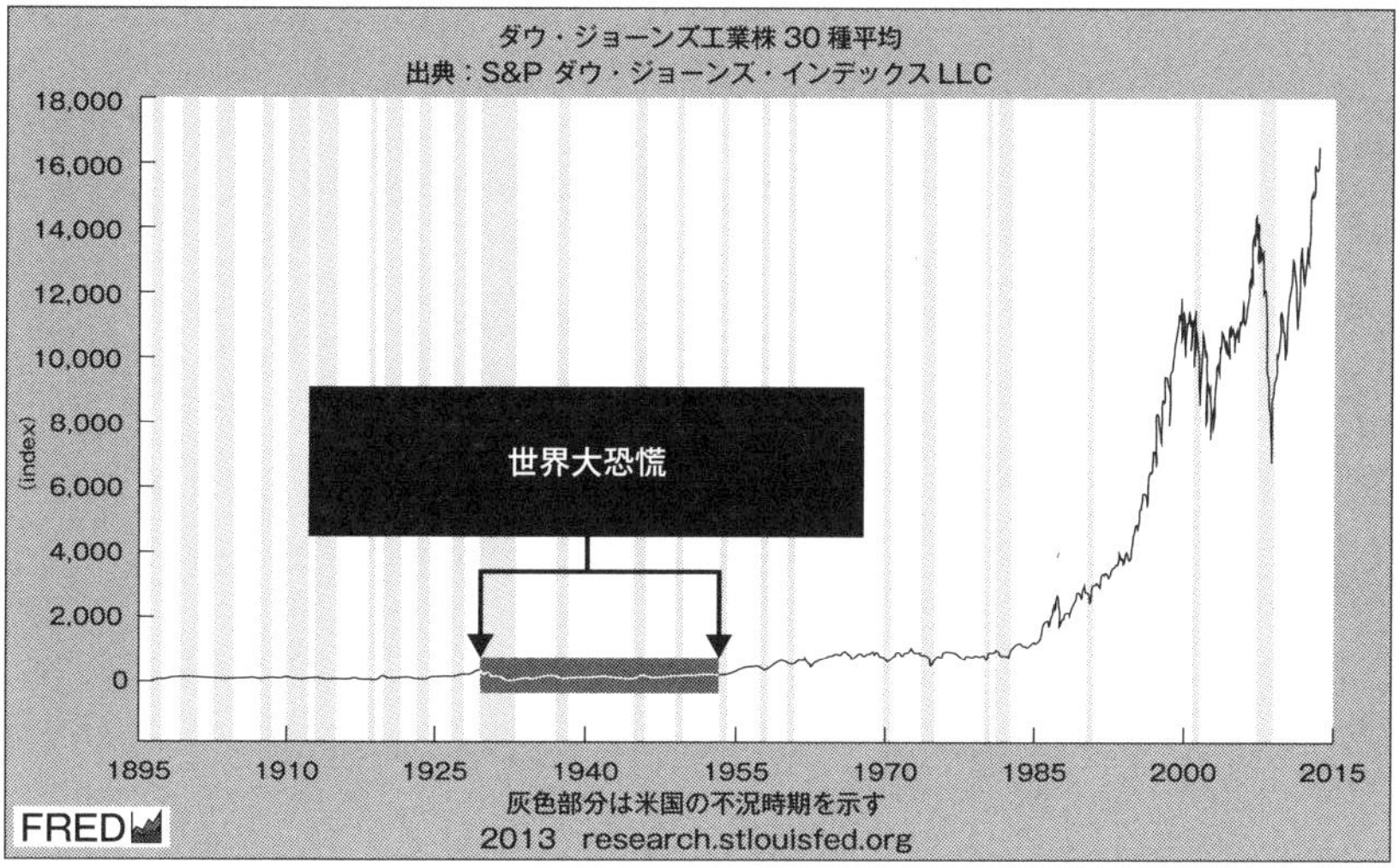

Q　つまり問題は、彼らがいまだに第三の富、つまり紙の資産に長期投資しているということか？

A　そうだ。そして、クリス・マーテンソンやジェームズ・リカーズ、リチャード・ダンカンら、新しいチキン・リトルの誰かが正しいとすれば、株式市場は暴落し、第三の富によって富裕になっている人々は痛い目にあうことになる。

Q　では、第一と第二の富に投資している人は生き残れる？

A　その通り。しかし、繰り返すが絶対はない。

Q　第三の富が暴落すると、どんな世の中になる？

A　恐らく金融の中心地とされる都市、ニューヨークなどは一番手ひどくやられるだろう。

Q　なぜそうなる？

A　ニューヨークのような都市は第三の富で出来ているからだ。ニューヨークに住んでいる多くの人々が、第三の富を所有している。農場や工場、油井はマンハッタンにはない。もし彼らの所有する第三の富が暴落したら、彼らのコンドミニアムや共同所有アパート、富裕層が住む住居ビル、ブラウンストーンの価値も下落する。彼らが住居の実質価値以上のお金を借りていたら、私たちは新たな住宅ローン危機を経験することになる。だが今度の危機は貧困層のサブプライムローンとはわけが違う。富裕層の巨大住宅ローンだ。

Q　それが起こる確率はどのくらいある？

A　政府が支払いのために紙幣を印刷し、働かない人々に援助を続け、株式市場を作為的に持ち上げている限り、問題は大きくなるだろう。ジェームズ・リカーズは著書『通貨戦争』の中で日々増大していく問題の複雑性について説明している。

Q　日々増大していく複雑性とはどういうことだ？

A　政府は問題を本気で解決するというより、経済を支える場当たり的な対処をしており、それがどんどん複雑化している。

ジェームズは山に積もった雪をたとえに使っている。政府は小さな爆発物を複数仕掛けて小さな雪崩を何度か起こさせるよりも、高く大きく頑丈な防御壁を作り、巨大な雪崩が起こるのを防ごうと考えている。彼らの複雑な解決案はさらに複雑な対処を必要とし、問題を悪化させている。

薄々気づいているだろうが、いずれ対処の方法はネタ切れになり、防御壁は雪を支えられなくなるだろう。小さな雪崩が何度か起こる代わりに、意図的に誘発された巨大な雪崩で山全体が崩れ落ちてしまうだろう。

Q　解決方法はないのか？

A　一つの方法は、この複雑さや第三の富から距離を取り、単純なやり方に戻るか、第二や第一の富を持つことだ。

Q　あなたも第三の富から手を引いたのか？

A　私は手を出したことがない。貯金はほとんどないし、株式も、債券も、投資信託も、他の紙の資産も持っていない。財産のほとんどは第一の富か第二の富だ。

Q　そうしている理由は？

A　金持ち父さんは自分の息子と私に、第一と第二の富、資源と生産の富だけに投資せよと言ったからだ。第一と第二の富は本当の富裕層の富だ。今までも、これからもそうであり続けるだろう。

Q　いくつか例を挙げてほしい。

A　いいとも。第三の富であるお金を貯めるよりも、私は金や銀の延べ棒やコインを貯める。これらは資源の富である第一の富だ。

第三の富である石油会社の株を買うよりも、私はパートナーとして第二の富である石油生産に投資する。石油会社を所有するわけではないが、石油の出来高のパーセンテージを所有する。もし石油価格が上がれば私は儲かるし、下がったとしても儲かる。

私は不動産、主に賃貸ビルを所有している。これは第二の富だ。第三の富であるＲＥＩＴ（不動産投資信託）は買わない。

事業家として、私はいかなる企業の株も買わない。第三の富である自分の会社の株を投資家に売るだけだ。

Q　何だか複雑だしお金もかかりそうだ。第二と第三の富には誰でも投資できるのか？　大金を持たず、ファイナンシャル教育もない人間でも？

A　もちろん、誰でもできる。たとえば、誰でも第一の富である銀に投資することはできる。

この本を書いている時点で、一オンスの銀は一時期の四〇ドルからかなり下がって約二〇ドルだ。二〇ドルを払えないという人には、銀で作られた一九六四年以前の米国一〇セント硬貨が出回っている。つまり、たった一〇セントで誰でも第一の富である銀に投資できるのだ。

Q　なぜそれが良い投資なのか？

A　金と銀の価格は市場の動きと政府の操作によって常に上下している。だが政府が紙幣を印刷している限り、第一の富である金と銀を保有することは、第三の富に投資してドルを保有するよりはるかに大きな意味があると思う。政府が紙幣を印刷している間は、預金は最も危険な行為だ。

銀は金や紙幣よりも大きな利点がある。金の供給が比較的安定しており、また紙幣の発行量が山のように積み上がっているのに対し、銀の供給量は下がっている。紙幣は一〇〇万分の一秒単位で製造可能だ。一方、金銀の鉱脈を発見し、開発して生産に漕ぎつけるには何年もの月日と数百万ドルが必要だ。銀の保有量は減少傾向にある。銀は貴金属であると同時に工業用金属だからだ。銀は医薬品や浄水システム、電気製品その他、多くの実用的な利用が可能だ。

また、金銀が何千年ものあいだ実際に貨幣として使われていたことも忘れてはいけない。そして、米ドルがあと何年価値を保っていられるかについても正確なことは言えない。

Q　だからビットコインが人気を呼んだわけか？

A　多分そうだろう。人々が政府を信用しなくなった時はいつも新しい形式の通貨が現れる。

Q　あなたはビットコインに投資しているか？

A　いや、していない。

Q　なぜ？

A　ビットコインというものがよく分からないからだ。私にとっては金や銀の方がずっと分かりやすいし、複製が難しいからだ。金銀のニセモノを作るのはほとんど不可能だ。

間違っているかもしれないが、私の意見ではビットコインは第三の富だ。私には、ビットコインがどうして第一や第二の富になるのか理解できない。ビットコインやその他のサイバーマネーを作り出している人々にとっては、第一、第二の富なのだろうが。

●良いニュース

第三の富から第二、第一の富に乗り換えた人々に良い知らせがある。彼らは超富裕層を金持ちにしている真の資産に戻っているのだ。第六章で人類の四つの時代について説明した。

1. 狩猟採集時代
2. 農業時代
3. 産業時代
4. 情報時代

さまざまな意味で、第一の富は農業時代の富であり、第二の富は産業時代の富と言える。第三の富は情報時代、見えない時代の富だ。

見える見えないにかかわらず、本当の富裕層はいつも同じ形式の富に投資する。第一と第二の富だ。情報時代にあってさえ、ビル・ゲイツやマーク・ザッカーバーグ、オプラ・ウィンフリーといった人々は資源や生産の富を所有している。情報時代の見えない資源は知的所有権だ。目には見えないが、不動産と同様の立派な財産だ。知的所有権は特許、商標、契約書など、不可視だが素晴らしく価値のある財産だ。

●金持ちはお金のために働かない

『金持ち父さん　貧乏父さん』の第一の教えは、「金持ちはお金のためには働かない」だった。別の言い方をすれば、金持ちはお金という第三の富のためには働かず、第一と第二の富のために働く、となる。彼らは資源と生産の富を手に入れるために働くのだ。彼らは起業家であり、アイデアを取り上げ、資源を見つけ、それを製品に変えるビジネスを作り上げ、製品がお金を生む。つまり彼らの富はお金ではなく、可視のものも不可視のものも含めた第一第二の富、資源と生産の所有権なのだ。

私たちの教育システムは、学生に、学校に行き給与のよい仕事に就き、収入のために必死で働き、貯金をし、株式市場に長期投資をせよと教える。それらはすべて第三の富だ。

さまざまな意味で、金持ちとそうでない人々との違いは、所有しているのが第一・第二の富か、それとも第三の富かにある。

Q　私が第一・第二の富に意識を向ければ、真の富裕層に近づけるということか？　フラーがグランチと呼んだ人々のような？

A　そうだ。あなたは不誠実になったり騙したりすることなく、グランチと同じ富を築くことができる。富自体は悪いものではない。だがそれを手に入れる過程には、正しいことと悪いこと、合法と違法、道徳的と非道徳的な方法があることを忘れないでほしい。

Q　私が良い学校に行き、収入の良い仕事に就き、必死で働き、お金を貯め、株式に投資したら、真に豊かな富からは遠ざかってしまうということか？

A　まったくその通りだ。

Q　そしてそれを知らせないために学校でファイナンシャル教育をしないのか？

A　その通り。もちろん、これは私の意見だが。

Q　どうすれば第一・第二の富を築ける？

A　それは私も知りたい。あなたのセカンドチャンスは今すぐに始めることができる。

Q　どうやって始めればいい？

A　まず現在から始めることだ。今いるところから始めよう。

Q　どうすればいい？

A　私とキムが一九八四年にしたように、財務諸表を作り、現在の資産状況がどんなものかを把握しよう。

金持ち父さんはよく言っていた。「銀行家に学校の成績表を見せろと言われたことなんて一度もない。彼らは私の成績がどうだったかなどまったく興味がない。彼らが興味を持っていたのは私の財務諸表だけだ。彼らが知りたがったのは〝私がお金に関してどのくらい賢いか〟ということだけだった」

まず、図㊹の財務諸表を埋めることから始めよう。これは現在のあなたの、お金についての成績表だ。

㊹自分の財務諸表を作ってみよう

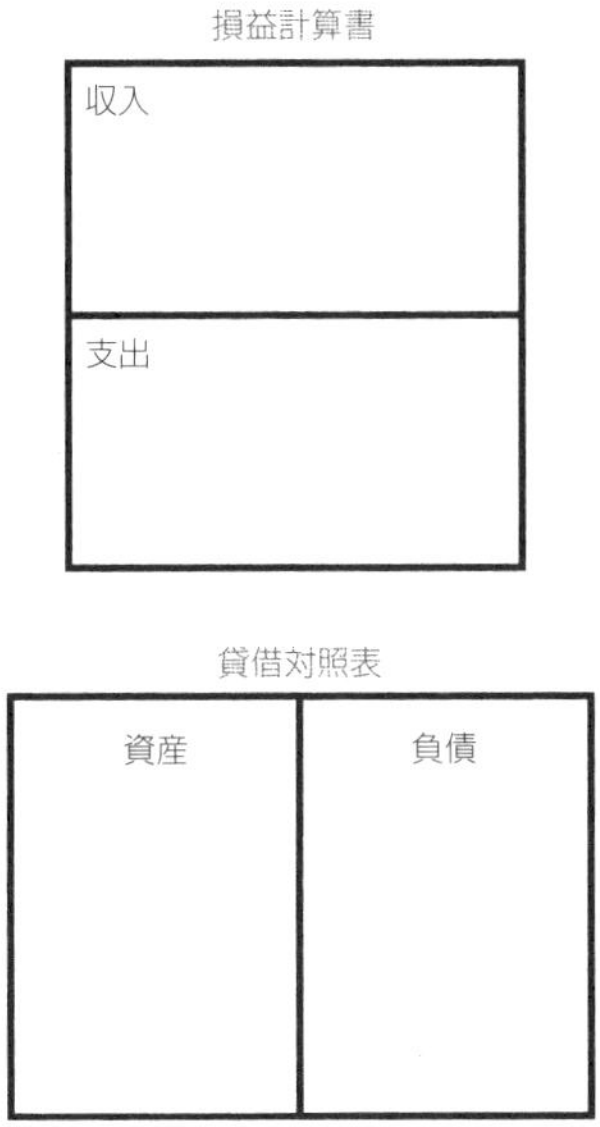

㊺収入をもたらしてくれるものが資産

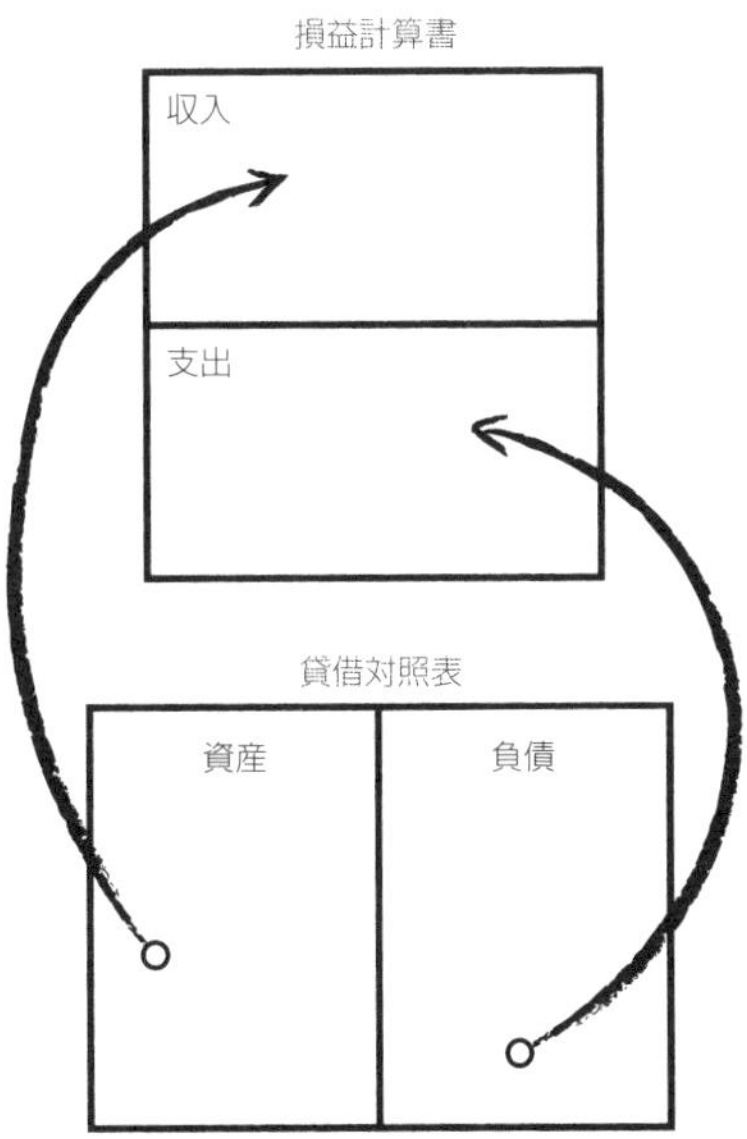

●大切なこと

思い出してほしい、金持ち父さんの資産の定義は「ポケットにお金を入れてくれるもの」だ。また、負債の定義は「ポケットからお金をとっていくもの」だ。

この練習では、あなたのポケット、つまり収入の欄にお金を運んでくれる資産だけを書き込もう。また負債の欄にはあなたの負債を記入し、それが月々いくらの支払いになるかのリストを作り、支出の欄に書き込もう（図㊺）。

●力は現在にある

あなたのセカンドチャンスを始めるのは今だ。それは今日すぐに始めることができる。だが多くの人々にとってとても難しい段階であり、芋虫が蝶に変身する過程のもっとも大切な第一歩でもある。

人々は、現在の財政状況を紙に書き出すことを苦痛に感じる。あなたも同じ苦痛を味わうかもしれない。深呼吸をして、一気にやってしまうことをお勧めする。あなたの目を醒まし、現実世界に向けさせてくれるならば、少々の苦痛は悪いものではない。

財務諸表を作っている間話し相手になってくれる、信用できる友人に手伝ってもらうのも悪くない。お金というのは感情を掻き立てるものだ。だが友人があなたの経済状態に動揺させられることはないだろうし、より客観的な視点で見てくれるだろう。

覚えておいてほしい、変化を起こす力は常に今この時から始まるのだ。このプロセスを省略すると力は失われてしまう。このプロセスに真剣に取り組めば、力が漲ってくるのを感じるだろう。

自分の財政状態から目を背けない勇気を持てるならば、力を取り戻せる。それは、自分の未来をその手に握る時だ。そしてあなたのセカンドチャンスが始まるのだ。

Q　だからあなたは、お金で苦労している人々の気持ちはわかるが同情はしない、と言っていたのか？

A　そうだ。私はこのプロセスを何度も経験した。八二万ドルの負債がある私の財務諸表を見ただろう。自分を憐れんでも負債の額は変わらない。前にも言ったが、私には何度もセカンドチャンス、やり直しの機会があった。セカンドチャンスは簡単なものではない。だが問題を無視したり、自分の代わりに何とかしてくれる人を探すような真似をせず、自ら問題に取り組むことで、私は少なくとも賢くなった。

望めば誰でもセカンドチャンスをものにすることができる。変化を喜んで受け入れ、行くべき道を真剣に歩むなら。

Q　財務諸表に真剣に取り組むことで、自分の強みと弱みを見定めることができるのか？

A　その通りだ。

Q　自分を憐れむことでさらに弱くなるよりも、自分の強みを見つけ、現在の状況から抜け出して未来に向かっていけるということか？

A　そうだ。自分の強みに集中すれば、自分の中で変身が始まる。まるで芋虫から蝶へと変態（メタモルフォーシス）するように。

覚えておいてほしい、あなたの現在の財務諸表はビフォア・アフターのビフォアの写真だ。さて、未来に行ってアフターの写真、あなたの未来をのぞいてみよう。

●未来の財務諸表を作る

さあ、あなたは自分の現在をしっかり、正直に、じっくりと見つめた。次は未来を見つめる時だ。

別の紙に、新たに財務諸表を描いてみてほしい。あなたの未来の財務諸表を作るのだ（図㊻）。

●資産を選ぶ

どんな損益計算書にも基本的な四つの資産のカテゴリーがある。ビジネス、不動産、紙の資産（ペーパーアセット）、コモディティー（商品）の四つだ。

時間をとって、自分がもっとも興味があるのはどのカテゴリーの資産か考えてみてほしい。答えに正解不正解はない。

私の答えも紹介しよう。私の最初の選択はいつもコモディティーだった。特に好きだったのは金と銀だ。私は九歳の時から銀のコインを集め始めた。その後、高級船員になるためにニューヨークの学校に行った。専門は石油だった。私は石油タンカーの船員になった。

一つ強調しておきたいのは、投資において愛はとても大切だということだ。私は金や銀、そして石油を愛している。愛があったために金、銀、石油について学ぶのは容易だった。あなたも知っているように、市場価格はひっきりなしに上下する。だが、私は資産を愛していたので価格の変動は気にしなかった。私はもっと欲しかった。だから価格が下がった時はさらに購入した。

私のもう一つの選択は不動産だった。物件を買うための借金が簡単だからだ。税法が不動産投資を優遇しているという特典もある。

私は不動産、特に古いビルが好きだった。この場合も、愛のおかげで不動産と不動産の資金調達について、楽しんで一から学ぶことができた。私は常に学生のつもりだったし、あなたにもそうあることをお勧めする。なぜなら、すべてを知ってしまった状態というのはあり得ないからだ。繰り返すが、市場価格は上下する。下がった時に私は買い足す。売ることはめったになかった。自分の不動産と、それが生み出すキャッシュフローを愛していたからだ。

三つめの選択は資産の種類で言うとビジネス、起業家として自分のビジネスを始めることだった。私は多

㊻未来の財務諸表を作る

あなたの未来：今から五年後の今日
日付：＿＿＿＿＿＿

損益計算書

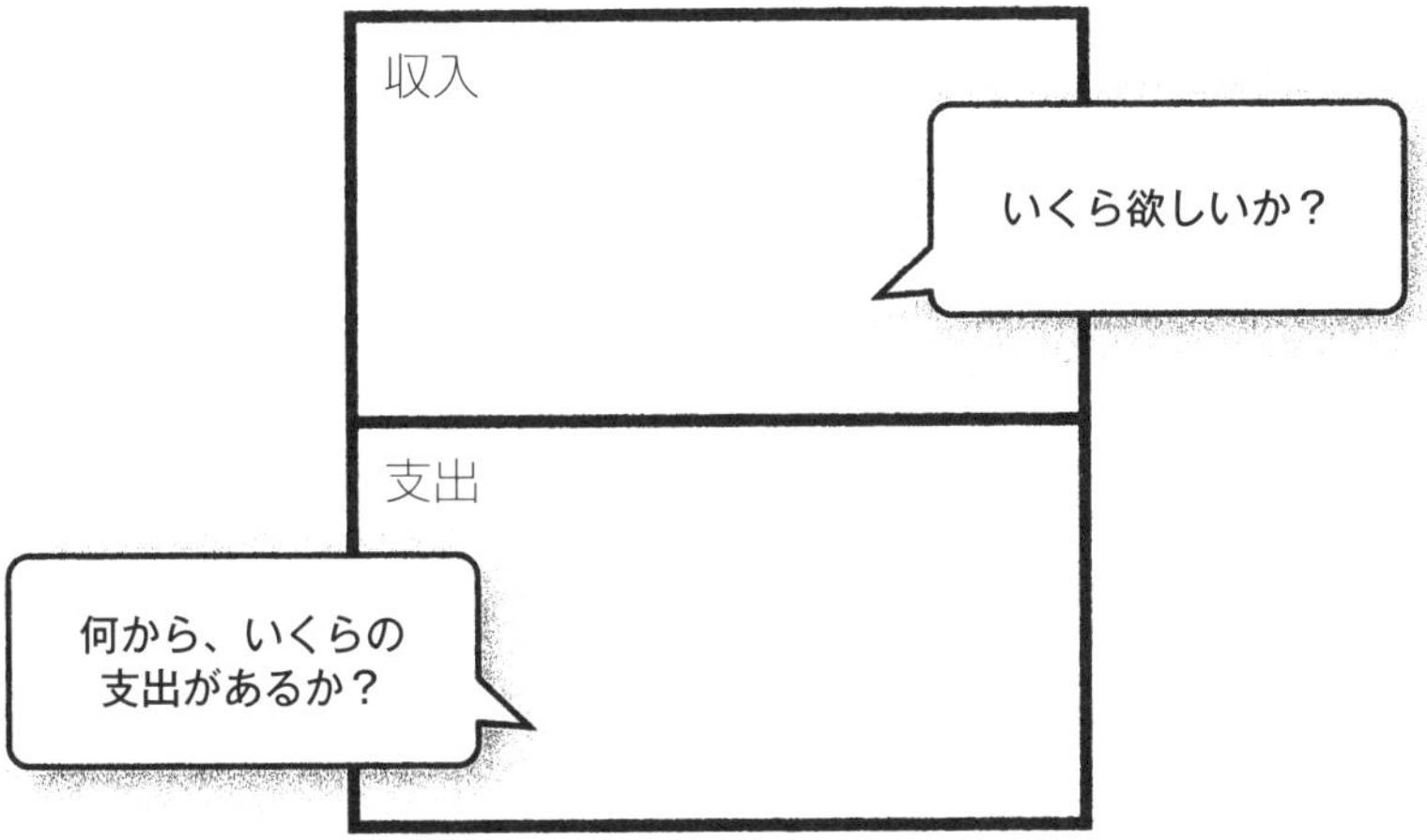

貸借対照表

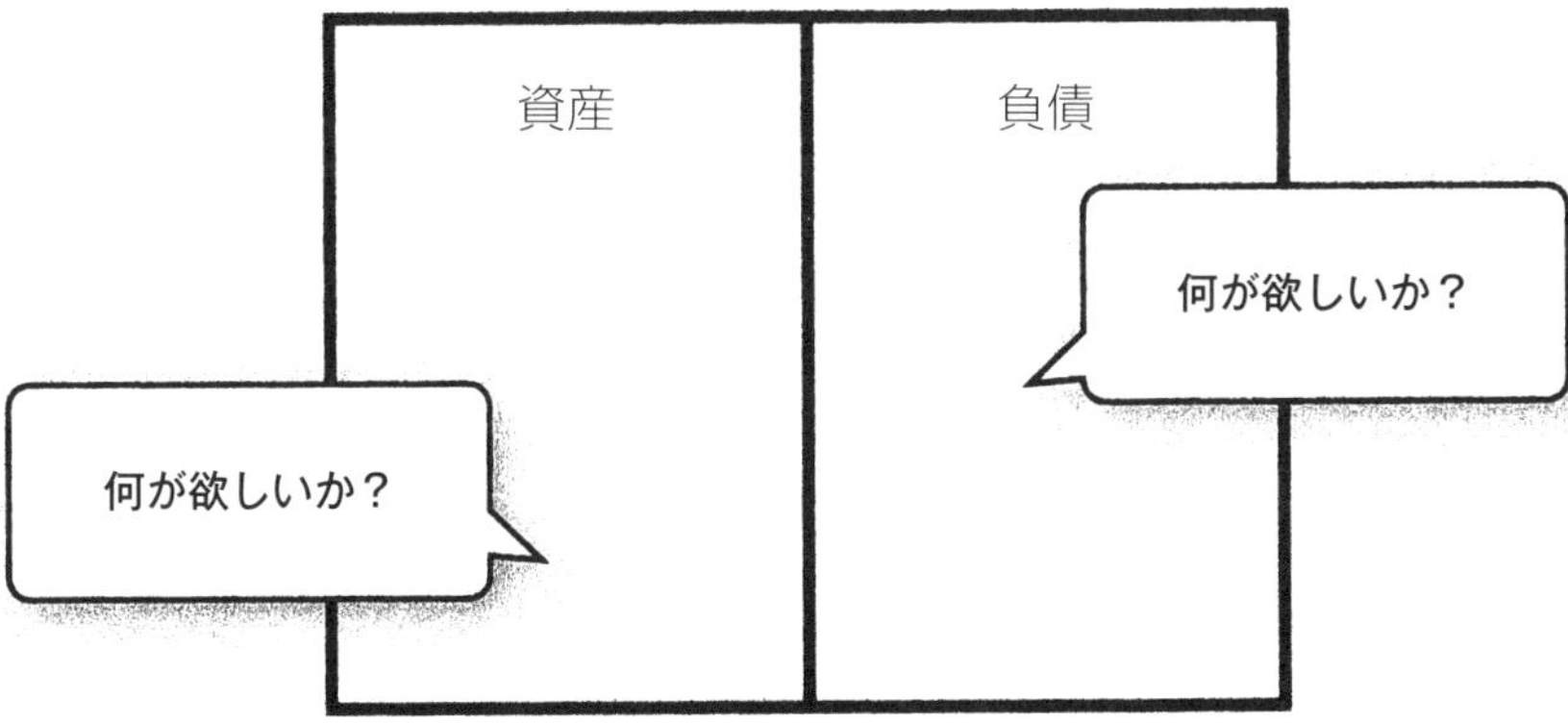

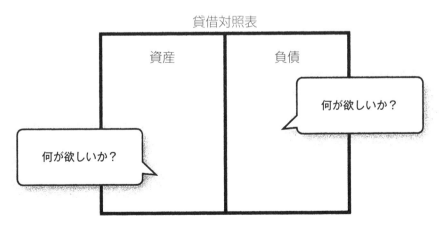

くの事業を立ち上げた。だがほとんどは最初の難しい数年間を生き延びられなかった。生き延びたのはナイロンのサーファー財布、ロックンロールビジネス、教育事業、金・銀の採掘、石油会社、そして今日のリッチダッド・カンパニーだ。四つの資産カテゴリーの中で最も大変なのはビジネスだ。世界中の大金持ちが起業家である理由はこれだろう。長く困難な道のりだが、当たれば大きい。

四つめの選択は紙の資産だ。私は株式や先物取引のセミナーに数多く参加した。だが、私には向いていなかった。決算報告書を読んだり、株価の変動を監視することはあまり好きになれなかった。

私は起業家として三つの会社を興し、ＩＰＯ（新規株式公開）として上場した。自分の経験のためだった。私は会社というものがいかに作られ、上場されていくのかを密かに観察したかったのだ。それは醜いゲームで、楽しい経験ではなかった。しかしあなたは違った意見を持つかもしれない。私は数百万の株式を所有していたが、他人の会社ではなくすべて自分のビジネスのものだった。

●じっくりやろう

セカンドチャンスはあなたの内面から始まる。四つの資産カテゴリーをじっくり掘り下げ、勉強してみることをお勧めする。その後にどれが一番好きになれそうか決めるのだ。どれもピンとこないと感じるなら、ちょっと時間を置いて愛せるものが見つかるまで待とう。

気を付けてほしいのは、選択にあたってもっとも重要なのは愛だということだ。学びへの愛、進んで学生となる愛だ。私は無知で欲の深い人々向けの、魔法のように利益をもたらしてくれるという触れ込みの投資セミナーに山ほど参加した。そのいくつかは良い投資だったかもしれないが、ほとんどは詐欺か、参加者のお金を狙って主催者がでっち上げたまやかしだった。

これだけは覚えておいてほしい。最高の投資は絶対に広告など出さない。絶対にだ。カテゴリーにかかわらず、最高の投資は事情に通じた仲間内だけで売買される。私のパートナーであるケン・マクロイが新しい投資話を持っているとする。彼は数人の知り合いに電話する。必要な資金はそれで集まり話は終わる。外部の投資を集めるために立派なパンフレットを作ることも、豪華な投資セミナーを開く必要もない。

あなたが目標とすべきは、お金と知識があり、内部に参加して有利な立場に立てる投資家になることだ。あなたも知っている通り、株式市場という公設マーケットでのインサイダー取引は違法だ。だがプライベートな取引であればお咎めはない。中国企業のアリババが上場した時、株は一般市場で売られたが、本当の利益は株式公開のずっと以前に内部の人間たちが分け合っていた。私の友人の一人はいつもこう口にする。

「すべての投資はインサイダー投資だ。問題は、君がどれほど内部（インサイド）に近いかだ」

●自分のゲームを選択しよう

バッキー・フラーはいつもこう言っていた。「彼らはお金のゲームをしている」。フラーはお金のゲームが嫌いで、政府やグランチがそれを行っているのを苦々しく思っていた。

金持ち父さんは言った。「自分が愛せるお金のゲームを見つけ、勝者となれ」。彼のゲームはレストランやホテル、コンビニを経営すること、なかでも不動産を運用することだった。

『金持ち父さん　貧乏父さん』に書いたように、かつてマクドナルドの創設者、レイ・クロックは言った。「私のビジネスはハンバーガーを売ることではない。不動産ビジネスだ」。つまり、彼のハンバーガービジネスは不動産を買い取っている。そのいくつかは世界で最も高価な不動産だ。それはまさに金持ち父さんが、そして現在の私がしているゲームだ。金持ち父さんはこうも言った。

「多くの人はお金のゲームを好まず、安定した仕事や安定した収入を選ぶ」

「彼らはお金のゲームを嫌い、お金をファイナンシャル・アドバイザーに任せてしまう。自分の選択したアドバイザーが正しいと信じて」

彼は付け加えた。「ほとんどの人が金持ちになれないのは、損失を最小限にとどめようとするだけで、お金のゲームに勝とうとしないからだ」

貧乏父さんもお金のゲームが嫌いだった。いつも損失を出さないことばかり考えていた。彼のやりかたは学校に行くこと、政府の職員になること、そして政府に養ってもらうことだった。お金のゲームに勝とうとしなかったばかりに、彼はすべてを失ってしまった。

あなたがしたいのはどのゲームだろうか？　もし金持ち父さんのゲームを選ぶなら、まず自分が愛せる資産を決めることだ。学んでみたい資産、やってみたいゲームを決めるのだ。愛するお金のゲームを選べば、それを通して最高の自分を目指したくなるだろう。

パート3（未来）

もしも、お金（キャッシュ）がゴミ（トラッシュ）であるならば……
ファイナンシャル教育とはいったい何だろうか？

序章

パート3を始めるにあたって、まずパート1と2のおさらいをすべきだろう。

さて、学校に行くこと、お金について勉強しないことは理にかなっているだろうか？

なぜあなたは学校に行くのか？　仕事に就き、お金を得るためだが、学校ではお金について学ぶチャンスはない。教育は、私たちの日々の生活に大きな影響を及ぼす。だからこそ、南北戦争以前の米国では奴隷にある種の教育をほどこすことを禁じていたし、世界のいくつかの地域では現在も女性に教育を行わない。

『金持ち父さん　貧乏父さん』には、「金持ちはお金のためには働かない」という第一の教えがあった。金持ちは給与のためには働かない。金持ち父さんが言ったように、給料の小切手にサインする人はそれを受け取る人に対して絶大な力を持っている。そのうえ、給与の金額が多くなるほど、お金のために働くほど、多くを税金で持っていかれる。スティーブ・ジョブズの報酬が一ドルだったのは、もしかするとそれが理由かもしれない。

学生たちは学校でお金について教わらないうえに、卒業する時には大きな借金を抱えることになる。学資ローンはあらゆる種類の借金の中で最も厄介なものだ。

㊼のグラフは学資ローンの増大を示している（サリー・メイは学生向け融資の最大手）。

更に悪いことに、大卒者の給与額は下がるばかりだ。グラフ㊽は、大卒者の収入の減少を表す。

一生懸命働いてもさらに多くの税金を納めることにしかならないのに、お金のために必死で働くことに意味はあるだろうか？

グラフ㊾は一見すると収入に応じてバランスよく課税されているように思える。だが、トップの一パーセントには数億ドルを稼ぎ節税の技をよく知るグランチたちが含まれ、収入四四万ドル程度の中流層にも彼ら

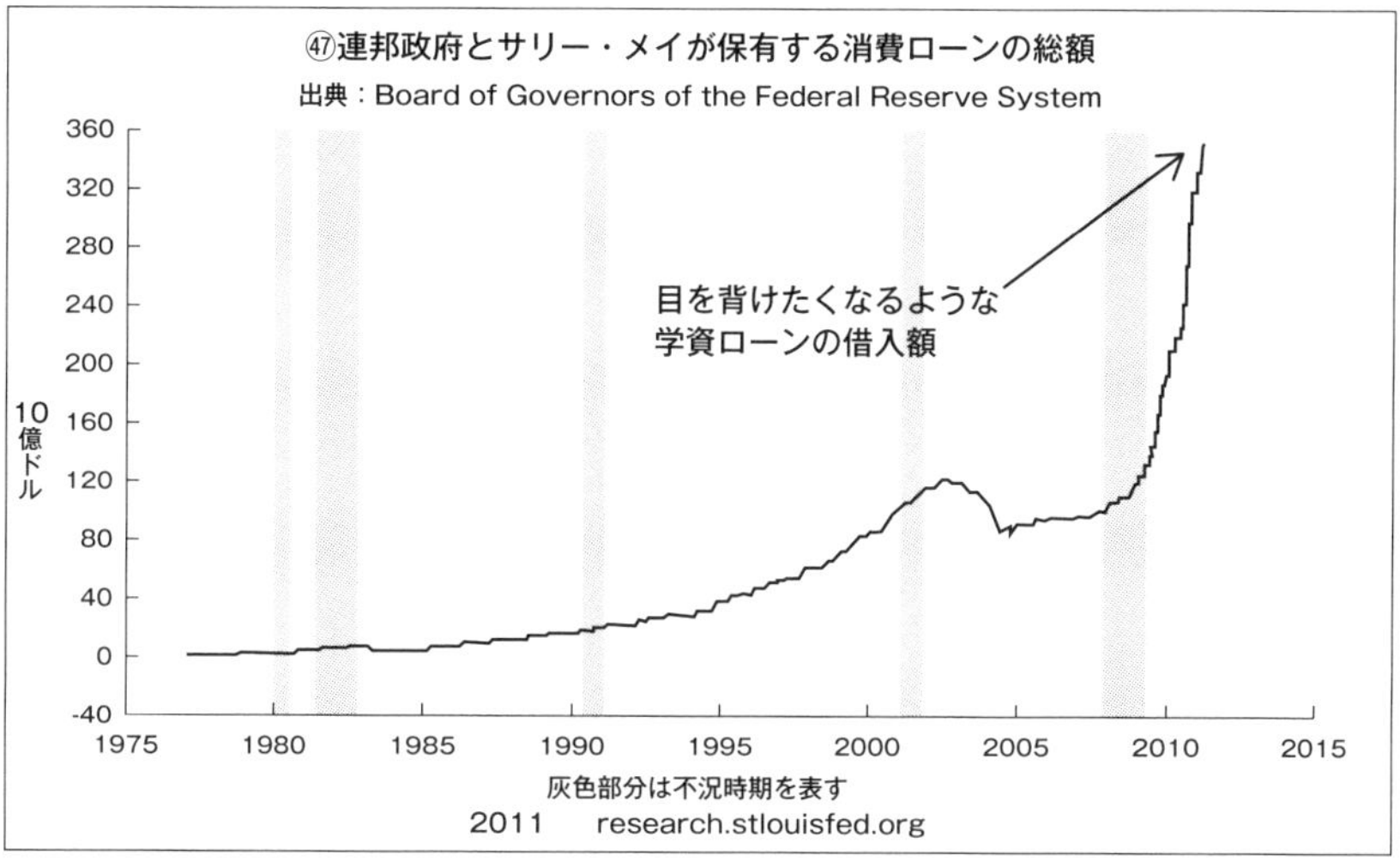

⑰連邦政府とサリー・メイが保有する消費ローンの総額
出典：Board of Governors of the Federal Reserve System
360
320
280
240
200
160
120
80
40
0
-40
10億ドル
目を背けたくなるような
学資ローンの借入額
1975
1980
1985
1990
1995
2000
2005
2010
2015
灰色部分は不況時期を表す
2011　research.stlouisfed.org

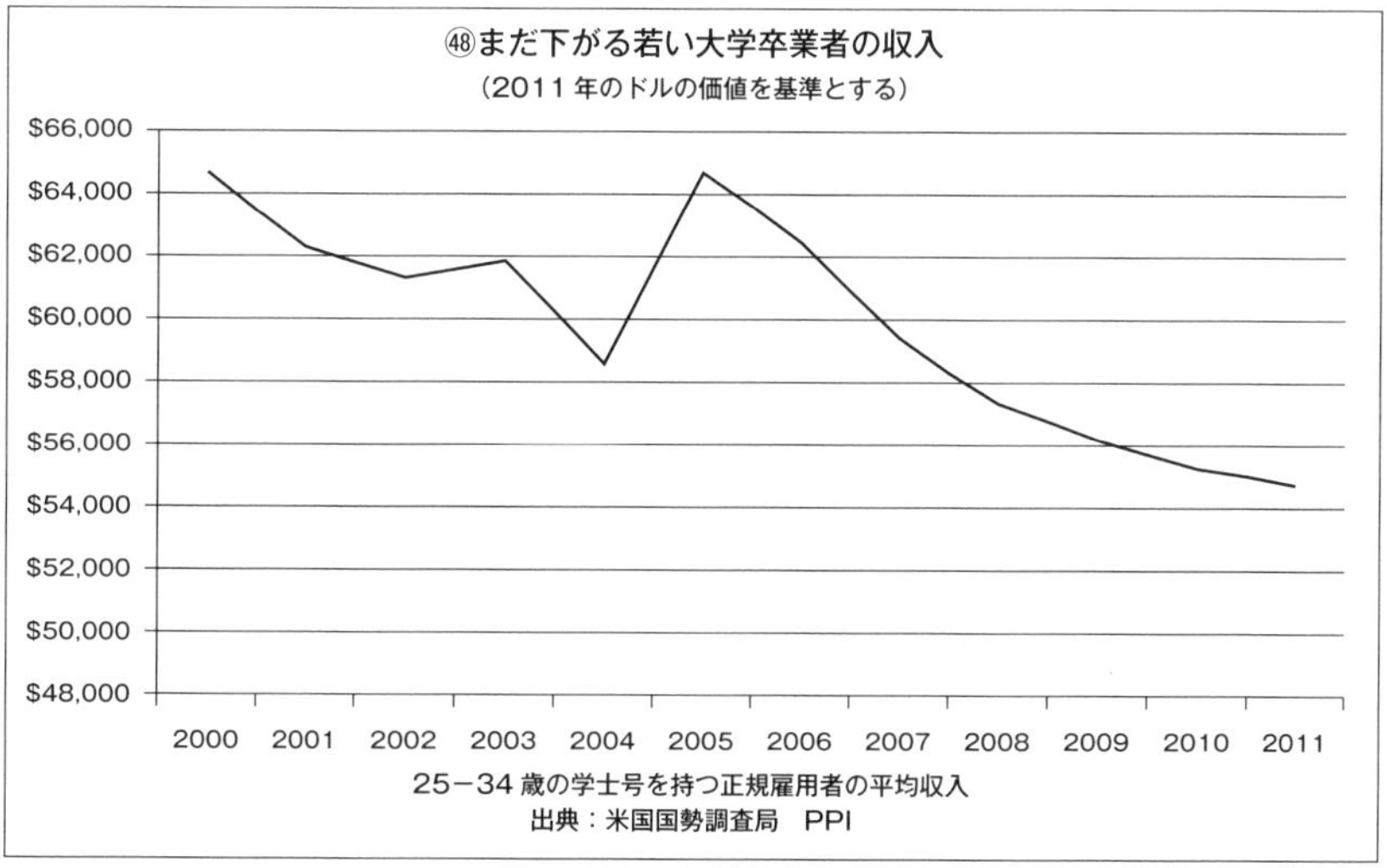

⑱まだ下がる若い大学卒業者の収入
（2011年のドルの価値を基準とする）
$66,000
$64,000
$62,000
$60,000
$58,000
$56,000
$54,000
$52,000
$50,000
$48,000
2000
2001
2002
2003
2004
2005
2006
2007
2008
2009
2010
2011
25−34歳の学士号を持つ正規雇用者の平均収入
出典：米国国勢調査局　PPI

㊾公正な税金を払っているのは誰か？

収入グループ別、連邦所得税の予定納税パーセンテージ（2009年）

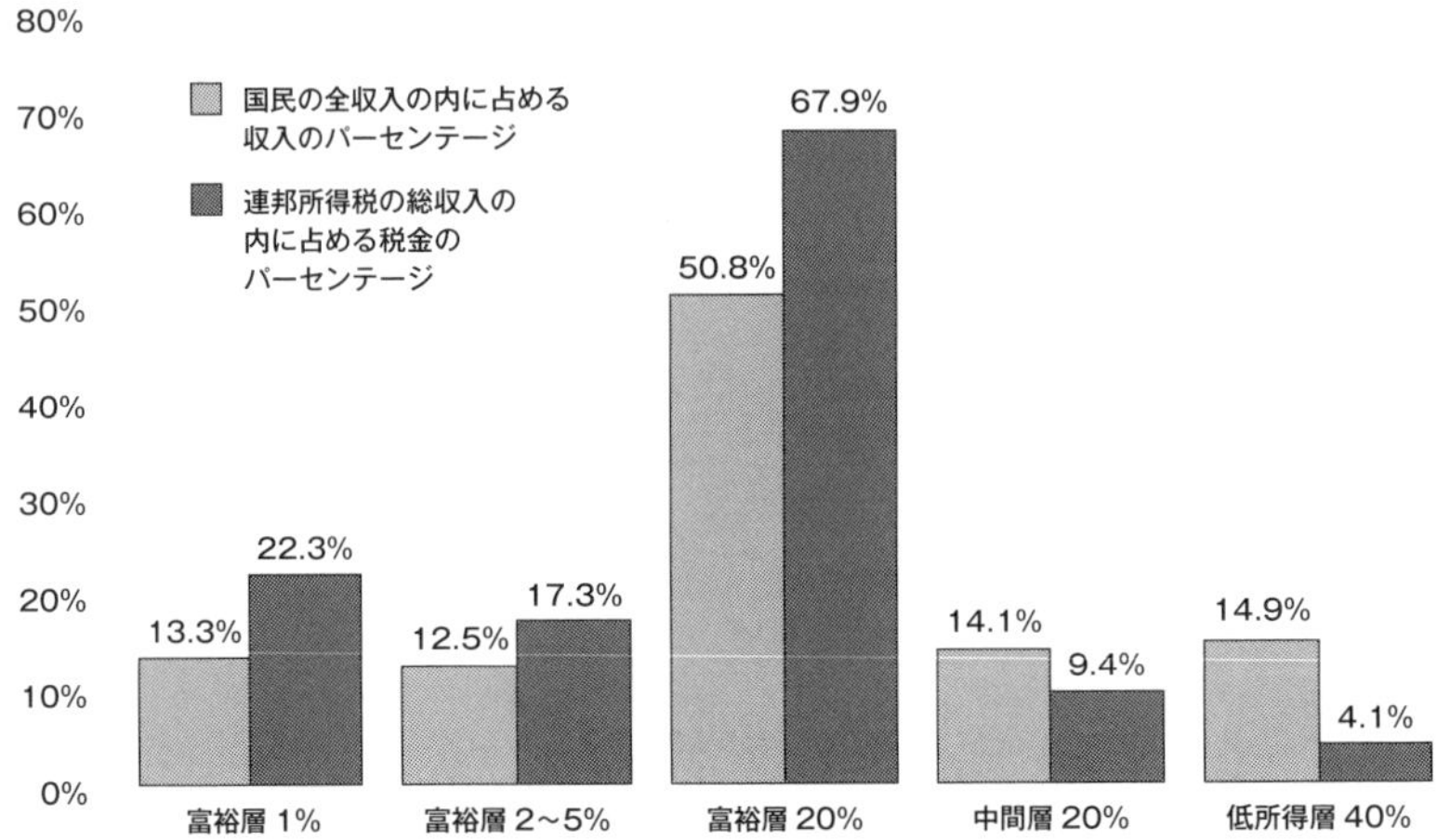

出典：議会予算局

と同じ税率が課される。

　これが中流層が減少している一つの理由だ。お金のために働けば、税金によって富を奪われることになる（グラフ㊿）。

　また、実際には負債なのに、持ち家を資産と呼ぶのは理にかなっているだろうか？

　二〇〇七年以降、持ち家が負債であることを数百万人が身をもって学んだ。今日多くの人々が家屋の実際の価値以上の借金を抱えている。さらに悪いことに、学資ローンのおかげで若い世代が家を買えなくなっている。

　グラフ(51)は住宅の価値の下落を示している。

　お金についての知識がないために、あなたの富が強奪されている。たとえば、負債を資産と呼んでいることがそれだ。金持ちがさらに金持ちになる手段として借金を利用しているのに、借金を失くそうとすることは理にかなっているだろうか？

　イラスト(52)の左の預金者は税引き後のお金を預けている。銀行システムは部分準備制度のもとに、彼らの預金一ドルにつき一〇ドルを金融知識のある債務者に貸し付け、預金の購買力を奪ってしまう（債務者はそ

⑳税金が高すぎる？　オバマケアでまた増税かもしれない

人々が医療保険を購入するための気前のよい助成金、メディケイド（低所得者向け国民医療制度）の大規模な拡充、その他の新たな出費のため、オバマケアは税金を引き上げ、新たに 17 もの課税及び罰則を設けた。それはすべての米国人の生活に影響する。

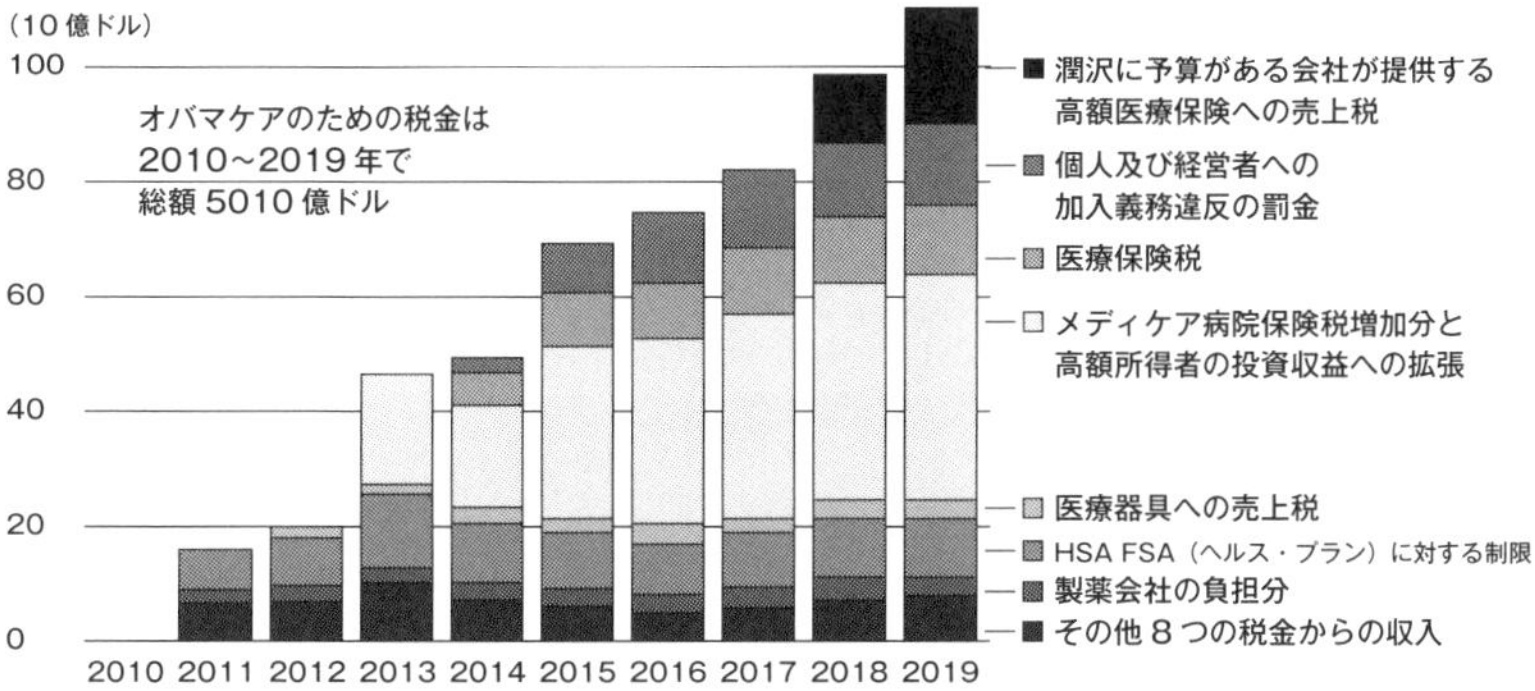

出典：Heritage Foundation　両院税制委員会　2010 年 3 月の報告書から計算
Obamacare in pictures　heritage.org

㉑米国住宅バブル　インフレを加味したケース・シラー指数

（1996 年ドル価値換算）

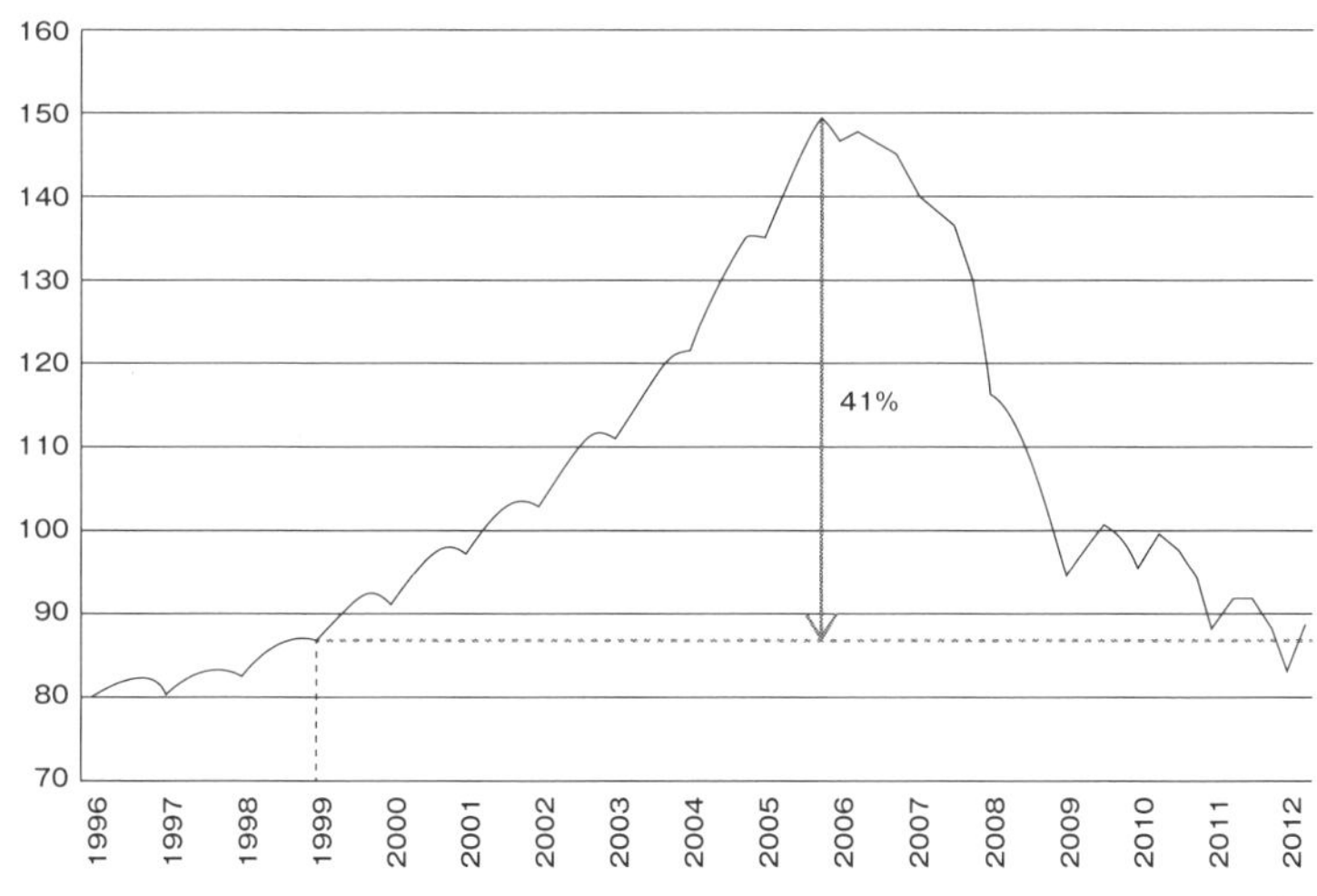

のお金を投資する)。

つまり、部分準備制度は「お金を印刷する」制度であり、どの銀行もそれを行っている。この事実を方程式に当てはめてみると、答えが出る。預金の利子には最高税率が課税されるが、借金は非課税となるのだ。

●キャリー・トレード

大規模な投資の世界では、キャリー・トレードという言葉がしばしば使われる。超巨額の投資において負債からお金を生む手法である。二〇一四年、日本は限りなくゼロに近い金利を設定した。ヘッジファンドなどの巨大投資機関がすぐに動き、数十億円を借入れてドルに換え、利率の高い米国国債を買った。

極めて単純化して言うと、世界のどこかのヘッジファンドが一〇億米ドル相当の日本円をゼロパーセントの金利で借り、ドルに交換し、利率二パーセントの米国国債を一〇億ドル分購入したとする。その結果、ヘッジファンドは借金の一〇億ドルから二〇〇〇万ドルを生み出すことができるのだ。

これが、イラスト㊷の手押し車に象徴される、キャリー・トレードと呼ばれるものだ。

円を借りて米国債を購入すると以下のことが起こる。

・人々が国債に投資するために米ドルを買うので米ドルが強くなる。
・国債の価格が上がる。
・利率は下がる。
・米国の輸出品が値上がりし、人々はより安価な日本製品を買うようになる。
・米国内の失業率が上がる。
・金・銀の価格が下がる。

この結果、世界中の中流層と貧困層の生活がより困難になる。

⑫ファイナンシャル教育がない人から富が強奪される

日本が金利を引き上げたら、世界は二〇〇七年のような大混乱に陥るのは明らかだ。

●さらにシンプルに言うと……

もっとシンプルな例で説明しよう。あなたが銀行から金利ゼロパーセントで一〇〇万ドル借りたとする。そのお金を五パーセントの金利がつく隣町の銀行に預けると、無利子の借金一〇〇万ドルから五万ドルを生み出せるのだ。

だが、金利ゼロパーセントだった銀行が一〇〇万ドルの借金の利息を突然一〇パーセントに引き上げたら、あなたはいきなり財政的困難に直面するだろう。一〇万ドルの利息を払わなければならなくなり、五万ドルの利息は食いつぶされ、さらに五万ドルの損失を招いてしまう。これが経済恐慌や暴落の引き金を引く。

大銀行は数十億ドルの損失など気にも留めないだろう。ミスを犯してもすぐに政府が救済してくれるからだ。彼らの言い分は「巨大銀行は、破綻させるには大き過ぎる」だ。しかし、あなたや私なら間違いなく破産手続きをするしかないだろう。

大金持ちは自分の銀行を救済する力を持っている。

⑬セントルイス連邦準備銀行算出のマネタリーベース（BASE）

出典：セントルイス連邦準備銀行

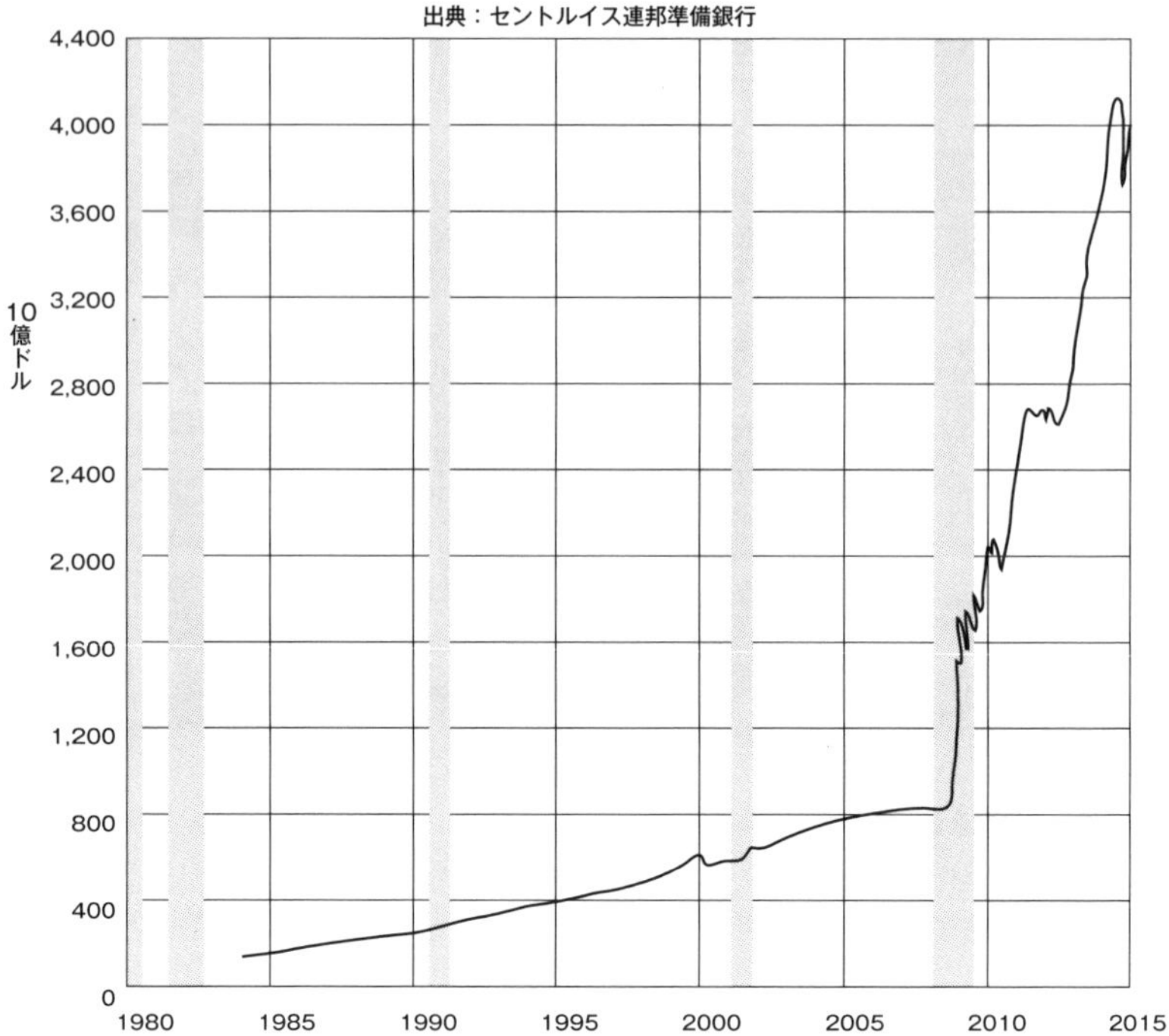

灰色部分は米国の不況時期を表す

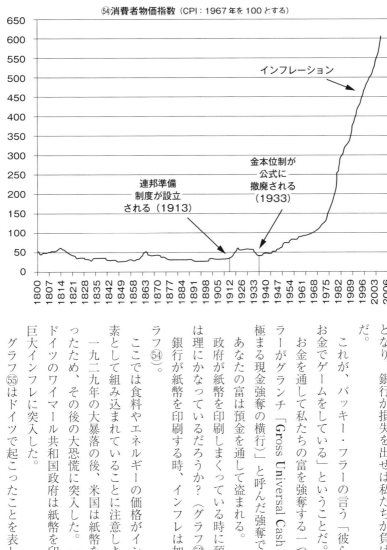

⑭消費者物価指数（CPI：1967年を100とする）

今日の世界では、銀行がお金を儲ければ彼らが勝ち組となり、銀行が損失を出せば私たちが負け組となるのだ。

これが、バッキー・フラーの言う「彼らは私たちのお金でゲームをしている」ということだ。

お金を通して私たちの富を強奪する一つの例だ。フラーがグランチ「Gross Universal Cash Heist（不快極まる現金強奪の横行）」と呼んだ強奪である。

あなたの富は預金を通して盗まれる。

政府が紙幣を印刷しまくっている時に預金をするのは理にかなっているだろうか？（グラフ⑬）

銀行が紙幣を印刷する時、インフレは加速する（グラフ⑭）。

ここでは食料やエネルギーの価格がインフレ率の要素として組み込まれていることに注意しよう。

一九二九年の大暴落の後、米国は紙幣を印刷しなかったため、その後の大恐慌に突入した。一九一八年、ドイツのワイマール共和国政府は紙幣を印刷したため、巨大インフレに突入した。

グラフ⑮はドイツで起こったことを表している。

今日の米国は一九一八年から一九二三年のドイツの

㊺ドイツ、ワイマール共和国のハイパーインフレ
1 マルク金貨に対するマルク紙幣の価値変化

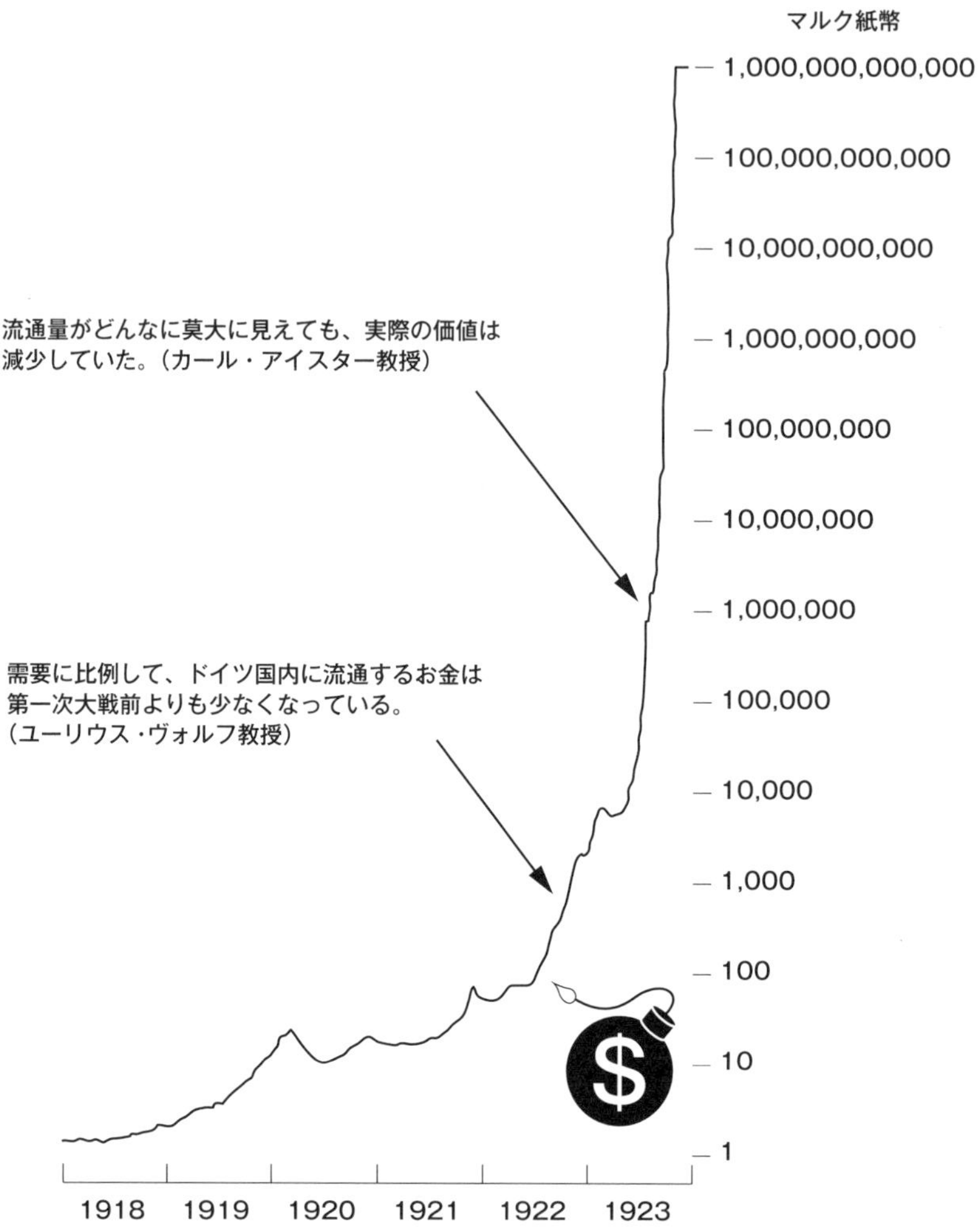

Dollarvigilante.com

今日、米国は 1918－1923 年のドイツのハイパーインフレとまったく同じ状況にあるように見える。

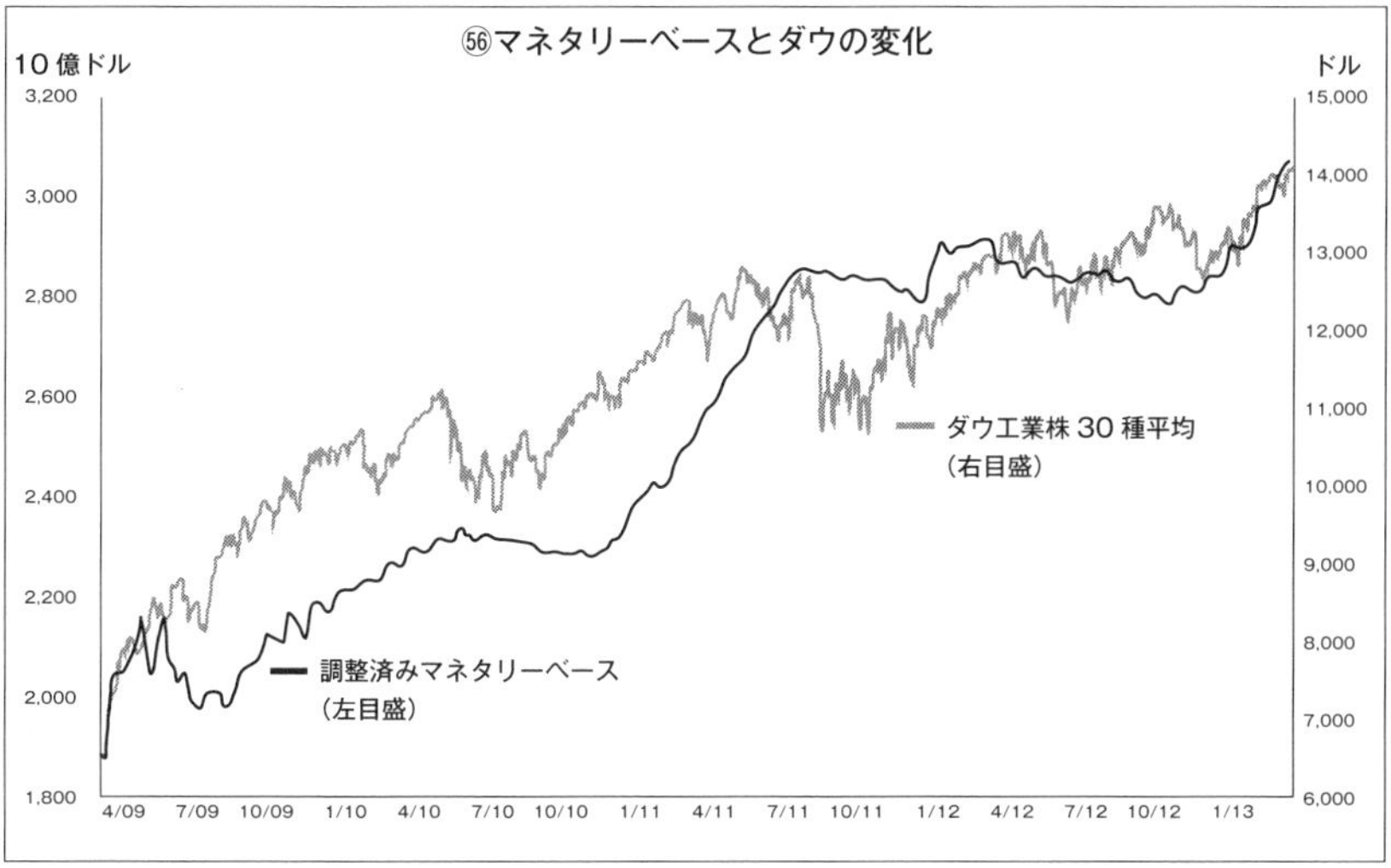

Fox Business Network　　©FactSet Research Systems

ハイパーインフレとまったく同じ状況にあるように見える。グラフ⑯は連邦政府とウォールストリート、そしてレーガン大統領の暴落防止チームがダウを刺激し、暴落を防いでいることの証拠だ。

株式市場が史上最高値を記録し、プロの投資家がコンピュータを使って毎秒数千回の高速取引を行っている現在、株式市場に長期投資するのは賢い選択だろうか？

二〇〇二年に出版された『金持ち父さんの予言』で、金持ち父さんは二〇一六年頃に大きな暴落が起こると予言した。また、二〇一六年以前にも暴落があるとしていたが、二〇〇七年にそれは起こった。

グラフ㊼を見ると、『金持ち父さんの予言』ががぜん現実味を帯びてくるが、そうならないことを祈る。そして、誰もが知っているように物事は上がったり下がったりを繰り返すものだ。それなのに、なぜ株式市場が史上最高値の時に長期投資をしようとするのだろうか？

もし金持ち父さんとバッキー・フラーが正しければ、株式に投資している人々は最大の打撃を受ける。それはクリス・マーテンソンが著書『クラッシュコース』の中で第三の富と呼んだものだ。

あなたの富は、株式や国債、投資信託や銀行預金など

57金持ち父さんの予言は現実になるのか

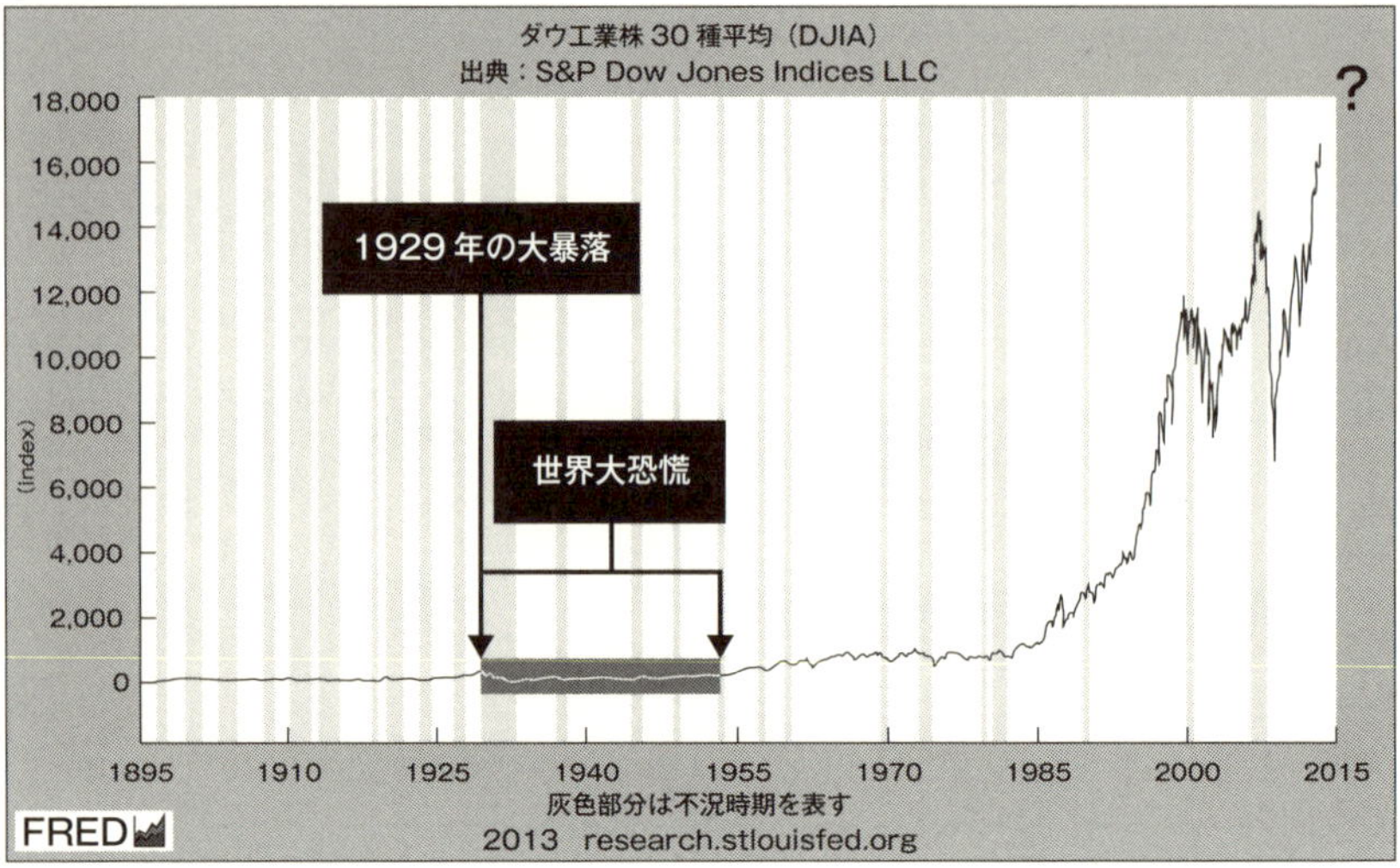

の紙の資産、つまり第三の富への長期投資によって奪われる。現在の経済状況では、紙に印刷されているものは何であれ、私は疑いの目を向ける。

第三の富に投資するならば、バート・ドーメンが発行するウェリントン・レターを読むことを勧める。私が見たところ、彼は過去三〇年間、最も正確な市場予想を続けている。

●ファイナンシャル教育とは何か?

もしお金（キャッシュ）がゴミ（トラッシュ）であるなら、ファイナンシャル教育は学校で教わる伝統的な教育とは正反対のものになるだろう。

本書のパート3では、コインの裏の面、ファイナンシャル教育の二重性、陰と陽について解説する。パート3で論じるのは、正しいか間違いかという問題ではない。ファイナンシャル・インテリジェンス（お金の知性）とは、コインの縁に立って表と裏の両方の側を見通して、あなたにとってベストなものを決めることだ。

第九章

「学校に行く」の裏側

「インテグリティーはあらゆる成功の本質である」――バックミンスター・フラー

一九七三年、私はベトナムからハワイに帰還し、カネオへの海兵隊飛行場に駐留していた。海兵隊での任期はあと一年半だった。私は今後何をすべきか、二人の父の意見を仰いだ。私は空を飛ぶことを愛していた。海兵隊を愛していた。しかし戦争は終わり、次の段階に行くべき時が来ていた。

貧乏父さんは、学校に行ってMBAと、できれば博士号を取るように勧めた。金持ち父さんは不動産投資のセミナーを受講するように勧めた。これはまったく正反対の教育だ。

図㊿は、二つの方針の違いを財務諸表に表したものだ。貧乏父さんは私に、学校を卒業し、米国の企業社会で高給を取るように言った。お金のために働くことを勧めていたのだ。一方金持ち父さんは、資産から無税のキャッシュフローを生み出すために借金の使い方を学べといった。

私は両方のアドバイスを受け入れ、ハワイ大学のMBAに入学手続きをし、また三日間の不動産投資セミナーにも申し込んだ。セミナーを終え、最初の「キャッシュフローを生む資産」を買った後、私はMBAを中退した。二六歳だった私は、給与を貰うこととキャッシュフローの収入の違い、借金と税金などについて理解し始めていた。

●MBA取得と起業の違い

Q　次の二つの違いは何だ？

1. MBAを取得して就職し、出世の階段を登る。給与やボーナスをもらい、紙の資産ばかりの年金ポートフォリオを持つ
2. 起業家になり、ビジネスを立ち上げて不動産に投資し、キャッシュフローを生み出す資産を作るために働く

A 違いはたくさんある。
1. 若くして引退できる
お金の心配をしなくていい立場になった時、キムは三七歳、私は四七歳だった。前にも述べたが、一九八四年に私たちが思い切って一歩を踏み出した時、私はナイロン財布のビジネスの時の借金を八〇万ドル以上抱えていた。だが一九九四年にはお金の心配がなくなっていた。三日間の不動産セミナーを受けていなかったら、こうはならなかっただろう。

セミナーからたった一〇年で、私たちはファイナンシャル教育のビジネスを立ち上げ、過去の借金をほとんど返済し、不動産投資から十分なキャッシュフローを生みだし、経済的自由を手に入れたのだ。『金持ち父さんの若くして豊かに引退する方法』には、この一〇年間の出来事がすべて書いてある。
2. 借金と税金
株、国債、投資信託、預金などの第三の富である紙の資産よりも不動産の方が有利なのは、借金と税金のせいだ。簡単に言えば、紙の資産に投資する場合、借金と税金はあなたを貧しくする要素だ。だがあなたがプロの不動産投資家であれば、借金と税金はあなたを金持ちにしてくれる。
3. 金銭面での安定
近づきつつある株式市場の暴落について人々と話す時、誰が株式投資をしているのかはすぐにわかる。お金の未来を株式市場に託している人は見分けがつくものだ。

もし誰かに「なぜ心配ではないのか」と質問されたら、私は「財産のほとんどが不動産だからだ」と答える。

市場が暴落した時、なぜあなたの不動産は下落しないのかと聞かれたら、私の不動産資産は、特に株式市場の暴落に影響されにくい雇用の多い地域にあるので、影響を受けにくいのだと説明する。私の所有するアパートメントビルは、ヒューストンやオクラホマなどの石油産業が盛んな大都市や、病院、大学、大手保険会社のそばにある。石油の値段が上下しても、テナントからの家賃は安定して入ってくる。

私は、自動車産業が没落した時にデトロイトのような都市の不動産に何が起こったかを思い出すように人々に言う。デトロイトの不動産は自動車産業と一緒に没落した。今、デトロイトの空き家が取り壊されている。家は資産だという間違った考えは捨てるべきだ。

大切なのは、不動産は近くに雇用がある場合のみ価値があるということだ。もし金融サービス業が没落したら、ニューヨークやロンドン、上海、そして東京の高額不動産は手ひどい影響を被るだろう。

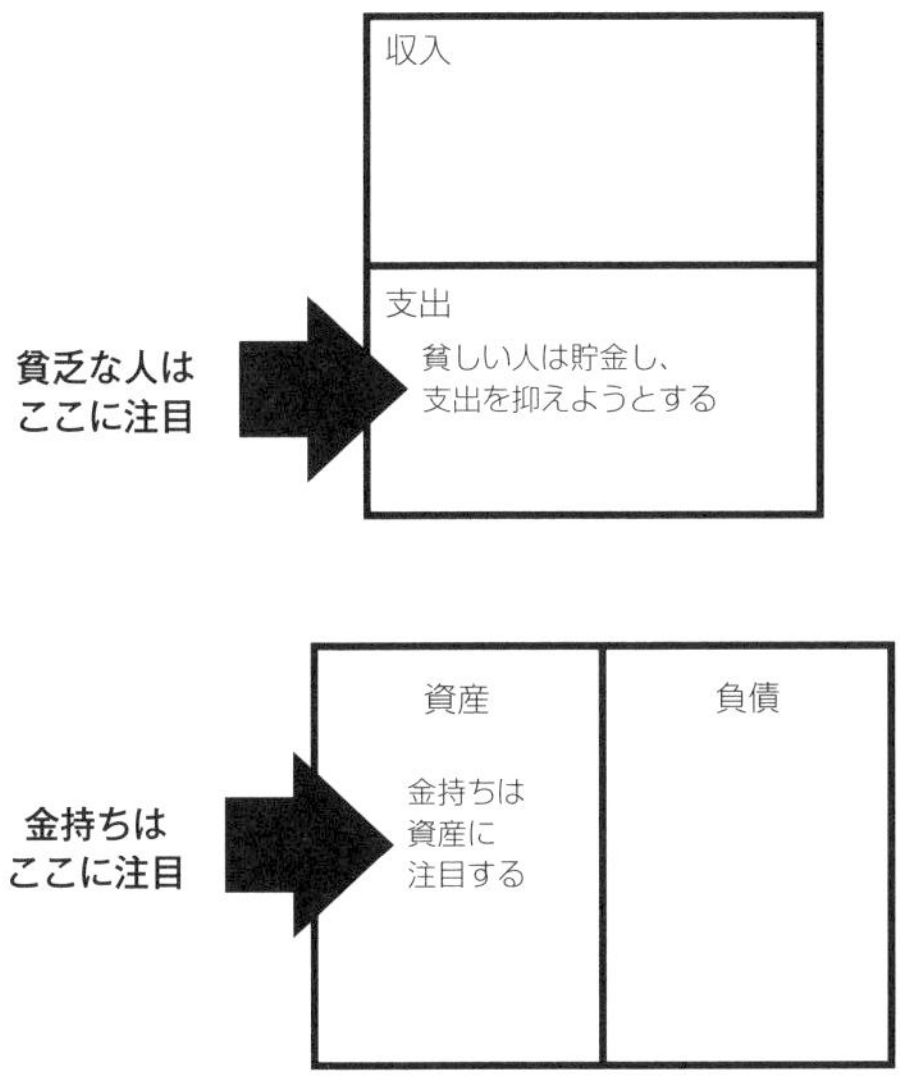

⑱金持ちと貧乏な人では注目する欄が違う

人々には住む場所が必要だ。もし家賃さえ払えなくなったら、多くの場合、政府が金銭的な補助をしてくれる。これが、ある種の不動産が株式市場の暴落の影響を受けにくい理由だ。そしてこれは、私が一九七三年、三日間の不動産セミナーで学んだことの一部に過ぎない。

もし私がＭＢＡに固執していたら、そして企業で高給が貰える職についていたら、今ごろは中間管理職として苦闘し、新技術に詳しくずっと安い賃金でも喜んで働く若手に職を奪われることを恐れ、株式市場の暴落で退職後の蓄えを吹き飛ばされてしまうことに怯えながら生きていたかもしれない。

だが私はそうせずに、二〇〇七年の暴落を含め、株式市場と不動産が暴落した時には借金をして不動産を買ってキャッシュフローを増やし、税金を低く抑え、富を増やしてきた。

これらは教育の裏側を見ることで得られるアドバンテージのほんの一部だ。

●フラーから学んだこと

フラーの講話の一つに、インテグリティー（完全性、一貫性、誠実さ）について語ったものがある。彼のインテグリティーの定義は、「インテグリティーを含んだ物事は自らを自然に形作る」というものだった。そして彼は、「三角形はインテグリティーを持つ最小の形だ」とも言った。

私は彼の言葉を聞いて、博士号を持っていた貧乏父さんよりも金持ち父さんの方が豊かだった理由をより深く理解できた。

図⑲〜⑬は、フラーのインテグリティーについての話を私なりに教育に当てはめてみたものである。

大学に行った若者は、その多くが実社会に出る準備がないまま学校を卒業する。専門教育が欠如しているせいである（図⑳）。このため、多くの若者が専門教育を受けるために学校に戻らなければならない。

貧乏父さんの場合は、三角形の三つの角のうち二つしか持っていなかった（図㉑）。

貧乏父さんは学問の分野では大きな才能を与えられており、教師としての専門教育を受けていた。

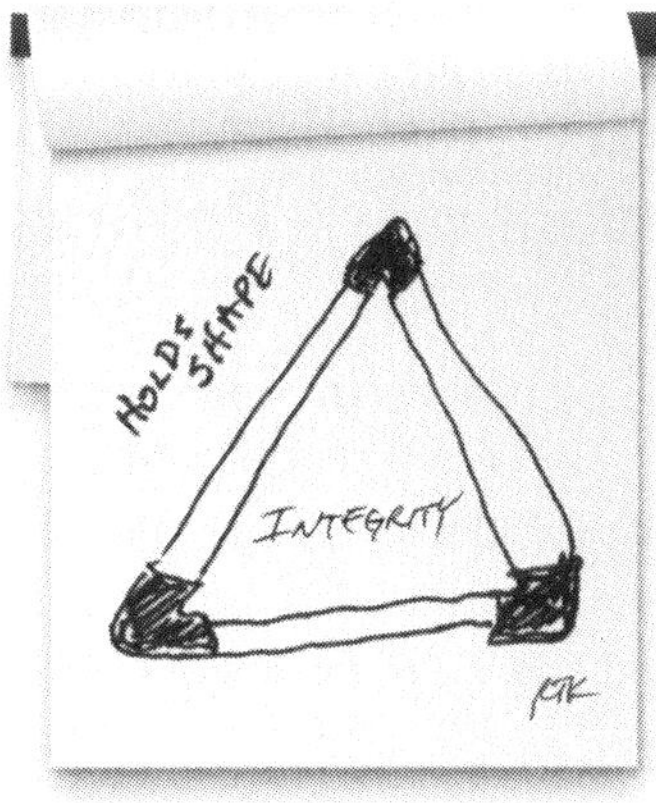

⑲教育にフラーの完全性をあてはめてみる

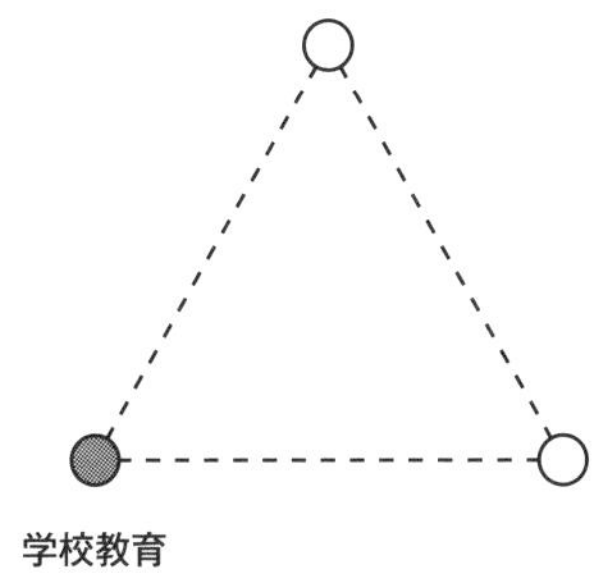

⑳学生は学校教育しか受けていない

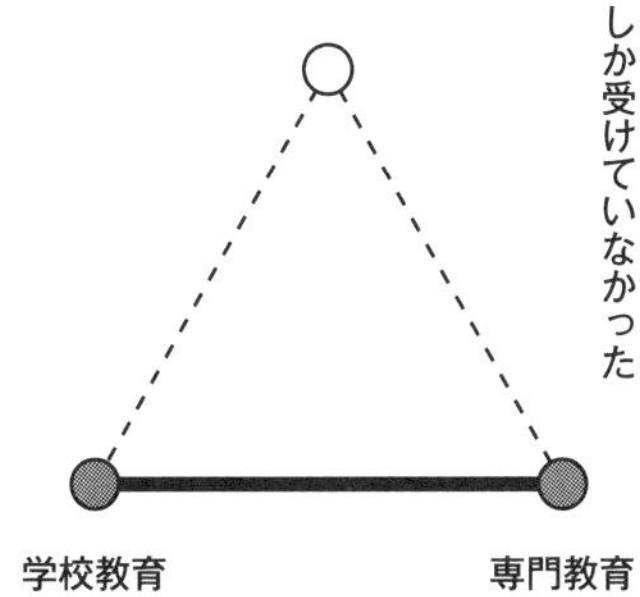

㉑貧乏父さんは二つの教育しか受けていなかった

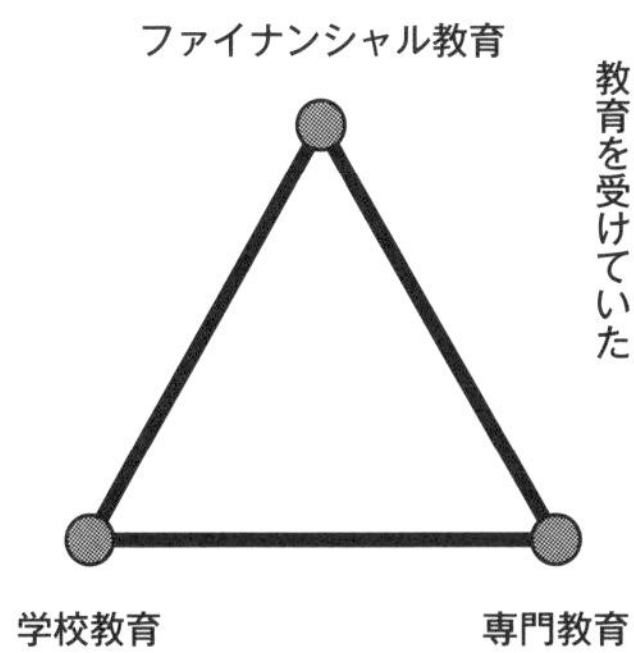

㉒金持ち父さんは三つの教育を受けていた

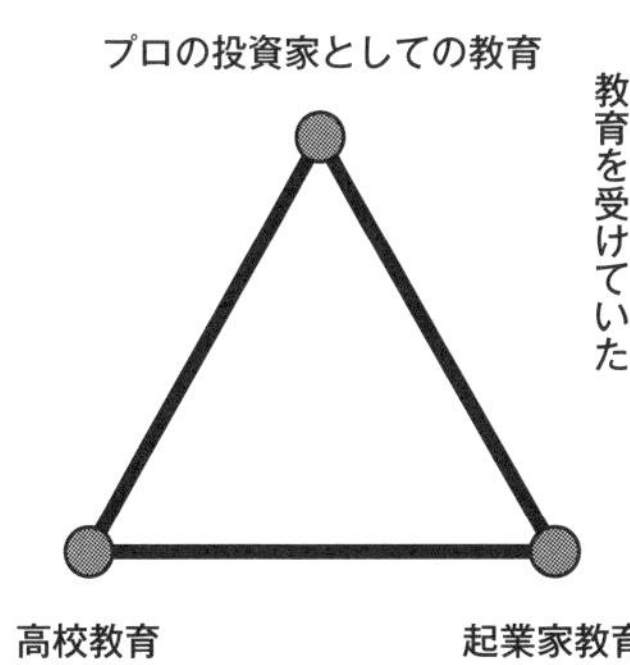

㉓具体的にはこの三つの教育を受けていた

しかしファイナンシャル教育を受けていなかったため、お金は彼の手をすり抜けていった。

金持ち父さんの場合は、三つの教育を受けていた（図62）。金持ち父さんは大学には行かず、そのかわり年に二回から四回、ビジネスや投資に関する週末セミナーに参加していた（図63）。

一九七三年、私は金持ち父さんと同じ道を選択し、MBAを中退した。一九九六年、経済的自由を手に入れたキムと私は、リッチダッド・カンパニーを起業し、安定した仕事よりも経済的自由を望む人々のためにセミナーや教育素材、コーチング、起業家や投資家のためのメンターシッププログラムなどを提供しはじめた。

●セカンドチャンスのための教え

もしあなたが学校に戻るならば、給与とキャッシュフローの違いを知っておくべきだ。特に教育に関しては、両者は正反対のものだ。

ファイナンシャル教育はコインの裏側を見せてくれる。

学校では、お金のために働くことを学ぶ。ファイナンシャル教育では、キャッシュフローを生み出す資産を手に入れる方法を学ぶ。

第十章

「ミスを犯すな」の裏側

「それを認めようとしない時だけ、失敗は罪となる」――バックミンスター・フラー

一九七三年、私は三日間の不動産セミナーを受けた。その終りに、インストラクターは言った。「さあ、今から勉強が始まるぞ」。私たち受講者は呆気にとられた。この三日間のセミナーが勉強だと思っていたからだ。

そのインストラクター自身も不労所得を得ている不動産投資家で、給料のために教えているわけではなかった。彼は、セミナーの終りに三〇～四〇人のクラスをいくつかのグループに分けた。私たちに与えられた課題は九〇日以内に一〇〇の投資用物件を見て、それを評価し、短いレポートを書くというものだった。

私のグループは四人で、九〇日間一緒に課題をすることになった。あなたの予想通り、九〇日後に残っていたのは二人だけだった。あとの二人は給与を稼ぐための仕事が忙しく、課題を終えることができなかった。資産を探す時間がなかったのだ。この九〇日間は私のお金の人生においてもっとも重要な期間だった。この日々のおかげで、私は貧乏人から金持ちへと生まれ変わったのである。

図⑭は教育心理学者のエドガー・デールが考案した「学習の円錐」と呼ばれるものだ。しばらくの間じっくり見てほしい。

九〇日の間、インストラクターは私たちを学習の円錐の二番目のセクション、「疑似体験」に集中させた。この間、私たちは一つの不動産も買わなかった。四人で午後にミーティングし、クラスで学んだ条件に合う物件を探してリストをチェックした。その後、不動産エージェントに電話し、物件内覧の予約をした。一

日に三件から五件だった。一日の終りにらせん綴じのノートの一ページを使って要約を書いた。調査結果、賛成意見・反対意見、長所・短所、総合的な可能性……。

最初はとても骨が折れ、退屈で要領を得ない作業だった。ちょうど赤ん坊が歩くのを学ぶようなものだった。ひと月目の終りには、メンバーのうち二人がドロップアウトしていた。買う価値のある物件が見つからないのにしびれを切らしてしまったのだ。

私たちのやる気を削いだことの一つは、不動産ブローカーの決まり文句、「お探しの物件はハワイにはありませんよ」だった。そのあと彼らはこう続けた。「ハワイの不動産は高いんです。プラスのキャッシュフローを生み出せるような安い物件はここでは見つかりません」

金持ち父さんはよく言っていた。「彼らが不動産ブローカーをしているのは、君よりも金がないからだよ」。彼が言いたかったのはこういうことだ。多くの従業員や自営業者はお金のために働いている。不動産エージェントも手数料を得るために働いている。だがクワドラントで言えばビジネスオーナーやプロの投資家に当たる不動産投資家としては、キャッシュフローを生み出す資産を探すべきなのだ。

EとS、そしてBとIの心構えの違いが私のモチベーションになった。二か月目の終りまでに、私たちは要領を摑んでいた。まだ物件は見つからなかったが、物件のちょっとした特長、わずかな違い、以前は目に入らなかった部分が見えるようになっていた。見えないものが見え始めたのだ。

九〇日のトレーニングが終わり、私はパートナーに礼を言い、互いに自分の道を歩むことになった。

私たちが見た一〇〇の物件の中で、投資物件として可能性があったのはたったの五件だった。どの物件を検討すべきか、彼も私も分かっていた。「一〇〇の物件のうち、よさそうな物件が一つあればラッキーだ」というインストラクターの言葉通りだった。彼はこうも言った。「三日間のコースとその後の九〇日間の実習の目的は、一件の良い物件を見つけるために、九九の駄目な物件を素早くチェックすることだ」

私の最初の投資物件は、ハワイでもっとも高価な地域であるマウイのラハイナ近くの村の、美しい白砂の

⑭ここが学習の最も重要な部分だ

学習の円錐		
2週間後に覚えている割合		かかわり方
言ったりやったりしたことの90%	実際に体験する	能動的
	疑似体験をする	
	体験を劇化してやってみる	
言ったことの70%	それについて話してみる	
	討論に参加する	
見たり聞いたりしたことの50%	実際の現場を見学する	受動的
	実演を見る	
	展示を見る	
	テレビや映画を見る	
見たことの30%	写真を見る	
聞いたことの20%	話を聞く	
読んだことの10%	本を読む	

学習の最も重要な部分（← 疑似体験をする）

出典：Cone of learning adapted from Dale(1969)

ビーチの向かいにあるベッドルーム一つ・バスルーム一つのコンドミニアムだった。それ自体は高級不動産ではなく、ラハイナの高級ホテルで働く従業員のための部屋だった。

一万八〇〇〇ドルという破格の値段で、まさに不動産エージェントが「そんなものは存在しない」と言っていた物件だった。同じ地域の類似の物件は二万六〇〇〇ドルだった。売主はコンドミニアムの建設を計画したデベロッパーで、エージェントに手数料を払いたがらなかったため、間に入ったエージェントはプロジェクトについて私に教えるつもりがなかった。私は偶然その物件に気づいた。

売主は所有する一二のコンドミニアムをできるだけ早く手放したがっていた。彼は私に、一〇パーセントの頭金を払うなら残りを融資しようと言ってくれた。そうなれば私は銀行に行く必要がない。これは渡りに舟だった。私の信用状況は良くなかったし、稼ぎも少なかった。私はクレジットカードを使い一八〇〇ドルの頭金を用意した。すべての費用を支払っても、月二五ドルのプラスのキャッシュフローが生まれた。

読者の中には「そんな良い取引はもうないだろう。最近の不動産はずっと値上がりしているよ」と思う人もいるだろう。一九七三年、私たちのインストラクターも「人々はそう言うだろう」と言っていた。彼はこうも言った。「ほとんどの人は給料のために働くことに忙しくて、金持ちになる時間がない」。「九〇日間に一〇〇件の物件を見て歩くよりも、そんな良い話はあり得ないとあきらめる方がずっと楽だ」。さらに駄目押しで、「千載一遇の物件は毎日現れている」と言った。

私も今は、これらはすべて本当のことだと言える。キムと私が見つけた最良の投資のいくつかは、私たちの目の前にあったものだ。だが、私たちが探していなければ、見つかることはなかっただろう。キムが見つけた最高の投資物件は、私たちのフェニックスの自宅の通りの向こう側にあった。彼女はその物件のおかげで金持ちになった。だが、彼女がそれまでに数千の駄目な物件を見ていなければ、この良い物件を「見る」ことはできなかっただろう。

第七章で私はスコットランドに住む友人グレアムのことを書いた。彼は築一五〇年の教会を見つけ、政府の助成金でそれを改築した。それまで四年間、通勤途上の人々は教会の前の巨大な「売り物件」の看板に注目することなく通り過ぎ、その資産価値を完全に見逃していた。給料の小切手をもらうのに忙し過ぎたのだ。

一九七三年、最初の不動産取引は私に強烈な印象を残した。自分のお金は一〇セント硬貨さえも使わず、月々二五ドルを生み出す資産を手に入れたのだ。私は借金を利用して金持ちになる方法を学んだ。そして同じビルの部屋をあと二つ購入した。私はコインのもう片方の側に回ったのだ。

私は一線を越え、貧困層や中流層から、金持ちの世界へと足を踏み入れた。例のインストラクターが言った、「以後の私は「私には買えない」と言わなくて済むようになった」という状況になったのだ。

今日、キムと私はキャッシュフローを生む数千のアパート、商業物件、高級ホテル、ブティックホテル、五つのゴルフ場、そして油井を保有している。私たちの財務諸表にはこうした資産が毎年追加され、税金の支払いは少なくなっている。もし株式市場や不動産、そして石油市場が再び暴落しても（それは必ず起こる。なぜならあらゆる市場は暴落するものだからだ）、私たちにしてみれば、それは借金と税金の力を使ってキャッシュフローを増やし、安い値段で資産を買い足せる好機だ。

Q　あなたのようにチャンスを見抜く目がない人もいる。気の毒に思わないか？

A　答えはイエスでありノーだ。なぜなら私たちに与えられている機会は平等だからだ。やろうと思えば誰もが、金持ちがしているのと同じことができる。金持ちが利用している税法は誰にでも使える。だがファイナンシャル教育を受け、お金に関する経験を積んでいることが条件だ。

本当の問題は、私たちの教育の選択の仕方、コインの裏側が見えない教育を選択してしまうことにある。私が本を書き、ゲームを作り、人々に教えている理由は、金持ち父さんが私にくれたチャンスを人々と分かち合いたいからだ。

世界中のどこに行っても人々は同じことを言う。「そのやり方はここでは無理ですよ」。フェニックスのような都市――彼らが不可能と言ったことを私がやってのけた場所――で講演する時でさえもそうだ。彼らにそれが出来ない理由は、お金のため、安定した仕事や給与のために働くように教えられたからだ。それらの教えによって彼らはものごとが見えなくなり、コインの裏側のチャンスに気づけなくなっているのだ。

●失敗の力

コインの裏側が見える人、別の視点が持てる人がほとんどいないもう一つの理由は、学校では失敗した生徒に罰を与えるからだ。疑問なのは、「失敗を恐れていてどうやって学ぶというのか」ということだ。

赤ん坊が歩く練習をするのを見てみよう。赤ん坊は立ち上がっては転び、泣く。だがしばらくすると再び立ち上がり、転んで泣く。再び立ち上がって歩き、ついには走れるようになるまで同じことを繰り返す。次の挑戦は自転車に乗ることだ。ここでも学びのプロセスが繰り返される。子供たちは自転車に乗れるまで転び続ける。間違いの数が増えるほど、子供たちの世界は広がっていく。

やがて子供たちは学校に行き、正しい答えを暗記できる子供が賢いとされることを知る。そして就職すると、ミスを犯せばクビになる。つまり、学校に行くようになると子供の学びのプロセスは阻害されてしまう。五歳になると彼らはミスを犯すことを恐れるようになり、それを避けようとするのだ。

私が、起業家になる、ビジネスをはじめる、あるいは不動産に投資するなどについて話すと、ほとんどの従業員の頭をよぎるのは「ミスをしたらどうしよう?」「もしお金を失ったら?」「失敗したらどうなる?」といったことだ。そしてこれが、ほとんどの人が金持ちになれない理由なのだ。彼らは間違いを犯すのは愚か者であると教えられた。間違いからどう学ぶかではなく、間違いを犯さないようにと教えられたのだ。

●成功するために失敗する

学校システムの外にある現実社会に目を向けると、最も多くの失敗を犯した人々こそが最高の成功者になっていることが分かる。トーマス・エジソンは、電球を発明しゼネラル・エレクトリック社を設立するまで数千回の失敗を繰り返した。マルコム・グラッドウェルは著書、『天才！ 成功する人々の法則』の中で、ビートルズよりも数多く失敗したロックバンドはない、と指摘している。彼らは一〇代の頃、可愛い観客がいて、ビールが飲み放題というだけで、毎日最高一二時間演奏したという。タイガー・ウッズは幼い時にゴルフを始めた。学校から帰ると、地元のゴルフコースでボールが見えなくなる時間まで打ち続けたという。

もう一度、学習の円錐を見てほしい（図㊿）。なぜ失敗が成功に導いてくれるかが理解できるだろう。「実際に体験する」の下が学習の円錐で最も重要な項目だ。「疑似体験から学ぶ」ことが勝者と敗者を分ける。

●「失敗」の別の捉え方

私が中退したＭＢＡと、三日間の不動産セミナーの違いはまさに円錐の二番目の項目、「疑似体験をする」だった。ＭＢＡを取るために夜間の授業を受けていた時、常に頭を離れなかったのは「間違いを犯してはいけない」という思いだった。学校で一生懸命勉強したのは、仕事を始めた時に失敗しないためだった。

三日間の不動産コースのインストラクターはこの点がまったく異なっていた。彼は失敗することを私たちに奨励し、そうするよう嘆願さえした。彼が「本当の学びはセミナーが終わった後に始まる」と言ったのはこうした理由だった。

私たちが九〇日の間に一〇〇の失敗を積み重ねた後、初めて学習の円錐の一番上の項目「実際に体験する」に移行することを勧めた。つまり本当に物件を買うのである。

こうして「実際の体験」をした後、つまり一〇〇パーセント借金により毎月二五ドルのキャッシュフローを作り出した後、私はＭＢＡを辞めた。私は安定した仕事や給料のために働きたくなかった。また、何か間違いを犯して仕事を失うことを恐れながら生きるのもまっぴらだった。

●キャッシュフローゲーム

私がキャッシュフローゲームを少なくとも一〇〇回はプレーし、一〇〇人にやり方を教えるように人々に勧めると、皆、私がセールストークをしていると考えるようだ。私が欲しいのは彼らのお金だと思うらしい。リッチダッド・カンパニーにとってセールスはもちろん大切だが、私がそれを一〇〇回プレーし、一〇〇人にやり方を教えるようにしつこく言うのは、それが金持ち父さんが彼の息子と私に教えたことだからだ。九歳の時から何度もモノポリーで遊びながら、金持ち父さんは息子と私に知恵の言葉を授け、私はゲームで何度も間違いを犯した。私も金持ち父さんや不動産セミナーのインストラクターと同様、人々が実際にことを行う前に、できる限り多くの失敗を積み重ねるよう勧めている。

金持ち父さんのアドバイザーのダレン・ウィークスは、私のアドバイスに従って人々にキャッシュフローゲームのやり方を教え始めた。カナダ、米国、ヨーロッパなどで一〇万人以上に指導し、その過程で彼自身も億万長者の仲間入りをした。ゲームで遊び、教える過程で学んだことを実社会で実行し、キャッシュフローを生む資産を手に入れたのだ。

Q　間違いを犯してそこから学ぶというのが成功のカギなわけか？

A　そうだ。実社会ではそれをプラクティス（練習、実践）と呼ぶ。プロのフットボールチームは週に五日練習(プラクティス)し、試合は一日だけだ。医者や弁護士が仕事をビジネスと言わず実践(プラクティス)と言う理由もここにある。音楽の世界ではリハーサルと呼ばれる。

Q　つまり、練習やリハーサルはプロが本番をする前にミスを犯し、そこから学ぶ場ということか？

A　その通りだ。二〇一四年、私はスコットランドのライダーカップを観戦し、最高のゴルファーたちが米国とヨーロッパのチームとして戦うのを見た。彼らは試合前の一日を練習に当て、練習場や実際のコースで練習していた。彼らは実際にボールを打つ前に、必ず二、三回素振りをする。だからこそ、彼らはゴルフの

⑥⑤ここが学習の最も重要な部分だ

学習の円錐		
2週間後に覚えている割合		かかわり方
言ったりやったりしたことの90%	実際に体験する	能動的
	疑似体験をする	
	体験を劇化してやってみる	
言ったことの70%	それについて話してみる	
	討論に参加する	
見たり聞いたりしたことの50%	実際の現場を見学する	受動的
	実演を見る	
	展示を見る	
	テレビや映画を見る	
見たことの30%	写真を見る	
聞いたことの20%	話を聞く	
読んだことの10%	本を読む	

学習の最も重要な部分

出典：Cone of learning adapted from Dale(1969)

世界で勝者になれるのだ。勝者はアマチュアよりもはるかに多くの失敗を積み重ねる。

●バッキー・フラーが語る失敗

フラーは、失敗について以下の言葉を残している。「人間は左足と右足を与えられ、まず左足で間違った一歩を踏み出し、次に右足で間違った一歩を歩む。そして、それを繰り返しながら前進するのだ」図66のスケッチはバッキーの言葉を絵にしたものだ。

フラーは「失敗の神秘」という文章の中で以下のように書いている。「人間は失敗したことを自分自身で承認する瞬間のみに、宇宙を支配する神秘的な完全性に最も近づける」

言い方を変えれば、人間が失敗をすることを認める時、最も神に近づけるということだ。

フラーは言う。「失敗は、それを認めない時のみ罪となる」

つまり、私たちが何か認めることを怠った時にそれは罪になり、認めた時に神に近づけるのだ。

そして、失敗することを容認する時にだけ、人間は失敗の原因になった誤った考え方を払拭できる。

別の言い方をすれば、神は人間を、失敗から学ぶように作ったと言える。「失敗の神秘」の中でフラーは次のように言っている。

「現在、教師や大学教授、その助手たちは学生の試験を精査し間違いを見つけようとする。彼らは誤答の割合を、与えられた概念を正確に記憶した（正答した）割合と対比する」

「私は教育界がこのやり方を改め、学生たちが学期の途中に、特定の科目についてだけでなく自己鍛錬に関しても、失敗した理由を説明するレポートの提出を勧める。そのレポートには失敗を認めることによって学んだことも書いておく。また、その科目だけでなく、学生たちがその取り組みや自分の直感から学んだことも要約しておくとよい」

「また教員たちも、学生たちが生来持つ挑戦と失敗による学びの力を利用して学習する過程で、自分がいかに効果的な援助をしたかについて、生徒同様査定されることを提案する。より多くの間違いを学生たちが発見したら、教員たちの評価も上げるべきだ」

私の不動産インストラクターの方針もまさにこれだった。私たちは、成功ではなく失敗から学んだことを書き出すように言われた。私が不動産投資で失敗を最小限にとどめ、儲けることが出来たのはこのお陰だと思っている。繰り返すが、実社会での学びは、学校で学ぶのとはまったく違うのだ。

●セカンドチャンスのためのレッスン

学校では失敗がもっとも少ない学生が勝者となる。現実社会では最も失敗を犯したものが勝つ。

ファイナンシャル教育はコインの裏側を見せてくれる。

まず自分が練習できる場を見つけよう。そして失敗を繰り返し、実践しよう。

覚えておいてほしい、もっとも失敗をする人間が一番成功を収めるのだ。

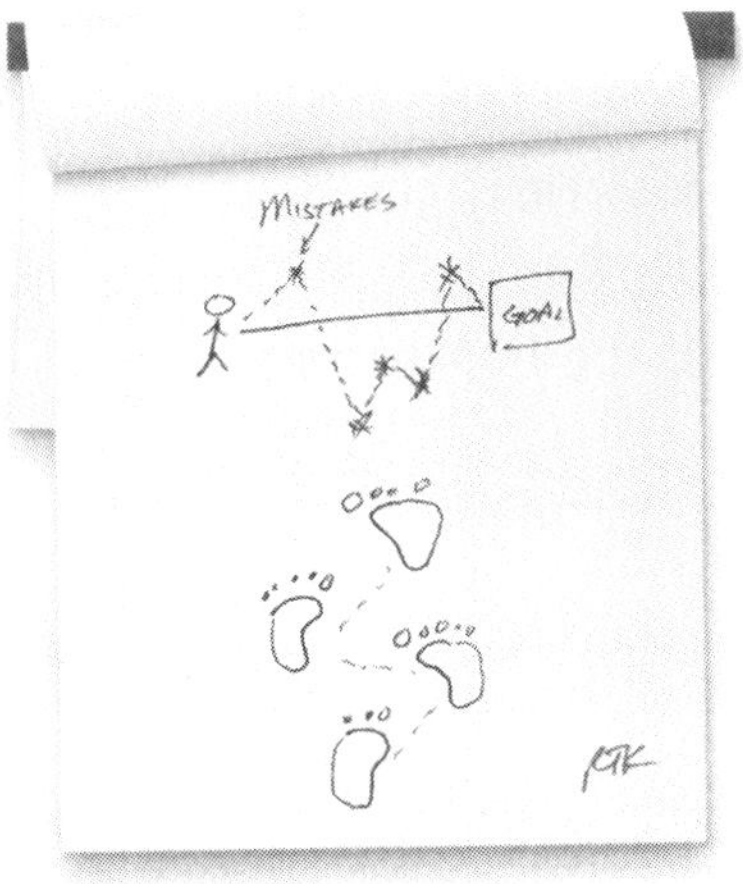

⑯人間は間違いを犯しながら前進する

第十一章

「いい成績を取る」の裏側

「私は、未来の社会では教育がもっとも盛んな産業になると考えている」――バックミンスター・フラー

「教育」とはひどくもったいぶった言葉だ。現在ほど教育が重視されている時代はない。

多くの人々が、現在の経済危機への対応は「学校に戻ること」だと考えている。だが、それは最良の答えだろうか？　伝統的な教育はセカンドチャンスを与えてくれるだろうか？

フラーが予言したように、教育は世界でもっとも盛んな産業になる勢いだ。問題は、それがどんな教育かということだ。あなたが学生時代に経験したのと同じ教育だろうか？　学生たちが教室で教師の授業を聞き、答えを暗記してテストを受ける教育だろうか？　オンラインで行う授業だろうか？　それとも、今までのものとは全く異なる革新的な教育だろうか？

私は革新的な教育だろうと思う。もし教育が非常に盛んな産業になるなら、それは今までのような、政府や労働組合にコントロールされたものではないはずだ。近い将来、新しい教育手法が生まれるだろう。私たちは、子供たちが教室に集まり、授業を聞き、答えを覚えてテストを受けた日々を振り返って言うだろう。「なんて野蛮なやり方だ。こんな教育では何も学べない」

グラフ⑥⑦は気が滅入るような事実を突きつける。これが示すのは、大学教育を受けた人々の失業率が上がっているという事実だ。学校に戻ったらより良い人生を歩めるだろうか？

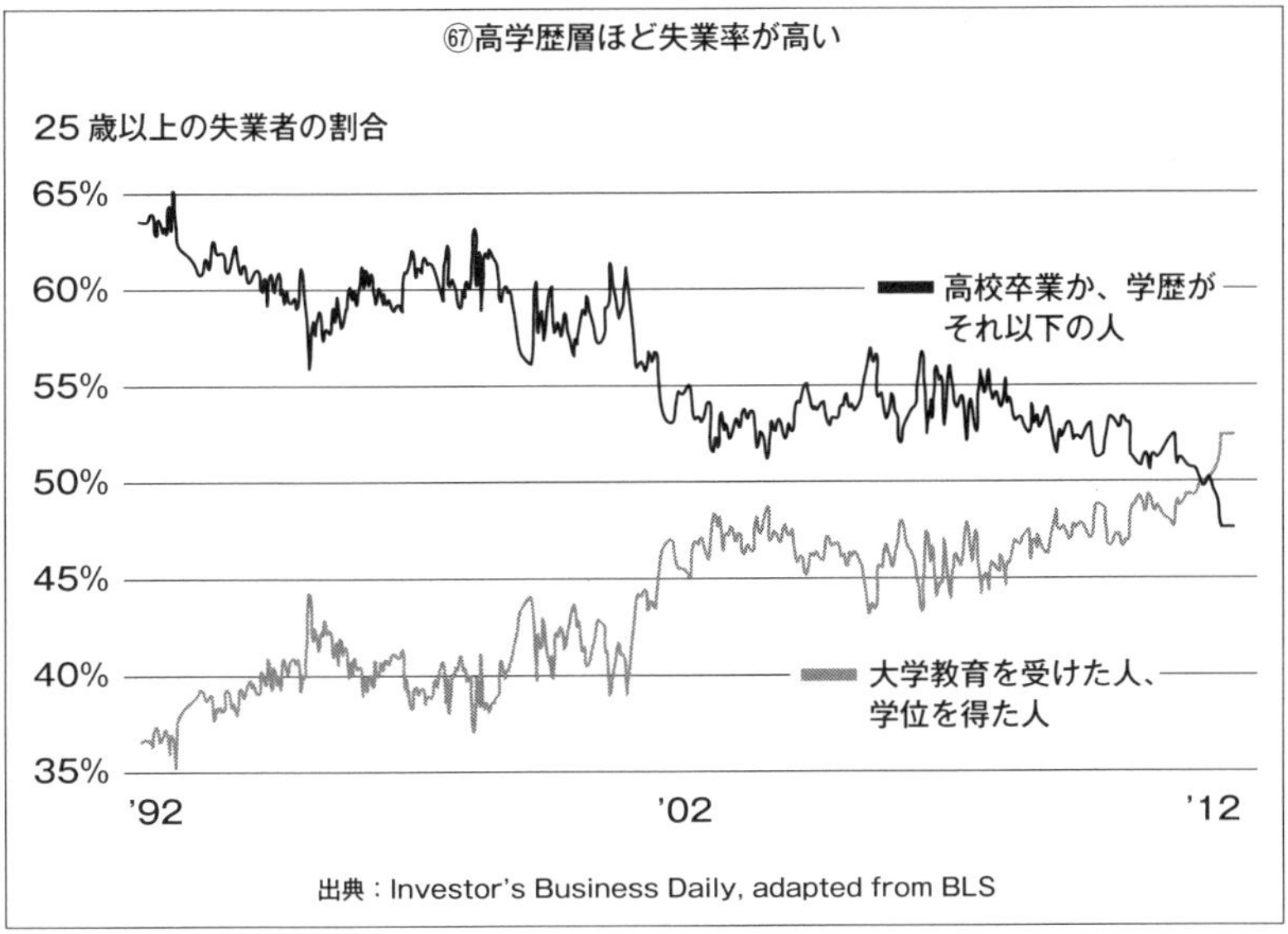
⑰高学歴層ほど失業率が高い
25 歳以上の失業者の割合
65%
60%
55%
50%
45%
40%
35%
'92
'02
'12
高校卒業か、学歴がそれ以下の人
大学教育を受けた人、学位を得た人
出典：Investor's Business Daily, adapted from BLS

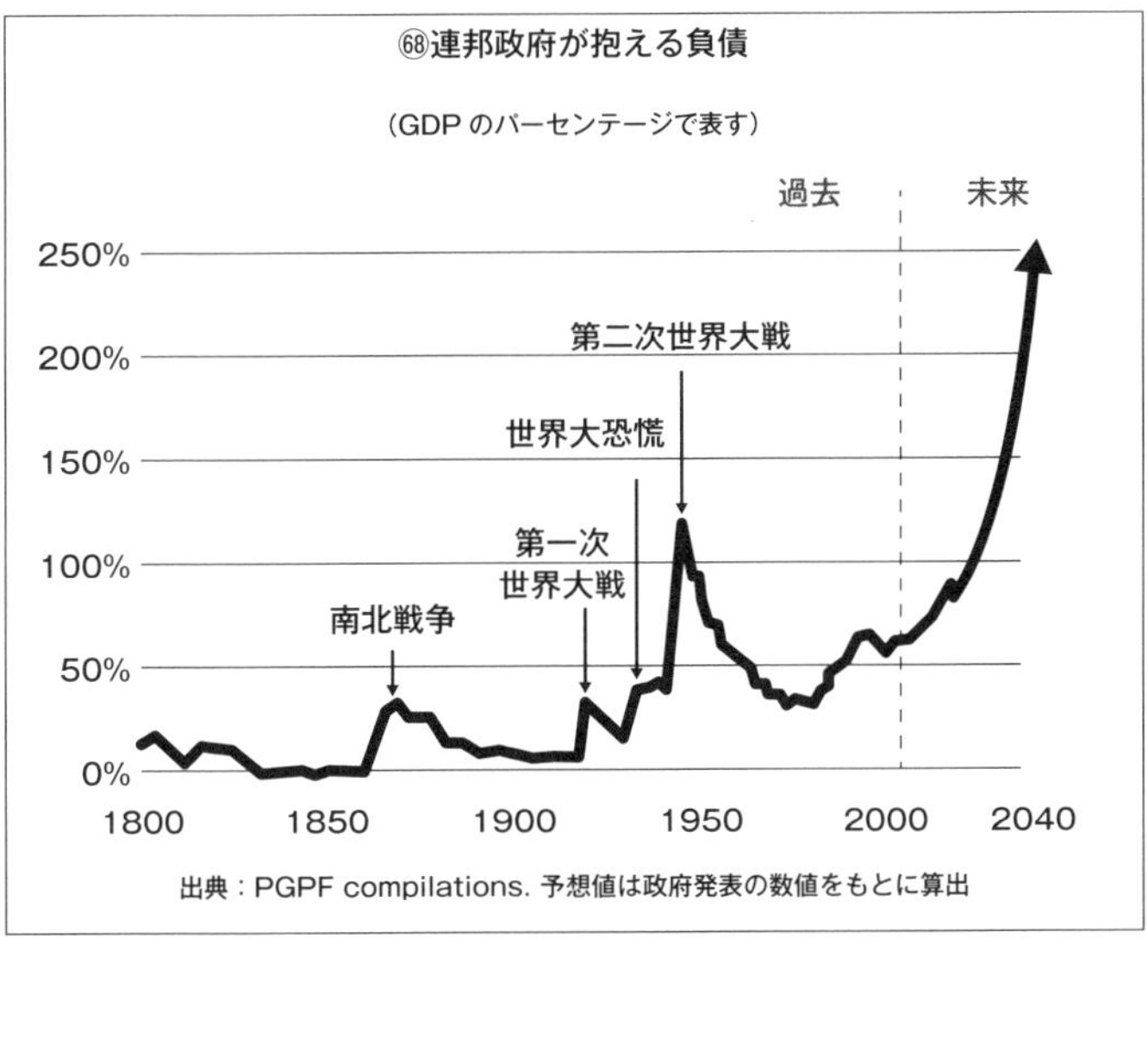
⑱連邦政府が抱える負債
（GDP のパーセンテージで表す）
過去
未来
250%
200%
150%
100%
50%
0%
第二次世界大戦
世界大恐慌
第一次世界大戦
南北戦争
1800
1850
1900
1950
2000
2040
出典：PGPF compilations. 予想値は政府発表の数値をもとに算出

●国家の安全保障上の脅威

統合参謀本部長を務めたマイク・マレン元大将は、国家の安全保障上の最大の脅威は、国家が抱える負債と、幼稚園から高校三年までの教育だと言う。マレン大将の懸念する国家の負債はグラフ㊳に表されている。同じく、幼稚園から高校三年までの教育については、以下の事実が懸念材料となっている。

1. 第二次世界大戦後、米国の高校卒業率は世界一を誇っていた。現在はなんと先進工業国二七か国中二一二位まで転落している。
2. 大学卒業率は半分以下の四六パーセントだ。これは先進工業国一八か国中で最低である。
3. 大学教授の三分の二が、現在の高校教育は大学進学の準備にはならないと報告している。

Q 大学教育は実社会に出る準備になるのか?

A それは、実社会というものをどう捉えるか、人生に何を期待するかによる。

再びキャッシュフロー・クワドラントを例に取ろう。それは四つの異なるお金の世界を表している(図㊴)。伝統的な教育、つまり高校、職業専門学校、大学、大学院などは、学生にEやSのクワドラントに行くための教育をする。貧乏父さんの側、お金のために働く側だ。伝統的な教育では、BやIのクワドラント、つまり金持ち父さんの側の、資産とキャッシュフローを手に入れるための勉強はしない。

お金の世界でセカンドチャンスを摑むためには、自分にとってどのクワドラントが良いかを見極める必要がある。

幸いなことに、B・I側の知識は、あなたの素晴らしい知性を使って勉強することが可能だ。

Q 知性にもいろいろあるのか?

A 知性にもいろいろなタイプがある。だが残念なことに私たちの教育システムは二つのタイプの知性、言語的知性と論理的・数学的知性にばかり力を入れている。あなたが読み書きが得意で数学が好きだとしたら、学校で良い成績を残せる。だがこれら二つの知性に見放されている場合、運に任せるしかない。

Q　異なる知性について発見したのは誰なんだ？

A　ハーバード大学のハワード・ガードナー教授だ。彼は一九八三年にこれについての本、"Frames of Mind"（心の構成）を出版している。ガードナーはこの中で知性を七つのタイプに分類している。

1．言語的知性：このタイプは読んだり聞いたりすることによって物事を学ぶ。彼らは言葉によって考える。そして、言葉のゲーム、言葉のパズルを好み、詩や物語を書くことを楽しむ。

2．論理的・数学的知性：このタイプは概念的、抽象的に思考し、物事のパターンや関係性を分析することに長けている。

3．身体運動的知性：このタイプの多くは運動選手やダンサー、あるいは外科医になる。彼らは身体運動を通して学ぶ。

4．視覚的・空間的知性：建築家、芸術家、船員などに見られる、物理空間によって思考する能力。自分の

(69)四つの異なるお金の世界を表している

E…従業員（employee）
S…スモールビジネス (small business)
自営業者 (self-employed)
B…従業員五百人以上のビッグビジネス
(big business)
I…投資家（investor）

置かれた環境をよく把握している。絵を描いたり、白日夢に浸ったりすることを好む。

5．音楽的知性：リズムや音に非常に繊細な感性を持つ。音楽を愛する。このタイプはＢＧＭがあると勉強がはかどる。

6．対人的知性：他者と交流する能力。コミュニケーション能力が極めて高く、他者と交流することによって学ぶ。友人が多く、他者に共感する能力がある。とても要領がいい。

7．内省的知性：自己と対話するタイプ。自分の知性と目的についての理解が深い。人見知りの傾向がある。自分の感覚に非常に忠実で、知恵、直観、動機、そして強い意志などを持つ。独学が非常に得意である。

ガードナーは他にも多くの知性を分類している。このようにさまざまな知性があるために、現在の型にはめる教育では多様な学生を相手にすることは困難だと彼は考えている。これが、非常に多くの学生が学校を嫌いになってしまう理由である。たとえ彼らが学ぶことが好きだったとしても。

私自身は読み書きが嫌いで、数学も苦手だった。しかしサーフィンやフットボールをするのは大好きで、何時間も練習したものだ。合衆国商船アカデミーに行ったのも身体的な学習が主だったからだ。そこでは船のデザインや、運航についての学習の評価を受けた。飛行学校でも成績は良かった。飛行は非常に身体的なことだったからだ。本を読んでも飛行機の操縦は習得できない。科学や数学はちんぷんかんぷんだったし、身体を使った学びの要素がなかったら大学の学位さえも得られなかっただろう。

大人になり、私は不動産投資が好きになった。それは目に見え、実感できるものへの投資だからだ。株式や国債、投資信託などには興味はなかった。紙の資産への投資には読解能力や数学の能力が必要だからだ。起業家には対人的知性、つまりさまざまな職業の人々とコミュニケーションをとる能力が必須だ。起業家にとって最も大切なのは、対人的知性やリスクマネージメント能力、財務上の損失や長期間の給与なしの生活を乗り切る能力、自分や従業員の犯した間違いの責任を負い、絶え間ない感情的ストレスを引き受けることなどだ。

あなたが一番誇れる知性は何だろうか？　そして二番目、三番目のものは？

知性の違いこそが、私たち一人ひとりを異なる人間にしている。そしてこの違いゆえに、自分に合ったクワドラントも人それぞれ異なる。例えば対人的知性があまり高くない場合、Eクワドラントの仕事がベストだ。

●人間のための教育

現代の教育システムの問題点は、それが工業化時代のものであることだ。学生は、工場のベルトコンベアでロボットによって組立てられたロボットのように扱われる。ロボット学生は、他のロボットが作ったスケジュールに従って学ぶ。組立て工程の予定に追いつけないロボットは最初からやり直しとなり、「鈍い」「発達障害」などと呼ばれるか、あるいはＡＤＤ（注意欠陥障害）などの教師が考案した病名のレッテルを貼られてしまう。だが本当の理由は、耐え難い退屈である。

問題は、私たちはロボットではなく人間だということだ。すべての人間は一人ひとり異なる。一つの家庭に育った四人の子供でも、一人ひとりはまったく違う。一卵性双生児でさえ違いはある。

自分のセカンドチャンスを見つける前に、あなた自身の知性の独自性、その強みと弱みをよく考えてみる必要がある。あなたに財産がなく、金持ちの家に生まれず、学校でうまくやれず、企業で出世して高給取りになれなかったからといって、財産や自由や幸福が手に入らないわけではない。だからこそ、次の項で論じる、ロボットのためではなく人間のための教育が、あなたのセカンドチャンスにとって重要な意味を持ってくるのだ。

●正四面体

フラーは、図⑳に示した正四面体が宇宙の最小構造であると言った。三角形と正四面体の違いは、前者が領域を示すだけなのに対し、後者は容積を示す点だ。

人間には容積がある。だから私は人間の知性と人間を人間たらしめているものを表現する時に正四面体を使う。

●異なる知性

私は一九八四年からプロの教師として教えてきた。人々に教えるうちに、人間には四つの知性があるという考えが深まっていった。四つの知性とは以下のものだ。

1. **身体的知性**　素晴らしい運動選手は身体的な学習能力が高い。身体的知性は筋肉の中にある。ゴルファーたちは「筋肉の記憶力を強化しろ」と言う。

2. **精神的知性**　学校の成績の良い人々は心の知性が発達している。精神的知性は脳の中にある。人々はよく「ちょっと考えさせてくれ」と言う。

3. **感情的知性**　感情的知性は「成功の知性」としても知られる。感情の知性が高いほど、恐れや損失、怒り、退屈といった人生の困難を乗り切るのもうまい。感情的知性は人間の胃のあたり、胆力の座にある。

4. **霊的知性**　霊的知性は心の座にある。芸術家、詩人、宗教指導者たちは生まれながらに霊的知性を持っている。

Q　なぜ身体的知性が一番先に来るのか？

A　すべての学びは基本的に身体的なものだからだ。読むこと、考えること、書くことも身体的なことだ。アルベルト・アインシュタインは言った。「何かが動かない限り、何も起こらない」

Q　霊的知性が最後に来るのはどうしてだ？

A　霊的知性はすべての知性のなかで最も強力なものだからだ。

霊的知性が高いほど、人は優しく気前よくなれる。逆に霊的知性が低いほど、粗野で欲が深く、腐った人間になる。多くの人が、嘘をついたり盗んだりすることで霊的知性を損なっている。

ご存知のように、お金のために魂を売ってしまう人々が存在する。多くの人が自分の精神を殺してしまうような仕事に魂を売り渡している。なかには、お金のために家族さえ殺す人間もいる。

私は、現在の金融危機は基本的に精神の危機だと思っている。あまりに多くの強欲、犯罪、腐敗が世界を覆っている。だからこそ、人間を人間たらしめる四つの知性を強めることが重要なのだ。特にあなたがセカンドチャンスをものにしたい場合は。

⑦⓪人間の四つの知性を正四面体で表わす

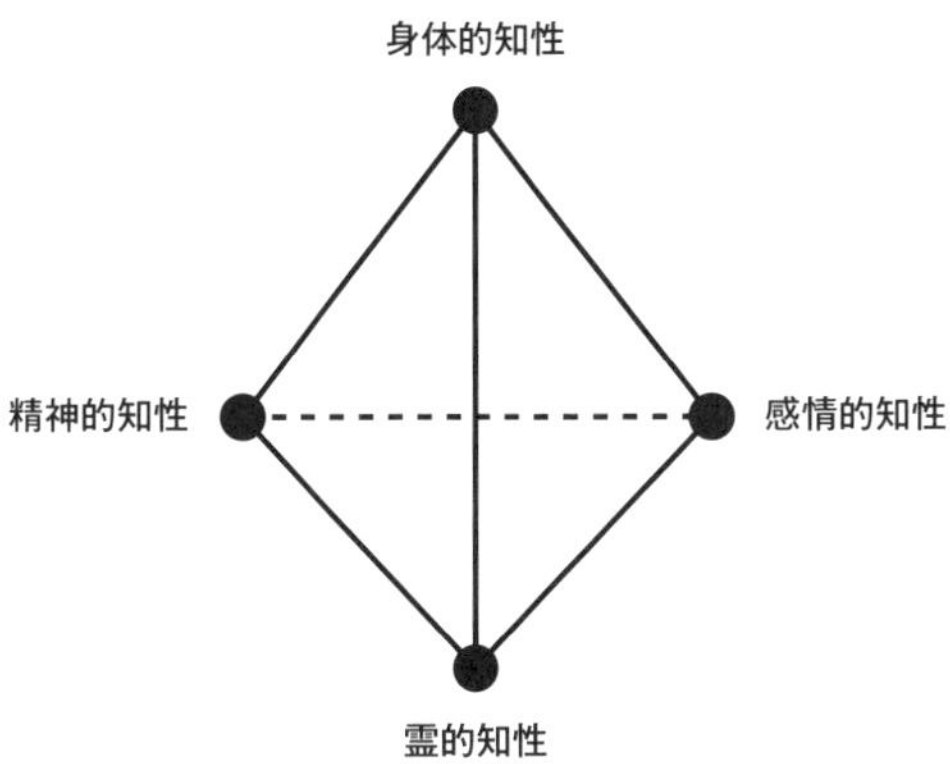

Q　どうやったらそれぞれの知性を鍛えられる？

A　まず環境を変えることだ。例えば、ジムに行くことは身体的知性を強めてくれる。身体的知性はセールスなどの新しい仕事のスキルを学んだり、絵のレッスンを受けることでも強められる。

図書館に行って静かに本を読んだり勉強することで精神的知性が高められる。投資のセミナーを受けることなども精神的知性を強めてくれる。特にお金を失いたくない場合は大事なことだろう。

Q　感情的知性も鍛えられるのか？

A　鍛えられる。そしてそれはセカンドチャンスをつかむために最も大事な知性だ。ガードナーは感情的知性のことを内省的知性と呼んだ。「成功の知性」と呼ぶ人もいる。感情をコントロールすることが出来なければ、人生の夢を実現することは不可能だ。

Q　いくつか例を挙げてほしい。

A　いいとも。精神的には賢いが感情が弱いという人は大勢いる。たとえば多くの学校教師は精神的知性に恵まれているが、感情、たとえば失敗への恐怖などがしばしば彼らを仕事に縛りつけている。

感情的知性のもう一つの例は「満足の先延ばし」と呼ばれるものだ。多くの人々が時間をかけずに金持ちになりたいと願う。すぐに金持ちになろうとして働くのは感情的知性が低い証拠だ。彼らは未来のために満足を先延ばしにすることができない。私の友人は不動産に投資したが、安定したキャッシュフローだけでは満足せず、不動産が値上がりした時期に売却益を得ようと物件を売ってしまった（そして税金も支払った）。

目先の売却益を求めることは金の卵を産もうとしているガチョウを殺してしまうようなものだ。

Q　どうしたら感情的知性を鍛えられるだろう？

A　コーチを雇うとよい。プロの運動選手は皆コーチをつけている。大成功した人々にもたいていコーチがいる。私も多くのコーチをつけたが、彼らは私の人生を大きく後押ししてくれた。コーチの仕事はあなたの中の最高のものを引き出すことだ。コーチに払うお金がないならコーチ役を引き受けてくれる友人を見つけるといい。あなたがすべきだと思っていることを、常にあなたに思い出させてくれる友人だ。

私には感情面でのコーチもいる。セラピストと呼ばれる人々、自分の中のもっとも深く暗い疑念や恐怖を話すことができる人々だ。

多くの人が自分の感情を抱え込み抑圧している。子供を失った私の友人は、専門家の助けを借りず、耐え忍ぶことを選んだ。自分の感情を葬ったのだ。感情を飲み込むことの問題は、感情を抑えつけておくために多大のエネルギーが必要になることだ。もし感情を解放できれば人はより生産的なことにエネルギーを振り向けられる。抑圧された感情はしばしばdis-ease（安心の阻害―病気）を引き起こす。彼女は後に癌の宣告を受けた。感情と病気の関係について私は多くを知らないが、何らかの関係があると感じている。

金持ち父さんのアドバイザーのジョッシュとリサ・ラノンはいわゆる社会起業家だ。彼らはアルコールやドラッグ依存症の人々のための病院を建設した。彼らの新しいプロジェクトは、戦争に行き感情面で傷を負ってしまった復員兵を治療することだ。彼らによれば、重症の依存症や精神的な問題は感情のトラブルから引き起こされるという。

●信念とは何か？

感情的知性と霊的知性は信念の本質である。信念はセカンドチャンスに欠かせないものだ。バッキー・フラーは言う。「信念は信頼よりもはるかに良いものだ。信頼は他者の思考の結果に過ぎない」

一九八四年、キムと私が冒険の旅に出発した時、私たちが持っていたのは自分たちに対する信頼と、正しいことをすれば物事はうまく行くという信念だけだった。私たちの信念の一つは、これからの経験を通して賢くなれるというものだった。二人とも学校では優秀なほうではなかったが、自分たちの知性が成長していくだろうという信念があった。大学は卒業したものの、その後の日々に学んだことは学校では教わらなかったことだった。

私たちを前進させたのは学業で得た知性ではなく、信念と感情的知性だった。長いこと収入はなかったが、私たちは進んで満足の先延ばしをしていた。現金が乏しい時でさえ、借金と智恵を絞った資金調達で投資を続け、売却すればお金が入ると分かっていても決して物件の転売はしなかった。

転売で手軽にお金を得るよりも（高い税金もついてくる）、より多くのキャッシュフローを得るためにさらに必死に働いた。満足の先延ばしをすることで実業家、投資家としての自分をより高めることができた。私たちには多くの資金がなかったからだ。言い換えれば、この困難が私たちをより賢くしたと言える。

●バッキー・フラーの教え

私が一番好きなフラーの言葉は「神とは動詞だ。名詞ではない」というものだ。

私が正四面体の頂点に身体的知性を、基礎の部分に霊的知性を持ってきたのはこれが理由だ。自分の天才性を見出すためには行動し、失敗を重ねて学ぶしかない。特に学校でうまくやれなかった人は。神に与えられた本当の知性、唯一無二の天才性を見つけるための信念を持つにはそれ以外に方法がない。

セカンドチャンスのためにフラーが勧めるのは以下のことだ。

「まずすべきなのは、行うべきことを行うこと、あなたが必要だと思うことで、他の誰も必要性を感じないことを行うことだ。すると誰に教えられることなく、誰に指示されることもなく、すべきことを実行するための独自の方法を思いつく。やがてあなたは、他者によって誘導されたり押し付けられたさまざまなうわべだけの習慣によって形づくられた自分の性格の、その奥深くに追いやられた真の自分を呼び覚ますことができる」

こうすることにより、あなたの唯一無二の知性、真の天才性が現れてくる。なぜならそれは、誰かにやり方を教わったことではなく、あなたが自分に本当に必要だと思ったことだからだ。

私とキムが一九八四年にしたことがまさにそれだった。私たちには特に教師としての適性があったわけではなかった。ただ自分たちがすべきだと思ったこと、つまり、学びたいと考えているすべての人にファイナンシャル教育を伝授することを実行しただけだった。

●セカンドチャンスのための教え

正四面体の四つの知性を自分に当てはめて評価してみよう。一から一〇段階で一〇が最高とする。

1. 自分の身体的知性はどのくらい強いか？
2. 精神的知性はどのくらい強いか？
3. 感情的知性は？
4. 霊的知性は？

総合得点が三〇以上であれば、経済的なセカンドチャンスを捉える可能性は高い。三〇以下なら、信頼できる友人とあなたの強みと弱みについて話し合ってみよう。

セカンドチャンスを捉えるには四つの知性すべてを鍛え、フルに利用しなければならない。

ファイナンシャル教育はコインの裏側を見せてくれる。

自分の四つの知性について人と話し合うのは一番良い方法だ。自分の弱みを認めることは強くなるための最初のステップだ。

繰り返すが、すべては反対なのだ。

第十二章

「いい仕事につく」の裏側

「過度の専門化は絶滅につながる」――バックミンスター・フラー

私が学校にいた頃、誰もが目指していたのは企業に入り出世することだった。クラスメートたちの望みは、XYZ社の副社長、あるいはABC社のセールス・マネージャーなどだった。要するに高給取りの従業員になりたかったのだ。

今日、だれもが起業家になりたがっている。失業率の高まり、テクノロジーによる労働者の置き換え、グローバル競争、職業の安定性の減少などにより、人々は自分のボスになることを理想とし始め、自らビジネスを起こし、経済的に自由な人生を楽しむことを望むようになった。最近は、大学を中退した人や高校生の億万長者が大勢いる。従業員ではなく起業家だから可能なことだ。

今日の私たちはスタートアップの世界に生きている。多くの大学が、起業支援機関(インキュベーター)を設置して次のグーグルやフェイスブックを育てようとしている。

数百万という人々が起業家を目指しているのは好ましいことだ。起業家には経済を救う力がある。だが残念なことに、統計によれば一〇社に九社は起業から五年以内には倒産してしまうという。

新しいビジネスのほとんどが失敗してしまう理由は、今までの教育がスペシャリストの育成に主眼を置いているせいである。起業家はジェネラリスト(万能型)でなければいけないのだ。

一〇のうち九の会社が失敗するのは、起業家たちが専門化しすぎているからだ。彼らには生き残るために必要な、総合的なビジネススキルがない。

Q　スペシャリストとジェネラリストの違いは？

A　スペシャリストは一定の領域について非常に深い知識を持っている。ジェネラリストは広範囲に浅い知識を持っている。

Q　スペシャリストが失敗するのはなぜか？

A　起業家に必要なビジネスの知識がないからだ。それは学校では教えない知識だ。

Q　学校で教えない知識の例を挙げてほしい。

A　起業家はまず売る能力がなければならない。売ることが出来なければ生活が成り立たない。多くの人々が仕事を辞めないのは、自分の給与以上の利益を得られるほど売ることができないからだ。

Q　それはどういう意味だ？　給与以上の利益を得られるほど売れないというのは？

A　ある人が月一万ドルの給料をもらうとしよう。彼が起業家として同じ額を稼ぐためには、五万ドルの売上げがなければならない。

Q　なぜ五万ドルの売上げなのか？

A　大体の目安として五：一になる。起業家は、ビジネスを賄うために自分が受け取る額の五倍を稼がなければならない。

起業家になると、従業員にはない支出が生じる。製品原価、設備費、営業費、税金、専門家に委託する作業の費用その他。また、従業員を雇うなら、コストもリスクも頭痛の種も倍増する。

リサーチ結果によれば、労働時間で計算すると、ほとんどの起業家の給与は従業員よりも安いという。多くの起業家は営業時間が終わった後も働く。政府の規制遵守の書類や帳簿、税金、給与計算、マーケティングや営業サポートなど、仕事は山積みである。従業員たちは帰宅して人生を楽しむが、起業家の一日は帰宅後に始まる。多くのビジネスが最初の五年で消える理由のひとつはこれだろう。

Q　では、どうすればいい？

A　本業を続けながら副業を始めるのがいい。リッチダッド・カンパニーの社員は副業として自分のビジネスを育てることを奨励されている。もちろん彼らに会社を離れてほしくはないが、それ以上に経済的に自由な人間になってほしいのだ。現在多くの社員が、副業や投資によって給与の額に迫るキャッシュフローを得ている。だが彼らが経済的に自由になっても、リッチダッド・カンパニーを去ることはないだろう。ここで働きながら、一緒に学び、研究することを楽しんでいるからだ。

Q　リッチダッド・カンパニーの社員はスペシャリストだが、仕事が終わった後にジェネラリストになる勉強をしているというわけか？

A　その通りだ。学校に戻っても、更なるスペシャリスト教育しか受けられない。コンピュータプログラミングや自動車修理、外国語などの技能、修士号の取得など、狭い領域の知識を深めることしかできない。

Q　ジェネラリストになるにはどうしたらいいのか？　何を勉強すればいい？

A　図71のB－Iトライアングルで説明しよう。これはビジネスにおける八つの要素と、それらの相互の関係性を表している。

Q　B－Iトライアングルとは何だ？　何を表している？

A　それは資産がどういうものかを表している。

Q　つまりこれは資産を表す図形なのか？

A　そうだ。見て分かる通り、B－Iトライアングルは私がインテグリティーと呼んでいる八つの要素からできている。これらは成功には不可欠のものだ。これらの要素が合わさってビジネスや資産が成り立ち、完全に機能し、キャッシュフローを生み出す。それがすべてのカギだ。

Q　では、八つの要素が弱かったり欠けていたりしたら、ビジネスが失敗したり、経済的に困難になるのか？

A　その通りだ。経営が芳しくない起業家と話す時、私は八つのインテグリティーをチェックリストとして使う。単純な診断ガイドとして、何が足りないか、何が不完全かを判断するのだ。

Q　学校では、学生をB－Iトライアングルのどれかに当てはまるスペシャリストにする訓練をしている？

A　その通りだ。だが起業家になるためにはすべての要素について必要最小限の知識のあるジェネラリストにならなければならないし、いつ、どの分野でスペシャリストが必要か分かっていなければならない。

Q　製品の部分は一番小さいが、製品の重要度は一番低いということか？

(71) B－Iトライアングルはビジネスの八つの必須要素を表す

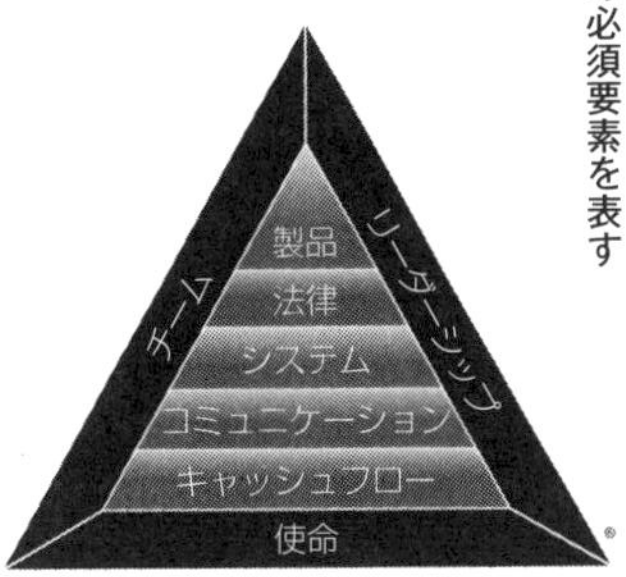

A　そうだ。製品だけの価値は大きくない。多くの人が興奮気味に言う。「新製品のすごいアイデアを持ってるんだ」。これが、一〇社のうち九社がつぶれるもう一つの理由だ。製品に注意を向け過ぎてビジネス全体を見ない。

Q　新米の起業家がビジネスを始める時、完全なB－Iトライアングルであるべきか？

A　もちろんだ。八つのインテグリティーをすべて持っている必要がある。こうした起業家はそれまでSクワドラントにいたスペシャリストばかりだ。彼らの中でBクワドラントに移行できるのはほんの一握りだ。

Q　なぜだろう？

A　それぞれのクワドラントで必要とされる考え方が異なるからだ。スモールビジネスの起業家で、スティーブ・ジョブズのようなビッグビジネスの思考ができる人はほとんどいない。

Q　Sクワドラントの起業家がビジネスを発展させるためには、それぞれのインテグリティーに関して自分より賢く、専門性の高い従業員を雇い入れる必要があるということか？

A　その通り。起業家はスペシャリストを雇うべきだ。特に最初に雇うべき専門家は収入と支出を正確に記録する簿記係だ。記録をしっかりつけていなかったために起業して一年しないうちにトラブルに陥る起業家は多い。またBクワドラントにビジネスを成長させるためにはCEOを雇わなければならないことも多い。

Q　自分で帳簿をつける起業家もいるが？

A　それではビジネスは成長しない。自分で帳簿をつけている間は、CEOを雇わなければならないようなビッグビジネスにはならない。

Q　だから、起業家は給料よりもはるかに多くを稼がなければならないということか？　成長を望む起業家はスペシャリストを雇える金がなければいけないのか？

A　そうだ。図(72)のキャッシュフロー・クワドラントをみれば、大きな視点で理解できるだろう。

Sクワドラントに属する起業家は、お金のために働く。ハンバーガー専門のレストランのオーナーなどがここに入る。Bクワドラントの起業家はキャッシュフローを生む資産のために働く。レイ・クロックはBクワドラントのハンバーガービジネスとしてマクドナルドを作り上げた。

Q　Bクワドラントのビジネスを立ち上げるにはどうしたらいいのか？

A　まず枠組み、つまりB-Iトライアングルの枠組みである外側の三角形を作ることだ。まず企業としての強い使命を設定し、良いチームを組織し、そして彼らを惹きつけるリーダーにならなければならない。

Q　インテグリティーはどうやったら学べるのか？

A　軍の学校はインテグリティーに重きを置いた教育をしている。私がニューヨークの合衆国商船アカデミーで真っ先に取り組んだのは使命についてだった。海兵隊でもそうだったが、商船アカデミーでは使命がすべてだった。

(72) Sはクワドラントの左側に、Bは右側に位置する

これが、私が"8 Lessons in Military Leadership for Entrepreneurs"（起業家のための軍隊で教わる八つのリーダーシップ）を書いた理由だ。この本は、偉大な起業家になるために軍隊でのトレーニングがなぜ役立つのか、それをどう役立てるべきかを説明している。

Q　軍隊の学校に行かなくても使命やチーム作り、リーダーシップについて学ぶ方法はあるか？

A　ネットワーク・マーケティングで働くことは、リーダーシップを育み、チームを率い、使命を追求する方法を学ぶ良い方法だ。ネットワーク・マーケティングの良いところは給与を払うことなしに人を率いることを学べることだ。多くの企業のリーダーが給与という力を背景にリーダーシップをふるう。もしあなたが上司の命令に従わなかったら、恐らくクビになるだろう。

ネットワーク・マーケティングでは、使命を重んじるリーダー、給与という目先の報酬を使うことなしに人々を教育し、成功に導くリーダーになることを学ばなければならない。給与という動機なしに働くよう人々を訓練することが出来るなら、大抵のことは可能になるだろう。

宗教の伝道者も、同じように使命の追求やリーダーシップ、チーム作りなどの挑戦をこなしていく。私の親友は北アイルランドのモルモン教の伝道者で、彼の任務はカトリックの信者をモルモンに改宗させることだった。今日、彼は起業家として目覚ましい成功を収めている。

インテグリティーを強めるために、教会やチャリティーなどでボランティアをするのもいい方法だ。無償で働くボランティアスタッフを率いて、教会やチャリティー団体の成長に貢献するのだ。

実生活で使命やチーム作り、リーダーシップについての経験を積む方法はたくさんある。私の場合は合衆国商船アカデミーと海兵隊だった。セカンドチャンスを摑むためには、自分に適した学びの方法を見つける必要がある。それによって実生活でのリーダーシップを強めていくのだ。

Q　私が起業家だとして、使命や人々を率いるリーダーシップを持っていなかったとしたらどうなる？

A　その場合、起業家としてSクワドラントから抜け出せないままだろう。もちろんあなたがそれで満足ならばまったく問題はない。覚えておいてほしいのは、Sクワドラントの起業家にはEクワドラントの従業員より多くの税金が課せられるということだ。課税を最低に抑えられるのはBやIクワドラントの起業家だ。

●ジャングルの王様

大型猫類の世界にはヒョウとライオンがいる。ヒョウはSクワドラントの起業家と似ている。集団に属さず、狩りも単独でする。自分で獲物を捕らえない限り餌にありつけない。一方、ボスのオスライオンは群れを率いる。ビジネスで言えば、群れはBクワドラント、スペシャリストのチームにあたる。ボスのオスライオンは狩りをしない。群れが獲物を殺したのちに、ボスライオンはゆっくりとごちそうを食べる。あまりうまい例えではないが、SクワドラントとBクワドラントの起業家の違いは分かってもらえたと思う。

Bクワドラントのビジネスで成功できるスペシャリストについてもっと知りたければ、「金持ち父さんのアドバイザーシリーズ」を読むか、金持ち父さんのラジオショーを聞いてほしい。スペシャリストを率いるジェネラリストになることを望むなら、これらに詰まった英知があなたを未来に導いてくれるに違いない。

Q　人々を扱うスキルがなぜ重要なのか？

A　人間というのは氷山のようなものだ。初対面の人に会う時、見えているのは水面に浮かぶ部分だけだ。残りの九九パーセントは水面下に沈んでいる。その人物全体を理解するには人間のスキルが不可欠だ。

Q　自分の子供をBやIのクワドラントに導くためには何をすればいい？

A　ドナルド・トランプの二人の子供、ドナルドJrとエリックは、私の良き友人だ。二人は金持ち父さんのラジオショーに出演し、彼らの父親がいかにして二人をBとIクワドラントのリーダーに育てたかを語ってくれた。彼らは、金持ち貧乏に関係なく、どこにでもいる甘やかされたボンボンなどではなかった。

二人はスペシャリストでもなかった。彼らは賢い若者で、人間関係について素晴らしいスキルを持ったジェネラリストだった。彼らはBやIのクワドラントのリーダーになるべく教育されてきたのだ。

●バッキー・フラーの教え

私はかつてバッキーがこう言ったのを聞いた。「教育の過程において、人間は生まれ持った能力を鈍化され、多くを課され、多くを詰め込まれて麻痺状態になる。その結果、成熟した頃には持って生まれた能力は消滅しているのだ」

フラーは講演の中で次の点を強調した。「過度の専門化は絶滅につながる」。これほど多くの人々が学校に戻って学ぶのは、テクノロジーによって彼らの存在が陳腐化してしまったからだ。残念なことに、彼らが学校に戻って学ぶのはジェネラリストではなくスペシャリストの知識だ。フラーは無敵の恐竜が絶滅したことを例にとり、それは彼らがあまりに専門化し過ぎ、環境変化に対応する能力がなかったからだと説明した。

私には出版関係の友人や取引相手が多いが、今日彼らも恐竜と同じ状態にある。アマゾンが新しい出版の巨人として浮上し、出版界の環境を変えてしまったのだ。

二〇一三年一〇月、私はペンサコーラでかつての海兵隊の分隊仲間と過ごしていた。仲間によると、海兵隊のすべての拠点でジェット機パイロットの訓練を削減するという噂があるそうだ。人間のパイロットを必要としないドローンに置き換わるらしい。ちょうどグーグルの自動運転車がタクシーやウーバー（登録すれば誰でもタクシー業務ができるアメリカ発の配車サービス）の運転手を置き換えるのと同じことだ。人間のスキル、トレーニング、仕事についての大転換、世界を変えていくテクノロジーの実例は社会にいくらでも転がっている。

●最も賢い行動

「賢い」とされる行動も変わってきている。すでに述べたが、私が学生の頃、クラスメートたちは企業に入り出世の階段を登ることを望んでいた。今日では、誰もが起業家になりたがっていて、誰もが一〇〇万ドルの価値があるアイデアを持っている。問題は、学校が起業の方法を教えてくれないことだ。

セカンドチャンスをつかまえるためには、自分に何が一番適しているかを知る必要がある。あなたに最もふさわしいのはどのクワドラントだろうか？

多くの人々が一番賢いと考えるのは、良い仕事を得ること、貯金をすること、借金をしないこと、株式市場に投資し、必要な時にお金がそこにあるのを期待することだ。別の人々にとっては、EやSのクワドラントの財産の安全性にしがみつくことが一番大切だ。

また他の人々にとっては起業家になることが最も賢い。たいていの場合、それは数百万ドルの借金を抱えることを意味する。BやIクワドラントでの経済的自由を得るために、既存のビジネスや不動産を買うためのお金だ。

Q　E・SクワドラントとB・Iクワドラントの違いは何か？

A　違いは、どんな教育を受けるか、そしてどんなアドバイザーを選ぶかだ。

Q　自分にとって一番賢いものを決めるのは何か？　どうやって決めればいい？

A　あなたの魂が行くべき道を示してくれるだろう。あなたをその気にさせるものは何か？　意欲を掻き立てるのは何か？　あなたの資質と才能から見てどれが一番良い道だろうか？

企業で働くことを考えるたびに私の胃はむかつき、気分が悪くなったものだ。仕事や日々の労働について、同じように感じる人は多い。反対に、起業家になることを考えるとハッピーな気分になった。会社勤めで給料をもらうよりもはるかに大変なことが分かっていても。

私はスペシャリスト、Sクワドラントの小規模な起業家にはなりたくなかったのだ。

Q　Ｓクワドラントの起業家は、チームの中で一番賢くなければいけないのか？　そして、Ｂクワドラントの起業家は一番賢い必要はなく、賢いチームを持っていればよいということか？

A　その通りだ。金持ち父さんは言った。「君がチームの中で一番賢い人間だったことはないし、そうなりたいとも思わなかった。私は自分のチームの中で一番賢い人間である場合、チームはうまく行かなくなる」。彼が生きていればこう言っただろう。「スペシャリストは常にジェネラリストのために働くのだ」。

私は医者のためには働かないが、彼らは私のために働いてくれる。私が"Why "A" Students Work for "C" Students"（なぜＡスチューデントはＣスチューデントの下で働くのか）を書いた理由もそれだ。

さて、あなたにとって一番賢い手段は何だろうか？　あなたの魂は答えを知っている。

●セカンドチャンスのための教え

安定した職業の対極にあるのは経済的自由だ。

安定した職業のためには専門教育が必要だ。

経済的自由を得るにはジェネラリストになる教育が必要だ。

安定と自由、あなたはどちらが自分にふさわしいか決めねばならない。

この二つはまったく異なる。いや、正反対と言える。安定を追い求めるほど、自由は奪われていく。刑務所の監房が最も安全な場所なのはこれが理由だ。

ファイナンシャル教育はコインの裏側を見せてくれる。

従業員と自営業者はスペシャリストだ。企業家はジェネラリストだ。

第十三章

「借金を返す」の裏側

「短命化の一般原理は、少ないものでより多くを成し遂げる能力のことだ」――バックミンスター・フラー

金融の専門家の多くは「借金を返して無借金生活をしなさい」と言う。彼らは一九七一年にニクソン大統領が金本位制を廃止した時、米ドルが借金となったことを知らないのだろうか？　これは、ファイナンシャル教育を受けていない人には良いアドバイスに響くかもしれないが、はっきり言って賢い助言ではない。

お金の世界には二種類の借金がある。それは、良い借金と悪い借金だ。

簡単に言えば、よい借金はあなたを金持ちにし、悪い借金は貧乏にする。ファイナンシャル教育のない数百万の人々（と米国政府）が巨大な悪い借金の下敷きになってしまったのも無理からぬことだ。

●金遣いが荒かったのは誰か？

多くの人々が、米国の借金を増加させてしまったのは民主党だと信じている。

だが、グラフ⑦③はまったく別の事実を突きつける。

この本の冒頭で述べた通り、私は共和党でも民主党でもない。そして、繰り返し言うように、図は言葉よりもずっと多くを伝えてくれる。とくに政治に関しては。

これらの負債の問題は、それが「悪い借金」であり、納税者やその子供たちが支払い続けなければならないものであることだ。

共和党によって積み上げられた借金のほとんどは、軍産複合体や銀行、製薬会社などの企業をコントロールしている富裕層の懐に入ったお金だ。

一方、民主党政権の時に発生した借金は給付金制度やそれによって潤う企業に流れ込んだ。社会保障制度やメディケア（老人医療保障制度）の借金は、国家の借金よりもはるかに莫大であるにもかかわらず、国家の借金には組み入れられない。これら二つの借金、社会保障とメディケアは貸借対照表には表れない。これはまるで、融資を申請する時に一〇〇万ドルの借金があることを黙っているようなものだ。政府がしていることを私たちがやったら刑務所行きとなる。

実際のところ、社会保障とメディケアの借金がいくらなのかは誰にも分からない。今までの数字から想像すると社会保障が二三兆ドル、メディケアが八七兆ドルくらいだろうか。なんと兆である。借入額一二五兆ドルとしている予想もある。一方、米国国債の負債はたったの一七兆ドルだ。

Q　米国は破産していると言いたいのか？

A　その証拠をはっきり示すことは難しくない。

●よい借金とはどんなものか？

よい借金とは、単純にあなたを金持ちにしてくれるものだ。私がアパート一棟を買うために借金したとする。アパートが毎月私にお金をもたらしてくれるなら、その借金は良い借金だ。反対に、アパートのための出費がありローンも返さなければならないとしたら、それは悪い借金だ。繰り返すが、良い借金か悪い借金かを決めるのはキャッシュフローなのだ。

Q　あなたが「持ち家は資産ではない」と言うのはこれが理由か？　ほとんどの人にとって、持ち家はポケットからお金をとっていくものでしかないから？

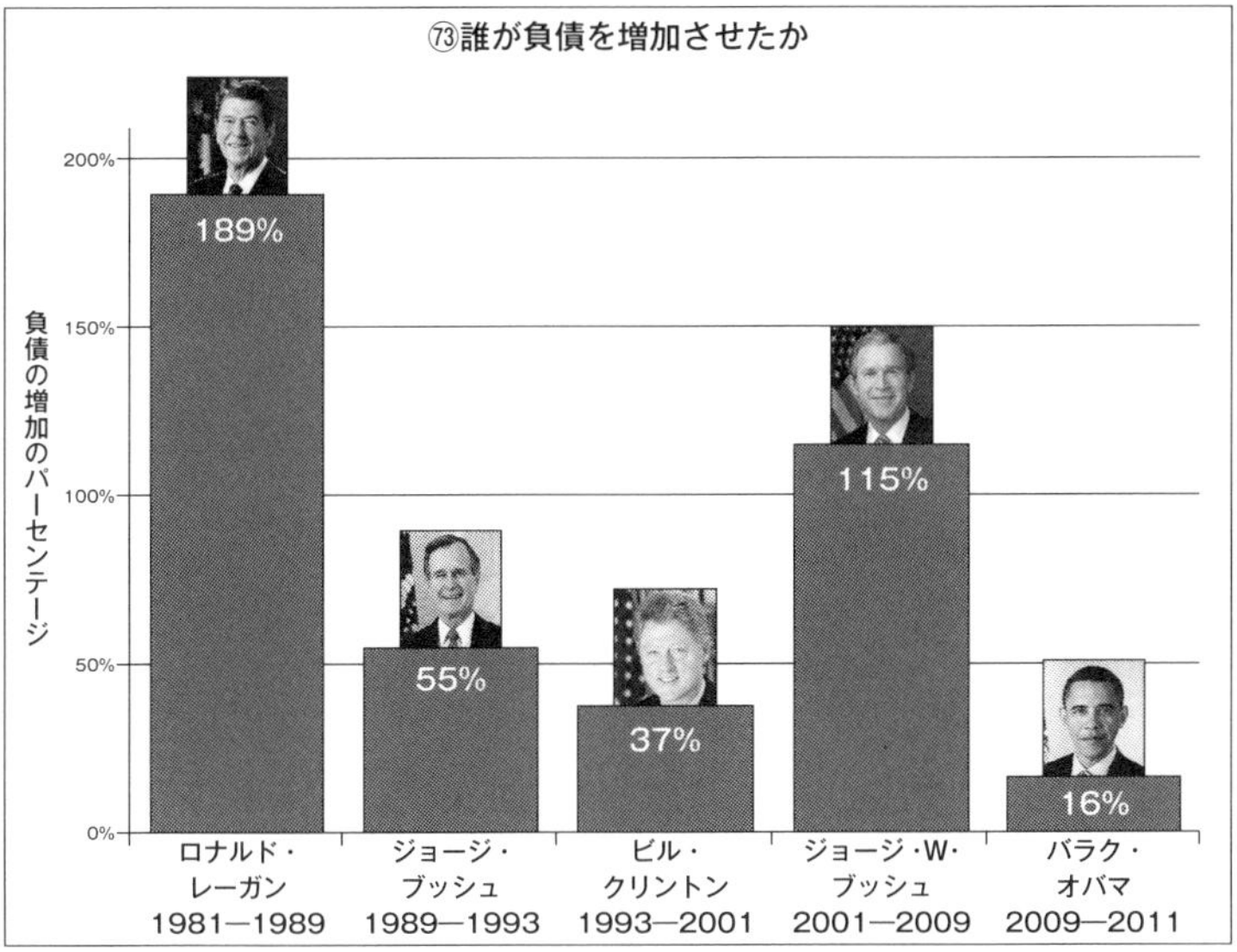

A　そうだ。たとえ家のための借金がなくても、税金、補修、保険、公共料金などでお金が出ていく。

●レバレッジ

「レバレッジ（てこ）」はお金の世界で重要な言葉だ。それはフラーの用語「短命化」——少ないもので多くを成し遂げる——と似ている。

貧困層がますます貧しくなり中流層が減少するのは、彼らの持つレバレッジが少ないか、ゼロだからだ。貧困層や中流層が収入を増やそうとする場合、より長い時間必死に仕事に打ち込もうとするのが普通だ。だが残念ながら、より長時間、より一生懸命働いて収入を増やすと、さらに高い税率が課されてしまう。

●ファイナンシャル教育はレバレッジ

ファイナンシャル教育の目的の一つは、あなたにレバレッジ、つまり短命化の能力を授け、少ないもので多くを得られるようにすることだ。

お金に関するレバレッジの例、少ないもので多くを得る方法をいくつか挙げよう。

1．借金

私はＩクワドラントの積極的な投資家として、資産を得るために借金をフルに使っている。キムと私は数千の不動産を所有しているが、そのために貯金をしたわけではない。私たちは借金を利用したのだ。例の三日間の不動産投資講座がもたらした利益は計り知れない。借金の使い方を教えてくれたのだ。

2．ライセンス

本書の最後にあるリッチダッド・カンパニーの社員の写真を見れば、私たちの会社がとても小さいことが分かるだろう。だが私たちのライセンス業務は国際的な規模のビジネスだ。私が本を書くと、それは世界の五〇か国以上にライセンスされる。ライセンスを受ける出版社はリッチダッド・カンパニーに著作権料を支払い、私の本やゲームを出版する権利を得る。

3．ソーシャルメディア

今日のソーシャルメディアは、うまく利用すれば巨大なレバレッジを得ることができる。リッチダッドのオフィスにはテレビとラジオの小さなスタジオがあり、私たちは世界中の数百万人とつながりを保っている。

4．ブランド

リッチダッドは国際的なブランドだ。ブランドになることは巨大なレバレッジだ。ブランドは言葉よりもはるかに効果的に人々に語りかける。ブランドはまた、二つの要素を世に訴える。信頼と差別化だ。私たちの場合、差別化はその立ち位置に表れている。私たちは決して「貯金しろ」とは言わない。貯金に対する私たちの考え方はコインの裏側、つまり常識と反対のものだ。

私たちは株式市場、債券、投資信託への長期投資を勧めない。私たちが勧めるのはその反対に、お金を動かし続けることだ。仕事の安定性にも重きを置かない。リッチダッドが重視するのは経済的自由だ。

5．人々

従業員という立場はレバレッジがゼロだ。従業員は雇用主のレバレッジでしかない。起業家になると、従業員という他人の時間や努力をレバレッジとして使い、ビジネスや自分の資産の欄を発展させることができる。

6．少ないものでより多くを

短命化の一つの形は、安い値段でより良い製品やサービスを提供することだ。月給や時間給の増額や、商品価格の引き上げ、コストを下げるために品質を引き下げることは、短命化の一般原則に反している。彼らは少ない努力で多くを得ようとしており、少ないものでより多くを行うのとは正反対の行動だ。

●借金によるレバレッジ

お金の専門家の「借金をなくしなさい」というアドバイスは人々のレバレッジを奪い、不利な立場に追い込んでいる。こういうアドバイスはファイナンシャル教育ではない。なぜなら借金なしには少ないもので多くを成し遂げることはできないからだ。以下は借金をレバレッジにした実際の例だ。数字については単純化している。

一九八〇年代、私はベッドルーム二つ・バスルーム一つの家を五万ドルで購入した。良い近隣に恵まれた素敵な家で、池のある公園に隣接していた。問題は、建物を修復する必要があったことだ。

私は五〇〇〇ドルの頭金を支払い、売り手は残りの四万五〇〇〇ドルを年利一〇パーセントで貸してくれた。売り手による貸付けの場合、銀行のローンは必要ない。月々の支払い（元金、利子、税金、保険の一か月の総額）は約四五〇ドルで、その地域の賃貸料の平均は大体七五〇ドルだった。

購入手続きを完了すると、私は銀行に行き「住宅改築ローン」で五〇〇〇ドルの融資を申し込んだ。

その五〇〇〇ドルで私は大きなマスターベッドルームとバスルームを増築し、家の各部を修理した。こうしてベッドルーム三つ・バスルーム二つの新築同様の家が出来上がり、家賃は一〇〇〇ドルに引き上げられた。

ローンの利率が下がり始めた時、私は五〇〇〇ドルを借りた銀行を再び訪れ、家を担保にローンを申請した。

家の評価額は九万五〇〇〇ドルとなり、銀行はその八〇パーセント、七万六〇〇〇ドルを一〇年間九パーセントの利子で貸してくれた。私は売り手に借りた四万五〇〇〇ドルと、銀行の住宅改築ローン五〇〇〇ドルを返済し、無税のお金二万五〇〇〇ドルを手にした。私の月々の支払いは大体七〇〇ドルで、さらに一〇〇ドルを補修費や予備費として取っておいた。家賃収入の一〇〇〇ドルから月約二〇〇ドルのキャッシュフローが生まれたわけだ。

Q　つまりあなたはこの投資に自分の金をまったく使っていないわけか？

A　その通り。だから利益率は無限大ということになる。

Q　無限大とはどういうことだ？

A　投資利益率、ＲＯＩは、物件の価値から諸費用を引いた利益と、出資した金額を元に計算する。ローンを借り換えた後、私は自分の金はまったく投資していない、つまり利益に対して私の出資はゼロで、ＲＯＩは無限大となる。

Q　つまりあなたの得た利益は自分の知識の結果、ファイナンシャル教育のおかげで、それがなければこの投資はなかったということか？　無限大の利益率の投資を見つけて資金を調達せよということか？

A　その通りだ。リッチダッド・カンパニーの公式見解の一つが「知識はお金だ」であるのもこれが理由だ。

Q　あなたが手にした二万五〇〇〇ドルは、それが借金だったから無税だったわけか？

A　そうだ。だがもし物件を売っていれば二万五〇〇〇ドルは資産売却益として課税されていただろう。私の税金区分では二〇パーセントが課税されたはずだ。

Q　なるほど。物件を売っていたら、税引き後の利益は二万ドルだったのか。

A　もっと少なくなる。だが、もし物件を所有していれば毎月二〇〇ドルのキャッシュフロー、年にして二四〇〇ドルの不労所得が入ってくるし、これに対する税率は最も低い。

Q　収入にはどんな種類がある？

A　勤労所得、ポートフォリオ所得、不労所得の三種類がある。勤労所得は給与、預金の利子、401（k）企業年金制度からの収入だ。勤労所得への税率は一番高い。勤労所得を得るために働くことは、貧困層がさらに貧困になり、中流層が縮小していくもう一つの理由だ。

ポートフォリオ所得はキャピタルゲインとも呼ばれる。つまり何かを売って得た収入だ。家の転売、株式の売買、ビジネスの売却によって得た利益にはキャピタルゲイン税がかかる。これは二番目に高い税率だ。

不労所得は資産からのキャッシュフローだ。私は自分の所有する不動産を売らずにその値上り分を利用してお金を借りるようにしている。私はキャピタルゲインを借金という形で手にし、家賃という不労所得を得ている。これがもっとも税率が低いのだ。

読者から「売り手から融資を受けられるなんて話があるわけがない」という声が上がりそうだ。その通り、それは不可能だ。あなたが不可能と考えるならば。

Q　米国以外の国に住む人にとってこの手段は可能なのか？

A　もちろん可能だ。細かい条件や規則は異なるが、基本的な概念は世界共通だ。

私が一九七三年にこの手法を始めた時、不動産インストラクターは、人々が口にするだろう言葉を教えてくれた。それは「ここではそれは無理ですよ」だった。彼は言った。「ファイナンシャル教育のない人々は必ず言う、「ここではそれは無理だ」と。たとえ実際そうしている人々がいたとしてもね」

Q　なぜ人々は「ここでは無理だ」と言うのだろう？
A　ここでは無理だ、と言うのが一番簡単だからだ。怠け者はいつも「それは無理だ」と言いたがる。セミナーを受講したり、勉強したり、練習したり、ミスを犯し何回か失敗してやり方を学ぶよりも、無理だと言う方がずっと簡単だからだ。
Q　この手法が使えるのは不動産だけ？　それとも他のことでも可能だろうか？
A　何にでも使える。株式やストックオプションなどは、実体のないものからお金を生みだす簡単な方法だ。不動産が株式市場よりも有利なのは、借金の効果が長期間にわたることだ。
Q　つまり借金はレバレッジというわけか。借金の使い方を知らなければ、必死に働いても得るものはどんどん少なくなっていくと？
A　そうだ。私が借金によって金持ちになった例をもう一つ挙げよう。
二〇〇七年に不動産と株式市場が暴落した時、私たちは底値の株式を買わず、代わりに数億ドル相当の不動産を、借金をして買った。株式よりも不動産の方がずっとたくさん買えた。銀行のお金を使ったからだ。株式投資をするつもりの借り手に銀行が数億ドルの金を貸すことはない。

二〇一四年、私とキム、ケン・マクロイ、そして彼のパートナーであるロスは、一億ドル近い借金を借り換えた。二〇〇七年の暴落以降に賃貸住宅を購入した時の借金だった。それまでの利息は五パーセントだったが、借り換え後は約三パーセントになった。つまり、私たちは数百万ドルのキャピタルゲインを手にし、利率が下がったことで二〇〇万ドルのキャッシュフローも得たのだ。
Q　二〇〇万ドルのキャッシュフローはどこから来た？
A　利率が下がって浮いたお金だ。一億ドルの利息五パーセントと三パーセントの差額だ。

Q　そしてそれがフラーの言う、少ないもので多くを行う短命化の一般原理か？

A　そうだ。

Q　このやり方は不動産だけではなく他のことでも使えるのか？

A　その通りだ。短命化の例はあらゆるところにある。金持ちはすべて、何らかの形でレバレッジを利用している。例えば、ミュージシャンがCDを作り一〇〇万枚売るとする。これは短命化の一例だ。アプリケーションを作って一〇〇万個売るのも少ないもので多くを行うことだ。不動産の強みは、借金と税金の二つの力を活かせることだ。

Q　ではファイナンシャル・アドバイザーの、借金を返してしまえというアドバイスは、レバレッジ、短命化を利用する機会を奪ってしまうというわけか？

A　そうだ。彼らは良かれと思って言っているが、それはファイナンシャル教育ではない。ファイナンシャル教育はコインの裏側を見せてくれる。そして金持ちになるために借金をどう使えば良いかを教えてくれるのだ。

●報酬の法則

Q　しかし、借金をして失敗してしまったらどうなる？

A　失敗しないために、不動産のセミナーを受講して何度も繰り返し練習しておくことだ。私はたくさんのセミナーを受けたし、練習も大好きだった。私なら、衝動的に買ってお金を失うよりも練習に時間をかける。

お金の世界では「報酬の法則」というものが存在する。

Q　「報酬の法則」とはどんなものか？

A　単純に言えば、何かを学べば学ぶほど（そして練習を積み徐々に大きなことに挑戦していくほど）、知性と経験が向上し、受け取る報酬も大きくなるということだ。

例えば、キムが最初に投資について学んだ時、彼女のプランは小さな家を年に二軒買い、一〇年で二〇軒購入することだった。一八か月もしないうちに、彼女は二〇軒の家を買った。彼女の所有する不動産は今や数千に上り、毎年数百万ドルのキャッシュフローを稼ぎ出している。そして彼女は数億ドルの借金もしている。これが報酬の法則の一例だ。

●忠告

私が参加したいくつかの不動産セミナーでは、インストラクターが「良い物件を見つけることは難しく、危険で、時間がかかる」と主張していた。そうしたセミナーでは、彼らは最後に必ず言った。「物件を探すのに時間を費やし、ミスを繰り返し、テナントとのやり取りや修理にイライラさせられるよりも、私たちに手数料をくれれば物件を見つけ、資金も貸し付け、購入手続きも物件管理もやりますよ」

こういう組織やインストラクターは避けるべきだ。彼らは教師ではなくプロモーターだ。人々を無料のファイナンシャルプランニング・セミナーに招待し、一番賢い方法は我々に金を任せることだと迫る投資信託のセールスマンと何ら変わりはない。

Q　彼らに金を払って仕事を委託するのがどうしてまずいのか？

A　いい質問だ。答えを聞いて驚くだろう。自分のお金を誰かに託したら報酬の法則が働かなくなるからだ。学習の円錐の中で最も効果的な方法は、疑似体験することと実際にやってみることだったのを覚えているだろう。本当に経済的自由を手に入れたいなら、自分で練習し、実際にやってみなければならない。

Q　しかし、キャッシュフローを得られて税金の面でも優遇されるならば、誰かに代わりに投資をしてもらうのも悪くないと思うが？

A　問題は不動産だ。不動産には流動性がない。流動性とは、すぐに売買が成立することをいう。株式や投資信託は流動性が極めて高く、即座に売ったり買ったりできる。だが不動産は正反対だ。もし間違った物件を買ってしまったら、それを売り払うために長期にわたる、時間とお金のかかるプロセスを経なければならない。多くのホームオーナーや転売屋が不動産の流動性がいかに低いかを思い知らされている。

あなたが練習を積み重ねる気がないなら、不動産投資はしない方がよい。不動産セミナーのインストラクターが「あなたに代わって投資してあげますよ」と言ったとしても、月々の住宅ローンやテナントとのトラブル、補修費や維持費、保険などは、彼ではなくあなたが支払うのだ。さらに最悪なことに、あなたにはほとんど学びの機会がない。報酬の法則とレバレッジはあなたに不利な方向に働くだろう。

あなたが借金の使い方を学ぶ理由は、借金が現代のお金だからだ。借金はお金の世界で最も強力な力だ。セミナーを受け、練習をするのはこの力の使い方を学ぶためだ。

借金を利用した不動産投資を学び、小規模に始めるのが性に合わないなら、貯蓄をし、借金ゼロで投資信託に長期投資をするのが一番良い方法だろう。預金も投資信託も、少なくとも流動性は高い。

●バッキー・フラーの教え

バッキー・フラーは言った。「力と争ってはならない。力を使うのだ」

この章の最初に米国大統領の借金に関する図を載せたのは、もし状況が変わらなければこれらの借金がかつて世界で一番富裕だった国、米国を破壊してしまうからだ。借金は私たちの子供、そして孫の世代まで奴隷にしてしまうだろう。

今までの教育は借金なしで生きることを教えている。しかし、あなたが自分の借金をなくそうとしている時に、私たちのリーダーはこの国の未来を借金漬けにしているのだ。

政府の借金の奴隷になりたくないなら、火には火で対抗するしかない。借金の使い方を学び、無能なリーダーに反撃してやるのだ。

●セカンドチャンスのための教え

あなたが借金のない人生を計画しているとして、どんなレバレッジが使えるのだろうか？　人生において物事をいかに短命化するのだろうか？　少ないものでいかに多くを成し遂げるのか？

ある種のレバレッジの使い方を学ばなければ、あなたは一生必死に働き続けても貧乏なままだろう。

借金の使い方を学びたければ、キャッシュフローゲームをしてあらゆる機会で借金をしてみるといい。ゲームなら負けても多くを学ぶことができる。

ファイナンシャル教育はコインの裏側を見せてくれる。

悪い借金は貧困層と中流層をより貧しくする。

悪い借金はあなたが自分で返済しなければならない。

良い借金は金持ちをより金持ちにする。

良い借金は誰かがあなたの代わりに返済してくれる。

ファイナンシャル教育とは借金の持つ力の使い方を学ぶことだ。なぜなら現代では、借金こそがお金なのだから。

第十四章

「収入に見合った生活をする」の裏側

「神は我々全員が裕福になることを望んでおられる」――バックミンスター・フラー

金融の専門家のほとんどが「収入の範囲内で生活をしなさい」と教えている。しかし、あなたはそうしたいだろうか？

誰もが収入の範囲内で慎ましく生きたいとは思っていない。だからこそ、人々はクレジットカードの借金を抱え、次の給料まで汲々とし、本来なら住めない家、持てない車を持ち、仕事や請求書、もろもろの不安、そしてお金の問題から逃れようと休暇に行く。

皮肉なのは、一見金持ちそうに見える彼らが最も貧しい人々よりも貧乏だという事実だ。貧困層の多くは中流層が返済している消費ローンを抱えていない。中流層は隣人と同じ生活レベルを維持するために、消費ローンにどっぷり浸かっている。高級住宅街に住みベンツを乗り回し、子供を私立の名門校に通わせているが、給料二か月分の支出で破産してしまうという人に数えきれないほど出会った。

ほとんどの人が収入に見合った生活を望まないため、こうした忠告はいつも無視される。

私が勧めるのは正反対のことだ。収入の範囲内で生活するのではなく、収入を拡大する方法を学び、豊かな人生を楽しむのだ。

Q　どうしたら収入を拡大できる？

A　資産の欄を変えることで収入を拡大できる。現在、グランチはほとんどの人の資産の項目をコントロールしている。だからこそ、人々は貯金し、家を買い、株式市場に長期投資をするよう教えられているのだ。

●お金のゲーム

前にも述べたが、一枚の図は千の言葉よりも効果的だ。図㊹は富裕層、貧困層、中流層の違いを示している。これを見れば、それぞれの層がまったく別のお金のゲームをしていることが一目瞭然だ。

セカンドチャンスは、あなたがゲームを変えた時に訪れる。お金を貯めるために、あるいは金持ちに見せるために必死で働くよりも、財務諸表の収入の欄から資産の欄に焦点を移すのだ。グランチにあなたの資産をコントロールさせるのはやめよう。お金の専門家のアドバイスにやみくもに従って、グランチに金を貢ぐのはやめよう。金持ちは資産の欄でお金のゲームをしている。あなたにできないわけはない。

●税金を抑える方法

資産中心に思考を切り替えると、まず税金が下がる。

たとえば、あなたが自宅を拠点にビジネスを始めると、今までは個人の支出だったものが非課税の経費となる。ビジネスを持つと、旅費、ホテル代、食事などの多くの支出が経費として非課税になる可能性がある。

もちろん、税金免除を申請する前に税金アドバイザーか公認会計士に相談すべきだが。

覚えておくべきなのは、金持ちのように資産の欄に視点を移すことで、あなたも彼らと同様、税制面で有利になれるということだ。

●フェラーリを持っていたら……

最近、私とキムは所有物件の一つを見に行き、そこに私のフェラーリを駐車した。アリゾナの猛暑の中で

⑭それぞれの層がまったく別のお金のゲームをしている

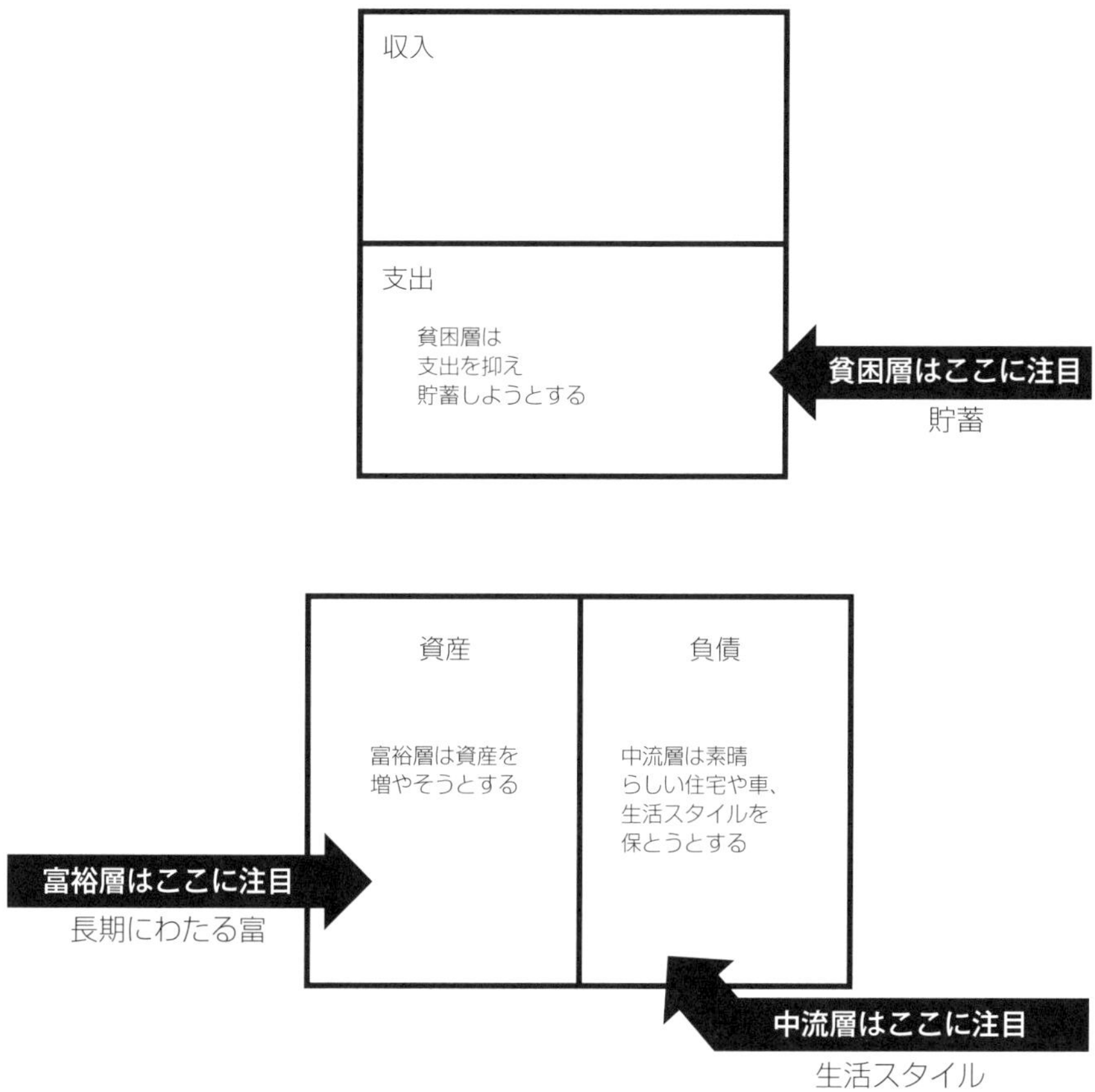

働いていた三人の若い作業員が手を休め、羨望の目で車を見つめた。一人が微笑を浮かべて言った。「こんな車が買えたらなあ」

「もちろん買えるさ」私は言った。

「僕らには無理だよ」もう一人の若者が言った。「大学を出てないんだ。家が貧しくて大学に行けなかった。だから肉体労働をしてるのさ」

私は、もしよかったら大学に行かなくてもフェラーリが買える方法を教えようと言った。彼らの答えはイエスだった。説明のために私は紙に図を書いた（図⑮）。

私は彼らが作業をしている私のアパートを示しながら言った。「この物件はフェラーリの代金を支払ってくれる。また、改装のための君たちの作業費もここから出る」

彼らが資産と負債の違いを理解し始めた頃、私は金持ち父さんの教え――金持ちはお金のためには働かない――を伝え、彼らがどうやってキャッシュフローを生み出す資産を手に入れるかを教えた。

「そういうことは大学で学んだのではないのですか？」一人の若者が聞いた。

「いや」と私は答え、彼らの年頃に受けた三日間三八五ドルのセミナーで学んだのだと言った。

私は現実の世界でモノポリーをしており、彼らが作業している建物はモノポリーで言う赤いホテルだということを理解すると、彼らはピンと来たようだった。

「つまり僕らにも同じことが出来るってことですか？」一人が聞いた。

「なぜ出来ないと思うんだ？」私は聞いた。「私に出来るなら君にもできるだろう。これは難しいことじゃないんだ」

私はさらに、資産が負債とされるものを買ってくれることも説明した。そして多くの人は、自分たちは資産と信じているが、実際は負債を買って苦労していることも教えた。

「つまりあなたは収入の範囲内で生活するかわりに、収入を増やすことにしたわけですね？」若者が聞いた。

「その通りさ」私は答えた。「君たちの中には金持ち、貧乏、中流層の三つの要素がある。資産の部分に注意を向けることによって資産について多くを学べ、自分の中の金持ちの部分が目覚めるんだ」

私は、教育という言葉がギリシャ語の「educe（引き出す）」から来ていることを教えた。今日の教育は私たちの中の中流的なものを引き出すように作られている。金持ちの要素を引き出すためにはファイナンシャル教育が必要なのだ。

「ファイナンシャル教育は現在の教育とは反対なわけですか？」

「そうだ」私は言った。

「不動産が唯一の資産だということですか？」

「違う」と私は答え、J・K・ローリングが『ハリー・ポッターと賢者の石』を書いた時、彼女は生活保護をもらっていたという話をした。本と映画が彼女を億万長者にしたのだ。

私はまた、高校さえも卒業していない私の知り合いが、卵を売って大金持ちになった話をした。彼が高校生の頃、祖母がニワトリを数羽くれた。彼はそれを飼育して卵を売った。彼は今五〇歳になり、一日に数百万個の卵を売っている。

⑦⑤物件がフェラーリの代金を払ってくれる

貸借対照表

資産	負債
物件	フェラーリ

カーネル・サンダースの話もした。サンダースが持っていたのはチキンの調理法だけだったが、彼はそれを元にケンタッキー・フライドチキンの帝国を築いたのだ。

彼らはマーク・ザッカーバーグについて知っていた。ザッカーバーグはちょうど彼らと同じ年代で、学校も卒業していないが、フェイスブックを作り上げた。

私は、かなりシンプルに話したが、実際に行おうとすると簡単ではないことも強調した。

「では、もし僕らが資産の欄に目を向ければ、収入を増やすことができ、給料ではなくキャッシュフローから金を稼げ、税金も安くなるわけですか？」

「その通り」私は答えた。「欲しい車は何だろうと買えるし、資産がその支払いをしてくれるというわけさ」

車を出そうとした時、彼らが興奮して話しているのが聞こえた。それ以後彼らには会っていないので、どうなったかは知らない。

だが一つだけ確かなのは、彼らが収入の範囲内で生活する必要がないのを理解したことだった。そうしたいのでない限り、そうする必要はまったくない。彼らがすべきことは資産の欄をコントロールすることだ。

●バッキー・フラーの教え

私は時々人々からこう質問される。「一九二七年にお金のために働くことを止めた後、フラーはどうやって生計を立てていたんですか？」私は、バッキーは金持ち父さんが自分の息子と私に教えたのと同じことをしていた、と答える。フラーはお金のために働く代わりに資産を作り出していた。彼の資産は不動産ではなく知的所有権だった。知的所有権とは、目に見えない資産、特許、本、ライセンス、商標などだ。

私自身もこのような資産を所有している。この本もその一つだ。本が完成するとすぐ、世界中の出版社に版権が供与される。

●セカンドチャンスのための教え

第一に、あなたの人生で、欲しいものをリストにしてみよう。これをウィッシュリストと呼ぶ。キムと私は何年もの間、ある家のそばを車で通るたびに「いつかこの家に住もう」と言っていた。それが今、私たちが住んでいる家だ。普通と違うのは、私たちはまず賃貸物件を購入し、今日そのキャッシュフローで夢見た家のローンの支払いをしている点だ。

第二に、あなたが手に入れたいさまざまな資産のリストを作ろう。人生の夢を実現してくれる資産だ。手に入れる方法が分からなくても心配いらない。知らないことを認めることが学びの第一歩だ。何もかも知っている人は何も学べない。

第三に、これらのリストを毎日眺めよう。

ファイナンシャル教育はコインの裏側を見せてくれる。

収入を増やすことと、収入に見合った生活をすることは一つのコインの裏表に過ぎない。二つとも人生への取り組み方だ。伝統的な知恵は、収入の範囲内で暮らすのがいいと教える。だが私たちはより豊かな人生を選択することができる。それは資産の欄に集中し、収入を増やすことから始まるのだ。

第十五章

「カンニングはするな」の裏側

「全員で協力し、互いに包み隠さず物事を行い、他者を利用して儲けようとしないことだ。偏ったやり方での成功は長続きしなくなるだろう」――バックミンスター・フラー

学校の勉強において、特にテストの最中に誰かに助けてもらおうとしたらそれはカンニングになる。私が高校生の時、貧乏父さんの指導要領を見たところ、カンニングを「人に助力を与えること」と定義していた。だがそれはとても人間的なことではないかと思ったものだ。

金持ち父さんは、まだ高校生だった息子と私を、仕事のチームの土曜日のミーティングに同席させた。私がまず気がついたのは、金持ち父さんは、チームで一番賢い人間である必要はないということだった。実際、教育レベルはチームの中でもっとも低かったかもしれない。

彼を取り囲んでいたのは弁護士、会計士、銀行員、マネージャー、不動産ブローカー、株式仲買人などだった。金持ち父さんは、指示を出すというよりも抱えている問題について相談し、問題解決の方法を聞いているようだった。

一方、貧乏父さんは、請求書の束を前にして支払いのやりくりに四苦八苦していたものだった。

金持ち父さんはお金の問題を、自分より知識のある人々の助力を得ることで解決していた。彼は人々と協力して仕事をするのがうまかった。

貧乏父さんは正反対だった。彼はお金の問題をすべて自分で解決しようとし、カンニングはけっしてしなかった。ビジネスの世界では、カンニングの反対語は「協力」だ。

Q　どんなチームを作ればよいか？　どんなスタッフを入れるべきか？

A　私のアドバイザーたちを見てほしい。彼らが私のチームメンバーだ。

1．トム・ホイールライトは公認会計士で、税金についてのアドバイザーだ。ご存知の通り、税金は最大の支出になる可能性がある。

2．ケン・マクロイは借金に関するアドバイスをしてくれる。ニクソン大統領は一九七一年に金とドルの交換を停止した。それ以降、借金は新しい時代のお金となった。

3．ブレア・シンガーは私の友人で、一九八一年からアドバイザーを務めている。セールス全般で、とても頼りになる男だ。セールス絡みでビジネスが滞った場合、ブレアはスタッフにセールスの方法を伝授する。彼は「セールス＝収入」だと言う。あなたが起業家なら、真っ先に必要なスキルは、自分自身も含めて、人々に売り込む能力だ。

4．アンディー・タナーは紙の資産や株式についてのアドバイザーだ。私が知る限り、株式投資でキャッシュフローを生み出す方法の指導について、彼の右に出る人物はいない。

5．ダレン・ウィークスは教育関係の起業家としての私にアドバイスをくれる。彼は今まで数十万人にキャッシュフローゲームのやり方を指導し、大きな財を成した。

6．ギャレット・サットンは法律関係のアドバイザーだ。彼は強欲な裁判沙汰や厄介な税金問題から私の資産を守り、何度も窮地を救ってくれた。

7．リサとジョッシュ・ラノンは社会貢献についてのエキスパートだ。あなたも知っての通り、善意が足りないと思われたら、ビジネスはすぐに廃業に追い込まれる。

　そして、もちろんキムを忘れてはならない。彼女は女性を指導することに並々ならぬ情熱を持っている。彼女は、男にはない思いやりと理解を持って話をする。

Q　私も同じようなアドバイザーを持たなければいけないということか？

A　その必要はまったくない。これらは一つの例に過ぎない。一人ひとりのアドバイザーが、自分の知識や経験を元にした本を書いている。また、彼らは金持ち父さんのラジオショーにたびたび出演している。今までの放送分はすべてアーカイブ化されているので、時間がある時にrichdadradio.com/radioを訪れて聞いてみてほしい。

Q　なぜあなたのアドバイザーの話を聞くことを勧めるのか？

A　理由はたくさんある。ひとつには、金持ち父さんのラジオのアドバイザーの話を聞くことは、学習の円錐の重要な要素だからだ（図⑯）。

私が自分のアドバイザーを紹介したのは、それによってあなたが良いアドバイザーと悪いアドバイザーを見分けることが出来るようになるからだ。覚えておいてほしい、カンニングの反対語は協力だ。協力があれば、金持ちになるために一番賢い人間になる必要はない。賢いチームを持つ方がはるかに効果的だ。

●バッキー・フラーの教え

私が一番好きなフラーの言葉はこれだ。「私たちの失敗は、多くの要素が絡んだ結果である。だがもしかすると一番の理由は、私たちの社会が、分化・専門化は成功のカギだという考えに基づいているからかもしれない。専門化することが総合的な見方を阻害しているということに気づかないのだ」

フラーは、学校は私たちを専門家、会計士、エンジニア、弁護士などのスペシャリストとして訓練する場であると指摘している。だが困ったことに、問題解決のためにはさまざまな分野のスペシャリストが必要になってしまう。

(76)学習の円錐

2週間後に覚えている割合		かかわり方
言ったりやったりしたことの90%	実際に体験する	能動的
	疑似体験をする	
	体験を劇化してやってみる	
言ったことの70%	それについて話してみる	
	討論に参加する	
見たり聞いたりしたことの50%	実際の現場を見学する	受動的
	実演を見る	
	展示を見る	
	テレビや映画を見る	
見たことの30%	写真を見る	
聞いたことの20%	話を聞く	
読んだことの10%	本を読む	

（資料『経験の円錐』エドガー・デール、1969）

フラーは金持ち父さんをジェネラリストと呼んだに違いない。金持ち父さんは起業家であり、様々な分野に知識のあるジェネラリストだった。弁護士や会計士のようなスペシャリストは深い知識を持っているが、ある意味では多くを知らない。金持ち父さんが問題解決のためにスペシャリストのチームを抱えていたのはこのためだ。あなたもそうすべきだと思う。

本当のファイナンシャル教育は今までと反対の思考に焦点を絞ることだと分かってきたのではないだろうか？　そして、チームで問題に取り組む場合、スペシャリストとジェネラリストの両方が必要であることも。

●セカンドチャンスのための教え

あなたが踏むべき手順は次のようなものだ。

1．自分のアドバイザーチームのリストを作る。
2．まだアドバイザーがいないなら、金持ち父さんのラジオショーの私のアドバイザーの話を聞いてみよう。そうすれば自分がアドバイザーに求めていることがはっきりするだろう。
3．すでにアドバイザーがいるが、あまり彼らに満足していないなら、金持ち父さんのラジオショーを聞いて、より良いアドバイザーを見つけよう。
4．アドバイザーとブローカーの違いを知っておこう。多くの人がアドバイザーではなく、セールスマンからアドバイスを受けている。
5．ウォーレン・バフェットは言った。「保険のセールスマンに保険に入るべきかどうか聞いてはいけない」

ファイナンシャル教育はコインの裏側を見せてくれる。

次の三つを覚えておいてほしい。

1．助力を求めることがカンニングだとされるのは学校だけだ。無知であってもまずいことは一つもない。逆に賢いふりをするのは駄目だ。また、必要なことはすべて知っていると思っていると、それ以上賢くなるのは難しい。

2．あなたが賢くなると同時に、チームも賢くならなければならない。チームメンバーの中に、常に学ぶ姿勢がなく進歩のないスタッフがいたら代わりを探そう。

3．愚かの反対は「賢い」である。賢くなるための一番良い方法は謙虚に、自分がすべてを知らないことを認める姿勢だ。もし自分はすべてを知っている、というアドバイザーがいたら別の人を探そう。すべての答えを知っていると考える人はそれ以上進歩しない。

第十六章

「金持ちは強欲」の裏側

「あなたは、自分が得られるものを他者も得るという状況を心から喜べるだろうか?」——バックミンスター・フラー

多くの人々が、金持ちは強欲だと信じている。確かに強欲な金持ちもいる。また、多くの人が、強欲になることが金持ちへの唯一の道だと信じている。実際、強欲によって金持ちになった人も多い。

金持ち父さんはいつも言った。「人々が眉を顰めるのはその人物が稼いだ金額ではなく、その方法だ」

フットボール選手が数百万ドルを稼いでも、文句を言う人はいない。彼らは何年も厳しい練習を積み重ねてきたからだ。子供の頃から夢を追いかけ、何年間も無給で練習してきた。そして今、プロとして数百万ドルを稼ぎ、数百万人のスポーツファンを楽しませている。

同じことが数百万ドルを稼ぐ映画スターにも言える。彼らが大金を得ることに文句を言う人はいない。トム・ハンクスやサンドラ・ブロックが数百万ドルを得るのは、彼らの映画を愛する人々が数百万人いるからだ。

子供の頃、ビートルズが数百万枚のレコードを売って億万長者になったことがうれしかった。彼らの音楽は私をとても幸福にした。

だが、金持ちの雇用主が従業員を安い賃金で働かせたら、人々は怒る。

ケチや無慈悲、不誠実、犯罪、非倫理的、不道徳などによって富を得ることを人々は許さない。

●血圧が上がる事実

次のことを考えると私の血圧は上昇してしまう。

・二〇〇七年の暴落の原因を作った銀行家たちはたっぷりボーナスをもらっている。彼らのせいで数百万人が仕事や家、そして未来を失ったにもかかわらず。

・腐敗した政治家が権力を使って自分や友人たちを富ませている。

・経営不振の企業のCEOが数百万ドルの給与をもらっている。彼らが無能なせいで多くの従業員が仕事を失くし、株主が金を失っているのに。

・連邦準備銀行、ウォールストリート、そして米国政府は数兆ドルの贋金を巨大銀行に注入し、貧困層、中流層、そして未来の世代の金を使ってまで、金持ちの友人たちを守ろうとしている。

・国家公務員の組合は、自分たちが仕えるべき市民のお金を、退職金や年金という形で盗んでいる。公務員は、国のために命を危険にさらした退役軍人よりもはるかに多くの年金をもらう。

・私が見聞きした最近の例だと、五八歳で退職したフェニックス市の図書館司書が、退職金として二八万六〇〇〇ドルをもらい、生涯にわたって一〇万二〇〇〇ドルの年金を受け取るという。

・二〇一一年、フェニックス市の三人の消防士が退職時にそれぞれ、年金とは別に一〇〇万ドル以上を受け取ったという。ある記事によれば、フェニックス市の公務員のトップ五〇人が七五歳までにもらう総額は一億八三〇〇万ドルだという（言うまでもないが納税者のお金だ）。

フェニックスの人々は激怒し、これらの公務員の欲の深さにあきれている。数百万ドルのお金が人々には分け与えられず、ごく少数の人々が受け取ってしまうのだ。

別の見方を検討してみよう。「公務員は自分たちを気前のいい人間だと思っている。自分の人生を公共のために捧げたからだ」

あなたはどう思うだろう？　こうした巨額の支払いは米国の多くの州や市で横行している。これらの例はとんでもない強欲や腐敗が進行している証拠だ。莫大なお金の強奪が行われている。強欲が世界を乗っ取ろうとしている。

●気前よくすることで金持ちになる

今度はコインの裏側を見てみよう。多くの人々が気前よく行動することで富を築いている。ウォルト・ディズニーは人々を幸福にすることによって金持ちになった。ヘンリー・フォードは自動車を労働者の手に届く存在にしたことで億万長者になった。

グーグルのセルゲイ・ブリンは、近くの図書館に行くよりもはるかに簡単に情報にアクセスできる方法を確立し、大富豪になった。

●金持ちであると同時に気前よくする方法を学ぶ

『金持ち父さん　貧乏父さん』を読んだ人なら、私の父である貧乏父さんが、金持ち父さんが自分の息子と私をタダ働きさせたことに腹を立てたエピソードを覚えているだろう。

金持ち父さんは、私たちを働かせる代わりに、気前よくすることで金持ちになる方法を教えてくれた。私たちのレッスンは長時間モノポリーで遊ぶことから始まった。

私たちはモノポリーで財産を築くやり方を知っている。それは、単純に言えば緑の家を四つ建てて、それを一軒の赤いホテルと交換することだ。

今日、キムと私は実人生でモノポリーをしている。私たちが所有するのは、モノポリーで言う緑の家を数千軒、二つのホテル、五つのゴルフ場、商業ビル、いくつかのビジネス、多くの油井などだ。また、私たちは自分が得た知識を本やファイナンシャル教育の形で人々と分かち合っている。

私たちが強欲だという批判もある。だが私は自分を気前がいいと思っている。金持ちを欲が深いといって批判する人々の多くは、家を一軒持っているだけだ。彼らの貸借対照表は図⑰のようなものだ。

本当に欲が深いのは誰だろう？　従業員か、それとも起業家か？

キムと私は世界中のビジネスや投資を通した数千の雇用に、直接的・間接的に責任を持っている。たとえば、私たちの赤いホテル――フェニックスの大規模リゾート――では八〇〇人以上が働いている。この八〇〇人が生み出す数百万ドルの税金について考えてみてほしい。また、この八〇〇人がお金を落とす他のビジネスや店、レストラン、医者、歯医者、そして家族について考えてみてほしい。

人々が判で押したように「金持ちは欲が深い」というのを聞くと私は腹を立てる。

私は、人々が強欲になるのは学校でファイナンシャル教育をしないせいだと思っている。お金はあっても資産がない時、人は強欲で、死に物狂いになり、人に求めてばかりになる。

Q　つまり、金持ちは強欲だと言っている人々のほうがもっと強欲だということか？

A　イエスでありノーでもある。それはコインのどちら側の視点に立つかで決まる。

⑰多くの人は家を一軒しか持っていない

貸借対照表

資産	負債
家０軒	家１軒

貧乏父さんは金持ち父さんのことを欲が深い人間だと思っていた。金持ち父さんは、貧乏父さんを強欲だと思っていた。だが私から見れば二人とも非常に気前がよかった。

あなたはコインの縁に立って、どちらの面が自分にとって真実かを見極めなければいけない。

あなたのセカンドチャンスは気前のよさと強欲の定義をすることから始まるのだ。

Q　なぜ金持ち父さんは貧乏父さんを欲が深いと思ったのだろう？
A　貧乏父さんは、金持ちから多くをとって貧しい人々にまわすべきだと信じていた。金持ちがもっと多くの給料を払い、もっと高い税率を課せられるべきだと考えていた。
Q　貧乏父さんは社会主義者だったのか？
A　そうとも言える。彼は隣人を助けるべきだと信じる良き人だった。
Q　そして金持ち父さんは資本主義者だと？
A　そういうことになるだろう。彼もまた、人々を助けたいと考えていた。
Q　まったく異なる二人に同じことが言えるのはなぜか？
A　それが真実だからだ。二人とも、他者の助けになりたいと考えている良き人物だった。だがどうやって助けるかについてはまったく違った視点に立っていた。

●バッキー・フラーの教え

バッキー・フラーは多くの予言を残し、その多くが現実となった。実現していない予言については、時間とテクノロジーの進化がもう少し必要だ。私の心を捉えた予言は以下のものだ。

1．一九四五年以降に生まれた人間で、タバコを吸わない人々は一四〇歳の寿命を持つだろう。フラーは医療技術の加速度的な進歩を考慮してこう予想した。

2．コンピュータが人間にとって代わり、失業が増えるだろう。フラーはこう語っている。「スペシャリストはすべてコンピュータに置き換えられるだろう。人間は生来持っている包括性を再構築し、享受することを強いられるだろう」

今から何十年か前、六〇年代から七〇年代に、フラーはテクノロジーの進化による失業の増加を予言していた。彼は「生計を立てる」という考えがやがて時代遅れになると言っていた。

「私たちは、誰もが生活費を稼がなければならない、というもっともらしい考えを捨て去らねばならない」

フラーはまた、以下の言葉も残している。

「現在、生命維持に必要な富の生産とは無関係な人々が、毎日車やバスで数億ドル分のガソリンを使い、富を生み出してはくれない一九八〇年代的な時代遅れの仕事に行く。彼らに金を払って家にいてもらえれば、全世界が一日数兆ドルを節約できることはコンピュータで計算しなくても容易に想像がつく」

二〇一四年、給付金制度が拡充され、大学を卒業したばかりの若者が職を見つけられない時に、私はフラーが一九八三年の講義で言った言葉を思い出した。「未来では、人々に家にいてもらうために金を払うのが理にかなうようになる」

一九八三年当時、この考え方はまったく実感が湧かなかった。

Q　で、あなたの懸念は何なんだ？

A　フラーの予言が現実になり始めていることだ。今日、中国のような低賃金の国家でさえ大規模な失業に悩まされている。現在の中国では数千の工場が操業停止状態になっている。

私の懸念は、数十億人が失業して、おまけに一〇〇歳以上生きるようになったらどうなるかということだ。

Q　そんなことは起こりっこない。

A　一九八三年には私もそう思っていた。だが今はそれもあり得そうな勢いだ。もし中国や米国、そして世界で数億人が失業して政府が破綻し、人々に金を払って家にいてもらうようになったらどうする？　そう考えるとゾッとする。

一九八三年、私が受けた講義の中でフラーは言った。未来にこうした問題を抱えるのは君たちの世代だと。私が心配しているのは、未来はすでに実現しているということだ。

Q　「人間は生来持っている包括性を再構築し、享受することを強いられるだろう」というフラーの言葉の意味は？

A　彼は、人々が家にいてお金が貰えれば一番幸福だと信じていた。世界をより良い場所にするわけでもない仕事に行くために交通渋滞にはまる人々が少なくなれば、環境にはよいだろう。

「包括性を再構築する」という部分は、働きに行かずお金をもらって在宅する少数の人間が、ひらめきによって「魂の仕事」をし、神に与えられた人生の目的を果たすことを指している。そして、数百万の人々がフラーの言う「自発的に呼び起こされる」仕事をし、給与のためではなく、自分の意思でこの惑星が抱える問題を解決するようになる、と語っている。

Q　あなたもそうしてきたのか？

A　そうだ。一九八三年に『グランチ』を読んでから、自分がすべきことが分かった。

Q　それは何だ？

A　それは、ジョージ・オーウェルが『一九八四年』の中で言ったことだ。「偽りがはびこる時代に真実を語るのは革命的行動だ」。キムと私が思い切って行動に出たのは奇しくも一九八四年だった。

Q　あなたが考える解決方法は？

A　まず教育改革だ。もはや「学校に行って良い仕事に就け」とは言えない時代だ。人々に、従業員ではなく起業家になる教育をしなければならない。世界は単なる金儲けではなく、雇用を創出し、世の中が抱える問題を解決する起業家を求めている。

幸いなことに、今日多くの人々が起業家になっている。だが問題は彼らがお金のために働くSクワドラントの起業家だということだ。世界が求めているのは資産を作り、キャッシュフローを生み出すBクワドラントの起業家だ。お金を生まない資産ではなく、世界を変える資産だ。

Q　つまり、あなたは私にこう自問せよというのか？「もし生活費を稼がなくてよいなら何をする？　給与が必要なくなったら社会のためにどんな貢献をする？」

A　そうだ。それは一九八三年に私が自らに問いかけたことだ。

●セカンドチャンスのための教え

自分にこう問いかけてみよう。「お金のために働かなくてよいとしたら何をするだろうか？」さらにこう問いかけよう。「そうなったら私は、自分の知識や人生に対して強欲になるだろうか、それとも気前よくなるだろうか？」

これらは同じコインの裏表だ。ファイナンシャル教育はコインの裏側を見せてくれる。

自分の知識を独占し、所有物や情報を独り占めすることもできる。人々と分かち合うこともできる。ファイナンシャル教育は気前のいいものであり、強欲ではない。

第十七章

「投資は危険」の裏側

「私は人生の大半を、真実ではないと証明された物事を忘れることに費やしてきた」——バックミンスター・フラー

ほとんどの人が投資は危険だと信じている。また、ほとんどの人にとって投資は危険だ。グランチはあなたに、投資は危険だと思い込ませたいのだ。

Q　なぜグランチはそう信じ込ませたいのか？

A　そう信じた人々が自分たちにお金を差し出すからだ。

Q　あなたは、学校でファイナンシャル教育をしないのもそれが理由だと考えているのか？

A　私にはそう思える。多くの教師が学生に、お金を貯めて株式市場に長期投資をせよ、と教えている。このアドバイスに従うと、あなたのお金はそのままグランチのポケットに収まることになる。

Q　それはまずいことだろうか？

A　いいや。繰り返すが、何事にも二つの面がある。投資は危険だと考える人もいれば、そうは思わない人もいる。問題は、あなたが何を信じるか、あなたが何を信じたいか、だ。
フラーは言った。「私は人生の大半を、真実ではないと証明された物事を忘れることに費やしてきた」

Q　だが、あなたのやっていることにもリスクはあるだろう。

A　もちろんリスクはある。だが何事にもリスクはあるものだ。あなたは歩き方を覚える時、転ばなかっただろうか？

Q　もちろん転んだ。

A　今では転ばずに歩けるだろう？

Q　もちろん。

A　投資にも同じことが言える。車の運転は？

Q　運転する。

A　どうやって車の運転を学んだ？

Q　父に教わった。

A　お父さんの指導は運転のリスクを増やしただろうか？　減らしただろうか？

Q　もちろんリスクを減らした。そうか、言いたいことが分かったよ。

A　実際に投資をはじめる前に、私が三日間の不動産セミナーを受講し、九〇日間投資物件探しの練習をした理由が分かるだろう。

Q　リスクを軽減するため？

A　それと、リターンを大きくするためだ。三日間のセミナーと九〇日間のトレーニングは私を億万長者にしてくれた。だが、もっと大切なのは、それが私のお金のリスクを減らし、見返りを大きくしてくれたことだ。見返りとは、例えば仕事をする必要がないこと、株式市場の上がり下がりに気を揉む必要がないことなどだ。

教育と練習のおかげで、クビを恐れて上司の顔色を窺って生きることから解放され、働かずして欲しいだけの金を稼ぎ、人生を楽しめるようになったのだ。

Q　つまりリスクの反対は大きな見返りだということか？

A　それは反対の要素の一つに過ぎない。私にとってリスクの反対語はコントロールだ。リスク＋コントロール＝見返り、だ。

●操縦を学ぶ

一九六九年、私は飛行機の操縦を学ぶためにフロリダのペンサコーラに出頭した。それは実に楽しく、エキサイティングで、自分を成長させてくれる教育課程だった。最初は芋虫だった私は二年後には蝶になって飛び立った。それは教育と言うより変身だった。

三日間の不動産セミナーでも同じことが起こった。受講当時、私はただの貧しい男だったが、一年後には金持ちになっていた。勤め先も給料も二度と必要なくなっていた。

●コントロールすることの大切さ

ベトナムの空を飛ぶことで、私はリスクや見返り、そして物事をコントロールすることについて多くを学んだ。それらを私は投資家として今日でも役立てている。私が学んだコントロールについて話そう。

1．教育におけるコントロールの必要性

パイロットとして訓練を受けていた頃は、常に学校にいた。学ぶことを止めることはなかった。そこでは、学ぶことと生きることは不可分だった。学べば学ぶほど、生き残る可能性は高まった。

2．アドバイザーについてのコントロールの必要性飛行学校の教官たちは皆純粋なパイロットで、お金の問題を抱えていた。彼らが金持ちからではなく、セールスマンからアドバイスを受けていたからだ。

3．時間をコントロールする必要性

ほとんどの人は働くのに忙しく、金持ちになる時間がない。

Q　教育やアドバイザー、時間などをコントロールすることで、リスクを軽減し見返りを大きくした例を教えてほしい。

A　例えば私がエクソンモービルの株に一万ドルを投資したとする。そこにリターンがあるという保証はない。だがどこかの油井に投資すれば、政府が税金の控除を通して三二〇〇ドルのリターンを保証してくれる。

Q　三二パーセントのリターン？　誰もがその課税控除を得られるのか？

A　もちろん。誰もが同じような投資ができる。もう一度言おう。三つのコントロールがカギだ。自分の教育をコントロールし、アドバイザーをコントロールし、時間をコントロールする。

三二パーセントの課税控除についてもっと知りたければ、金持ち父さんのラジオショーのマイク・モーセリが出演した回を聞いてみるとよい。教育、アドバイザー、時間の三つのコントロールがいかにリスクを軽減し、リターンを増やしてくれるかが分かるだろう。

●信用のパワー

米国の紙幣にはすべて「我らは神を信ずるものなり」という言葉が印刷されている。私に言わせればこの言葉は詐欺のようなものだ。私には、神が米ドルを信じているとはとても思えない。

グランチのために働いているウォールストリートの銀行家たちは言う。「金（ゴールド）なんて野蛮な過去の遺物に過ぎない」と。彼らがそう言うのも当然だ。金は彼らのライバルだ。彼らは金が好きではない。その理由は、金は印刷できないからだ。「コインの裏側」を見れば、金は野蛮な遺物であるという評価は、いくらかの真実を含んでいる。装飾品という用途を除き、金にはほとんど価値がない。一方、銀は金よりはるかに価値がある。銀は貴金属であると同時に工業用金属でもある。金は保有されるだけだが銀は消費される。私に言わせれば銀の方がはるかに価値がある。

Q もし金にわずかな価値しかないなら、なぜ神は金を創造したのだろう? なぜ人間は金をやたらと欲しがり、貯め込み、そのために殺し合い、国を征服までしたのだろう?

A その答えは「信用」という言葉にある。金は信用するに足るものだ。金は希少で、偽造は不可能だ。

メディア帝国フォーブスのCEOスティーブ・フォーブスは、二〇一四年に出版された本『マネー』の中で、金本位制に回帰すべきだと主張し、世界が金本位制に戻るべき三つの理由を述べている。

1. 紙幣は富ではない
2. もし米国が金本位制を廃止していなかったら、人々の収入は五〇パーセントは増えていただろう。
3. 金本位制は信用を高める。金なら見知らぬ相手との取引も可能になり、お互い安心してビジネスができる。人々がお金(マネー)を信じなければ、取引は減少し、経済は縮小する。

つまり、政府が紙幣を印刷すると、人々の間や国際社会での紙幣の信用は下がり、取引も減り、そうなると経済が縮小する。経済が縮小すると正直者が損をし、しばしば自暴自棄になってしまう。そして彼らを犯罪や暴力、不道徳やテロ行為に走らせる。

●リスクの軽減

信用が低下すると、リスクは増大する。政府がお金を刷れば刷るほど、お金に対する私たちの信頼は薄れ、

⑱インカ帝国最大の遺跡マチュピチュ

リスクが高まる。今日数十億の人々が将来を不安視している。リスクを軽減するには、教育、アドバイザー、時間のコントロールを通して自分自身への信頼を高めることだ。

Q　自分への信頼をどうやって高める？

A　前にも言ったが、それは言葉から始まる。自分への信頼はお金の言葉を学ぶことから始まる。それは学校では教えてくれないものだ。

●お金の言葉

二〇〇九年、ペルーの元副大統領、ラウル・ディエス・カンセコ氏がキムと私をこの壮大な国に招待してくれた。私たちは彼が創設した私立の教育システムを見学し、リマの彼の自宅に招かれた。ラウルは教育分野の起業家で、彼が作った教育システムは幼稚園から大学までの一貫教育だった。それは非常に革新的なもので、商業の世界で活躍できる人材を育てていた。

旅行日程にはマチュピチュも入っていた（図⑱）。アンデスの頂上のこの壮大な文明を見ながら、私は同行したインカ人の学者、ロメロに質問した。「この一番高い場所に住んでいた人々と、下の世界に住んでいた人々の違いは何だったんですか？」間髪を入れずに彼は答えた。「言葉です。一番高い場所に住んでいた人々はケチュア語を話しました。商業のための言葉です」。ロメロによると、インカ帝国が南米の西海岸を支配するようになったのはケチュア語のお陰だという。

今日の世界でも状況は変わっていない。もっとも裕福なのは商業の言葉、つまりお金の言葉、学校で教わらない言葉を話す人々だ。金持ち父さんと貧乏父さんの違いも、元をただせば言葉の違いだった。二人の言語は英語だったが、決して同じ言葉ではなかったのだ。

あなたが月に数個の単語を覚えるだけで、自分への信頼が増し、リスクは下がるだろう。そしてさらに多くの見返りを得られるのだ。

Q　私を金持ちにしてくれる言葉の例を挙げてほしい。

A　分かった。資産はあなたのポケットにお金を入れてくれる、負債はあなたのポケットからお金を取っていくというのはもうわかっていると思う。他の言葉で重要なのは、キャッシュフローとキャピタルゲインだ。貧困層と中流層はキャピタルゲインを得ようとして投資する。

彼らは買って、保持し、値上がりすることを祈る。不動産の転売屋はキャピタルゲインを狙う。だから彼らは投資は危険だと考えるのだ。価格の変動はコントロールできない。キャッシュフローはほとんど期待できないし、売却して利益を得ても、税金の中で二番目に高いキャピタルゲイン税が発生する。

Q　つまり金持ちはキャッシュフローに投資するということか？

A　BとIクワドラントの金持ちはさまざまなものに投資する。キャッシュフロー、キャピタルゲイン、コントロール、税の軽減などだ。

Q　どうやってそれを学べばいい？

A　まず自分への教育を変え、アドバイザーを変え、時間の使い方を変えることだ。そうすれば、まず自分が使っている言葉が変わったことに気づくだろう。

Bとエクワドラントの金持ちたちが投資しているもの、キャピタルゲイン、キャッシュフロー、税の軽減などについては次章で学ぶ。

Q　Sクワドラントの起業家とBクワドラントの起業家の違いは何か？

A　Sクワドラントの起業家は製品やサービスを売ることによって利益を上げる。

Q　それらは資産ではないのか？

A　ほとんどの場合、資産ではない。本当の資産はキャッシュフローを生む。製品やサービスはお金をもたらすだけだ。

Q　その辺をもう少し詳しく説明してほしい。もっと簡単な言葉で。

A　わかった。その違いを言葉で実感してほしい。

ある起業家がレストランをオープンしたとしよう。彼は素晴らしい料理とサービスを提供している。料理は商品で、サービスは従業員が行う。翌日も、同じことが繰り返される。だれもが勤労所得、給与とチップのために働く。だが勤労所得への課税は一番大きい。お金のために働き、貯金し、401(k)に投資する場合、勤労所得としての税率が課せられる。

私がBクワドラントの不動産関連の起業家で、レストランが入居しているビルのオーナーだとしよう。私は資産を提供していることになる。私は借金を利用してこのビルを買い、最も課税の少ない不労所得を得ている。それに加えて、税金面ではさらに有利になる。減価償却、無形固定資産の償却、物件の価格上昇などさまざまなタイプの収入が生まれるからだ。

Q　減価償却、無形固定資産の償却、価値の上昇などは違ったタイプの収入と考えてよい？

A　その通りだ。これらの言葉の違いが分からなければ、税理士に相談してみるとよい。あるいはトム・ホイールライトの著書、"Tax-Free Wealth"（非課税の富）を読むのもよい。この章での教えはリスク、言葉の大切さ、そしていかにして言葉がリスクを軽減するかだ。ぜひトムの金持ち父さんのラジオショーを聞いてみてほしい。

Q　では、Sクワドラントの起業家は死ぬほど働き、リスクを引き受け、多くの税金を払うということか？そしてBクワドラントの企業家の労働量はずっと少なく、実入りはずっと多く、しかも税金が安いと？

A　そうだ。原因は言葉の違いだ。クワドラントによって使う言葉が異なるのだ。

次の話は『金持ち父さん　貧乏父さん』で紹介したものだが、今回は別の視点で見てみよう。マクドナルドの創設者、レイ・クロックは言った。「私のビジネスはハンバーガーを売ることではなく、不動産業だ」言い方を変えれば、マクドナルドのハンバーガーやフレンチフライなどの商品とサービスが、真の資産である不動産の支払いをしているということだ。マクドナルドが世界一の不動産会社の一つであるのはこれが理由だ。

つまり、貧困層と中流層はEとSクワドラントの言葉を使うが、金持ちはBとIクワドラントのお金の言葉、インカ人で言えばケチュア語を使うということだ。

金持ち父さんは言った。「言葉は人を金持ちにしたり、貧乏にしたりする力を持っている。もし金持ちになりたければ、金持ちにしてくれる言葉を使いなさい。幸いなことに、言葉は無料だ」

●バッキー・フラーの教え

フラーは『グランチ・オブ・ジャイアンツ』の中でこう書いている。

「企業というものは物質的なものでも形而上の存在でもない。企業は社会経済学的な策略、法的に認められたゲームであり、圧倒的な権力を持つ社会経済的な人々の間で合意され、人間社会とそれを構成する無知な人々に対して押し付けられているのだ」

Q　フラーは何を言いたいのか？

A　彼は、巨大銀行や企業を牛耳る見えない力、グランチを信じるのは危険だと言いたいのだろう。

個人資産をグランチに任せるのは危なすぎるということだと私は思う。もしどうしても紙の資産に投資するのであれば、長期投資はすべきでない。それよりもストックオプションへの投資についてのセミナーを受講し、株式市場が上がったり下がったりする時にいかに儲けるかを学んだ方がいい。

コインの裏側から見ると、もしリスクを減らして金持ちになりたいならば、グランチの言葉、つまりBとIクワドラントの言葉を憶える必要があるということだ。

●株式投資のリスクを軽減する

株式市場に投資するのであれば、金持ち父さんのラジオショーで、アドバイザーのアンディー・タナーの話を聞くといい。

アンディーはユーモアを交えてポイントを解説する才能がある。例えば、彼はゲストとして番組に登場した時こんなことを言った。「もしあなたがタイタニック号の航海に参加したら、まずすべきは救命ボートの数を数えることだ」

あなたの一時間を投資してアンディー・タナーの話を聞いてほしい。セカンドチャンスの素晴らしいスタートとなるだろう。

●セカンドチャンスのための教え

多くの金融の専門家が言う。「大きいリターンを得るためには高いリスクを負う必要がある」

Q　それが真実でないとすれば、なぜ彼らはそんなウソを言うのか?

A　さあね。嘘つきなのか、詐欺師か、あるいは単なる馬鹿かもしれない。

恐らく、自分が人から教えられたことを繰り返しているだけなのだろう。彼らはフラーが勧めるような生き方をしていない。フラーはこう言っていた。「私は人生の大半を、真実ではないと証明された物事を忘れることに費やしてきた」

今日、数百万人の米国人が401（k）や個人退職年金を通して自分のお金を知らない人々に託している。彼らは言えと教えられたことを繰り返しているオウムたちの指示にやみくもに従っているに過ぎない。彼らの提案はとても危険だ。

ファイナンシャル教育はコインの裏側を見せてくれる。

リスクの反対はコントロールだ。セカンドチャンスを捉えるためには、教育、アドバイザー、時間などのコントロールを取り戻さなければいけない。

第十八章

「お金を貯める」の裏側

「私たちの富はお金を通して盗まれている。なのになぜ預金するのか?」――バックミンスター・フラー

金融の専門家たちは「とにかく預金しろ、預金しろ、限界まで」という。

多少でも正気の人間は疑問に思うだろう。「政府が紙幣を印刷している時になぜお金を貯めるんだ?」

●なぜ預金は損なのか

預金をすると富は失われる。預金する人は部分準備制度によって富を奪われることになる。預金準備が一〇だとすると、銀行は一ドルの預金で一〇ドルを貸し出せる。ビル・クリントン政権下では、バンク・オブ・アメリカやシティバンクなどのメガバンクは預金準備の上限三四で運営され、預金一ドルにつき三四ドルを貸し付けることができた。つまり、預金されている一ドルが持つ購買力は三四倍に薄められるということだ。

預金準備システムは「お金を印刷する」方法のひとつであり、結果的に預金者は損をする。お金は預金した時ではなく、誰かが借りた時に生まれる。

預金して損をするもう一つのケースは投資信託だ。投資信託の会社は隠れた手数料で利益を出している。バンガード・グループの創設者、ジョン・ボーグルは言う。「あなたは投資信託のオーナーとして一〇〇パーセントの資本を出し、リスクを一〇〇パーセント引き受けて三〇パーセントのリターンを受け取るシステ

ムに本当に投資したいですか?」つまり、ファンド自体はまったく金を出さず、リスクも負わず、七〇パーセントの利益を取るのだ。

ワイマール共和国の時代、預金者は最大の被害者となった。一九一八年から一九二三年の五年間に多くの億万長者が貧民になってしまった。

Q　預金の反対の行動というのは何か?　借金をすることか?

A　それはイエスでもありノーでもある。借金は答えの一つでしかない。

預金することの反対は、「お金の速度」と呼ばれるものだ。多くの人がリタイア後のための預金や投資によってお金を一か所に留めている。だが賢い人々はお金を動かす。簡単に言えば、お金を留めておくと、その価値が下がってしまうということだ。だがお金を動かせば価値は上がる。

ここに、座って一日中テレビを見ている男がいるとする。別の男は走ったり自転車に乗ったり、山に登る。一〇年後、健康を維持しているのはどちらの方だろうか?

Q　つまり、お金を素早く動かした方が良いということか?

A　そうだ。もしやり方が分かっていればだが。ハイパーインフレ当時のドイツで儲けたのは、お金をドイツ国外に動かし、他の通貨、米ドルや英ポンド、仏のフランに換えた人々だった。お金をドイツ・マルクのまま国内に置いていた人々が最大の損失をこうむった。

Q　他の通貨を買うべきだと?

A　いいや、現在は状況が違う。今は世界が地球規模の通貨戦争をしている最中だ。ほとんどの政府が一九一八年のドイツがやったのと同じことをしている。

Q　なぜ？

A　今日ほとんどの政府が自国の通貨が強くなることを恐れている。たとえば、米国通貨が強くなれば米国の輸出品は割高になり、国内の失業率が上がってしまう。すでに言ったように、世界中のリーダーが失業率の上昇を怖がっている。彼らは雇用を守るためには何でもする。自国の通貨を破壊するようなことでさえする。

Q　だから米国はドルを弱くするために紙幣を印刷しているのか？

A　弱くするための手段の一つだ。

Q　ではどうすればよい？

A　私がしていることを教えよう。しかし、同じことをするようにあなたに勧めているわけではない。

Q　なぜ勧めない？　また、それならどうして教えてくれるのだ？

A　それがかなり複雑なことだからだ。私がやり方を覚えるまで数年かかった。それでもまだ学びの途中だ。だがこれを知れば、コインの裏側が見えるようになる。人々に見えていないことが見えれば、お金のゲームについての理解が深まる。本当の金持ちはお金を留めておかない。彼らはお金を動かすのだ。

Q　私が同じことをしようとしたらどうする？

A　その時は、「幸運を祈る」と言うしかない。このゲームには少数の勝利者がいるだけで、ほとんどは生き残れない。図㊾を見てゲームのルールを理解したら、この「お金の速度」ゲームに参加するか決めよう。このゲームが自分に合っているかどうか、決められるのはあなただけだ。

●矢印の番号順にお金の流れを追っていく

矢印❶はキムと私がリッチダッド・カンパニーを立ち上げるために投資家から二五万ドルを集め、ゲームが始まった地点を表す。

矢印❷はビジネスに再投資したことを表す。矢印が回ってビジネスに戻っているのは、再投資の資金には課税されないことを表すためだ。

この非課税の収入は従業員を増やしたり、設備投資をしたり、ビジネスを拡充するために使われる。

矢印❸は投資のリターンを受け取ることを表す（金額の四倍）。つまり投資家たちは二年のうちに投資額の四〇〇パーセント、一〇〇万ドルを受け取ったことになる。

矢印❹はキムと私が会社から給与やボーナスとしてお金をもらったことを示す。これにはもちろん課税される。ビジネスからお金を得られるようになるまで三年近くかかった。

矢印❺はいわゆる「十分の一税」、つまり収入の一〇パーセントを私たちが登録された慈善団体に差し出すことを示す。十分の一税によって政府から税額控除を受けられるというメリットもあるが、第一の目的は精神的なことだ。控除はあくまで付加的なものだ。

私たちが十分の一税を納めるのは、神は私たちのパートナーだと信じているからだ。パートナーにお金を支払わなければ、一緒に働いてはくれないだろう。

覚えておこう、もし人々の笑顔が見たければ自分が微笑むことだ。殴ってほしければ誰かを殴ればよい。そして、お金が欲しければお金を与えることだ。

人々が「もしお金があれば人に分け与える」と言うのを聞くと、私は笑ってしまう。私に言わせれば、彼らは人に分け与えないからお金に縁がないのだ。

矢印❻は不動産への投資を表す。矢印の上は（金額の四倍）となっている。金額は私たちの出資分、不動産投資の頭金だ。この四倍が銀行からの貸付金だ。借金によって納税義務が免除される。

⑲お金の速度

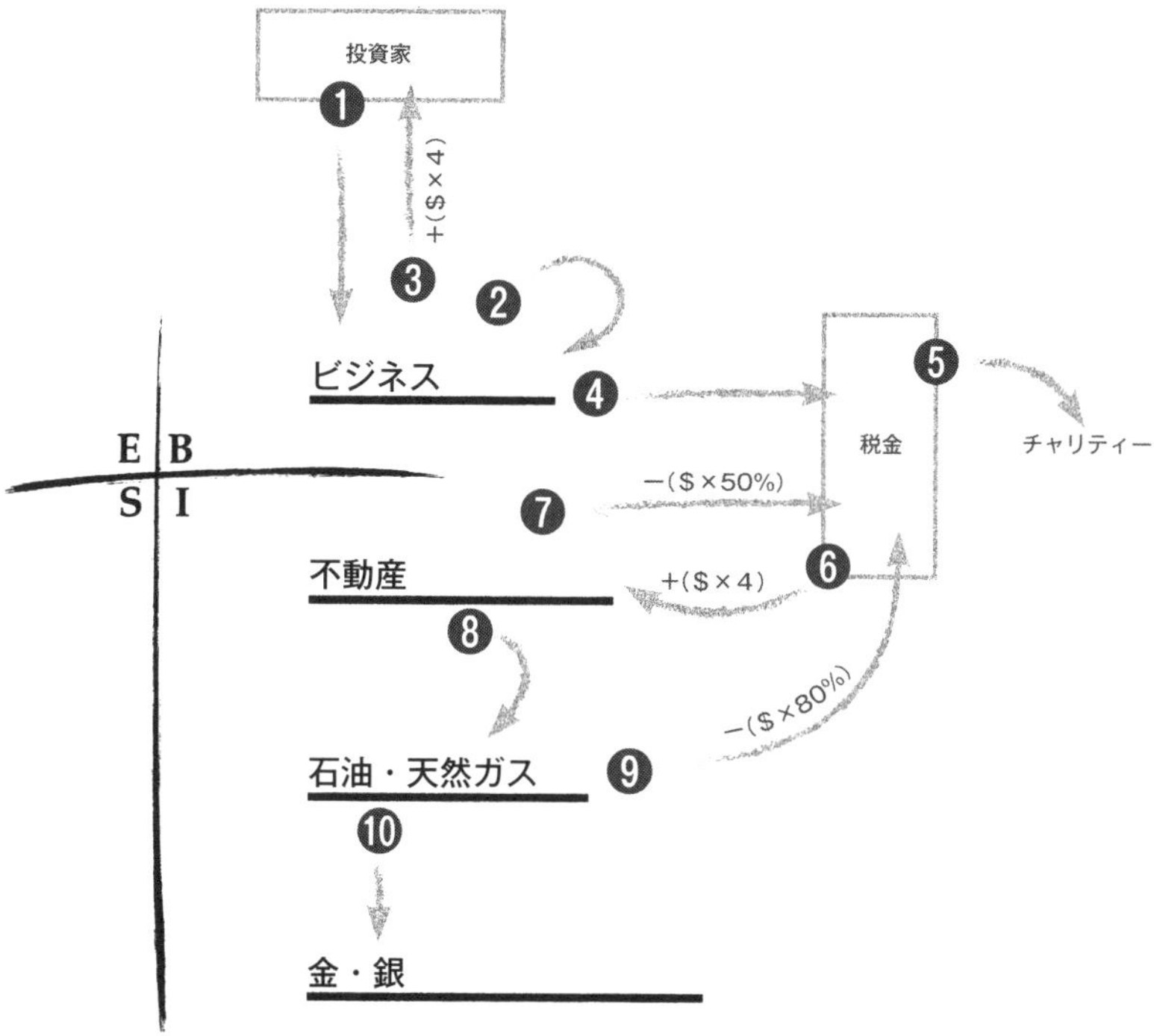

矢印❼は適用される課税控除を表す。（金額×五〇パーセント）は税金が減額されることによる政府からの還元を表す。これは見えないキャッシュフローなどと呼ばれる。例えば、収入に対して一二〇〇ドル課税されるとしよう。私が投資物件を持っていれば政府は損失分を控除してくれる。損失の一つは減価償却だ。説明を簡単にするために、私の減価償却は五〇〇ドルだとしよう。この場合、政府に一二〇〇ドルを支払う必要はない。税金額は七〇〇ドルに減額される。五〇〇ドルの減価償却は見えないキャッシュフローと呼ばれる。なぜならその金は私のポケットから出ていかないからだ。その五〇〇ドルは政府に差し出す必要がない。

矢印❽は油井や天然ガスへの投資を表す。

矢印❾は税金の控除を表す（金額×八〇パーセント）。石油や天然ガスへの投資によって税金から控除される金額だ。

私は前の章で石油や天然ガスへの投資で三二パーセントのリターンを得た話をした。

私が課税率四〇パーセントの区分にいるとして、三二パーセントのリターンを得たことになる。石油や天然ガス井戸に一〇〇〇ドル投資すると八〇パーセントの控除が受けられる。控除がなければ払っていた税金は八〇〇ドル×四〇パーセント＝三二〇ドルで、税金が減額されたことで三二パーセントのリターンを得たことになる。政府に行くはずのお金が自分のポケットに入るのだ。

税金の内訳を見てほしい。

一二〇〇ドル－五〇〇ドル－三二〇ドル＝三八〇ドル

クワドラントのBとIの側に立てば、投資すればするほど税金は減額されていく。

矢印❿、一〇パーセントは金と銀への投資だ。私は、預金するよりも金と銀を買う方を選ぶ。私としては金・銀は本来それほど良い投資対象だとは思っていない。両方とも課税率が非常に高いからだ。

私はその理由を、米国政府が一般市民にそれらを保有してほしくないからだと考えている。

私が金・銀を保有するのはドルが暴落した時の保険としてである。一九二三年のライヒスマルクの暴落のような事態に備えるためだ。

これらは「お金の速度」として知られるゲームについての私個人のルールブックだ。

忘れないでほしい、これらの説明は非常に複雑な状況を極めてシンプルにしたものだ。使用した数字も大体のものだし、市場の状態や税金区分によって大きく変わる。実際に行動を起こす前にこうしたことに通じた会計士や専門家のアドバイスを受けるべきだ。

もしあなたのアドバイザーがこの話を理解できないようなら、トム・ホイールライトの本"Tax Free Wealth"（非課税の富）を参考にしてもらうとよいだろう。

あなたのアドバイザーが「そのやり方はここではできませんよ」と言うなら、アドバイザーを代えよう。この手法は世界中でさまざまな形で行われている。世界の金持ちたちが行っているゲームなのだ。

Q　これら一〇のステップをもっと理解するにはどうしたらいい？

A　学習の円錐によって実証された方法は「グループディスカッションに参加すること」だ。

あなたやグループのメンバーたちが、一〇のステップを少なくとも一〇回復習すれば、ほんの少数の人々しか知らない「見えないお金の世界」が見えてくるだろう。

Q　ひとつ確かめておきたい。あなたはこれを投資家の金ではじめたわけか？　自分は全く出資しなかったのか？　そして今日、自分ではまったくリスクを負わずに数百万ドルの金を得たということか？

A　そうだ。

Q　この方法だと、お金が儲かれば儲かるほど投資しなければならなくなる。投資すればするほどお金が儲かり、税金を抑えられる方法で投資を続けるということか。

A　そうだ。

Q　お金の流れが遅くなったら収入が減り、税金が高くなるということか？

A　そうだ。

Q　あなたは、銀行の預金口座や退職資金の口座に留まっていた人々のお金を元手にしたわけか？

A　その通り。

Q　人々の預金を高速で動かしたということか？　あなたの役割はお金を動かすことだったのか？

A　その通りだ。

Q　こうして金持ちはますます金持ちになり、お金が動き続けていくということか？　お金は廻り続けていかなければいけないということか？　お金はキャッシュフローを生む資産を手に入れることに使うのが一番効率的だと。この理解でよいのだろうか？　これが金持ちのゲームなのか？

A　まったく正しい。

Q　もしお金が廻らなくなったら経済がストップする？

A　そうだ。

Q　政府が税の控除をするのもそれが理由か。そうすれば人々は雇用機会を作り、借金をして家や食料、エネルギーに投資すると？

A　そうだ。キャッシュフローは経済を動かしていく。もし皆が預金する世の中だったら経済は落ち込んでしまうだろう。税金は政府が提供する奨励制度だ。税金は「我々はあなたにこうしてほしい」という政府の意思表示なのだ。ホームオーナーに対する住宅ローンの利子についての税金控除は、政府の「私たちの意思どおりのことをしてくれてありがとう」というお礼の言葉だ。

Q　貧困層や中流層が貯金をするとお金の流れが止まってしまうので、政府は彼らのお金に課税する。彼らはある意味お金を動かさないことに罰金を科されているのか？

A　そうだ。

Q　あなたは決して株式や国債、投資信託などの紙の資産に投資しない。また預金もしない。その理由は？

A　紙の資産は第三の富だからだ。

Q　あなたが投資するのは資源や生産などの第一、第二の富だけか？

A　そうだ。

Q　なぜ第一、第二の富なのか？

A　それが政府が私たちに望んでいることだからだ。また、起業家がしていることもそれだ。起業家は誰かに雇用されるのではなく雇用を創り出す。起業家は株を買うのではなく、会社を作って自社の株を売る。

Q　これが本当のファイナンシャル教育か？　ファイナンシャル教育はコインの両側について教えるべきだと？

A　そうだ。ほとんどの「うわべのファイナンシャル教育」では一つの側しか教えない。EとSの層に売られる紙の資産、つまり第三の富だ。本当の富はBとIの側からしか生まれない。

Q　EとSも同じような税金面の優遇が受けられるのか？

A　答えはイエスでありノーでもある。税金面での優遇が何を指すかによる。E・S側のほとんどの人にとってロスIRA（非課税の退職金口座）が一番良い選択だろう。

Q　何かデメリットはあるのか？

A　それが第三の富であることだ。キャッシュフローよりもキャピタルゲインに大きく左右されるハイリスク・ハイリターンの投資だ。コントロールも効かない。そして税金面の優遇があるのはずっと先だ。だが、一番大きいデメリットはお金をロスＩＲＡに留めておかなければならない点だ。

Q　つまり金持ちは無からお金を生みだすということか。私たちはお金のために働き、税金を払っているというのに。

A　おめでとう、ついに理解したようだね。「一つのものには必ず複数の面がある」や「コインの裏側」「陰と陽」などの意味もこれで分かったと思う。あなたは今や、世界中の九九パーセントの人々よりもお金について理解している。見えない世界が見えてきたはずだ。コインの反対側を見ることができれば、どうやって資産が作られるか理解できる。

Q　つまりお金は頭の中で作られるということか？

A　その通りだ。本当の資産というものは存在しない。本当の資産は創造されるのだ。スコットランドに住む私の友人の話を覚えているだろうか？　彼は築一五〇年の教会を買い取り、それを資産に作り変えた。彼がさまざまな要素を繋ぎ合せるまで資産は存在しなかった。五年もの間、人々は教会の「売り家」の看板を目にしながら給料をもらうために通勤していた。彼らの目には古びて荒れ果てた教会にしか見えなかったものが、グレアムには資産に見えたのだ。

資産はまず彼の意識の中で生まれ、心と感情の中で形になった。そして彼は行動を起こしたのだ。これが本当のファイナンシャル教育というものだ。真のファイナンシャル教育とは、給与のために働き、税金を払い、貯金をし、株式に長期投資することではない。それではまるで奴隷だ。

本当のファイナンシャル教育は、ゼロから資産を作り出す力を与えてくれるものだ。忘れないでほしい、ほんの数年前までグーグルもアマゾンも存在しなかった。そしてリッチダッド・カンパニーも。

Q　つまり、富は私の頭の中にあるってことか。

A　それはあなたが決めることだ。あなたの現実も、あなたの人生も、すべて頭の中から始まる。就職することも、貯金することも、借金を返すことも、株式に長期投資することも、あなたの頭の中にある考えだ。あなたはどちらの視点からもそれを見ることができる。

キャッシュフロー・クワドラントのどの部分も、世界を見るための違った視点を提供してくれる。あるクワドラントにいる人が学んだことは、他のクワドラントの人が知っていることとは全く異なる。それぞれのクワドラントの価値観がまったく違うからだ。

たとえば、Eクワドラントの従業員は仕事と収入の安定性を何より重視する。自営業者は独立性と、自分で物事をこなすことにこだわる。Bクワドラントの企業家はチームで働き、資産を作りキャッシュフローを生み出すことにチームを集中させる。Iクワドラントの人々はBクワドラントの企業家に投資する。Bクワドラントの企業家は、より多くの資産を作り出す資産を生み出してくれるからだ。彼らがSクワドラントの企業家に投資することはめったにない。

Q　つまり、受けた教育がそれぞれのクワドラントで異なるということか？

A　そうだ。

Q　ということは、私はセカンドチャンスに備えて何の勉強をすべきか決めないといけないわけだ。そして今まで学んだことを忘れ去ることも必要かもしれないということだ。

A　そうだ。良いたとえがある。一台しか車が入らないガレージに二台の車は置けない。教育も同じだ。自分の世界を広げたかったら、ガレージを拡張しなければならない。お金についての両方の面が見えるようになったら、より大きな可能性があるところまで自分の世界を拡大できる。フラーの言葉を繰り返そう。「私は人生の大半を、真実ではないと証明された物事を忘れることに費やしてきた」

Q　では何から始めればいい？

A　まず何が自分にとってベストかを決めよう。私たちは人間で、ひとりひとりが異なる存在だ。異なる才能、異なる知性、そして異なる夢を持っている。

一九七三年、私は自分にとっての最高の人生とはどんなものかを決めねばならなかった。Ｅ・Ｓクワドラントが向いているか、それともＢ・Ｉが良いのか？　次に、目標を達成するためにはどんな教育を受けるかを決めなければならなかった。ＭＢＡに行ってＥ・Ｓのクワドラントで働くか、起業家としてＢ・Ｉのクワドラントに行くか？

どちらの道も平坦ではないことを、一九七三年当時の私は知っていた。自分の可能性を最大限に活かせる道を選ばなければならなかった。今度はあなたが自分にとって最高の道を決めるべき時だ。

●バッキー・フラーの教え

次の言葉はフラーが教育の選択の重要性について語ったものだ。「モンテッソーリ教育のような、教育の自発的な選択を許す素晴らしいシステムによって、子供たちへの適切な教育が可能になる日が来るだろう」

彼が言いたいのはこういうことだ。「子供たちに学びたいことを選ばせるのが一番だ」

それは、スティーブ・ジョブズがリード大学を中退したときにしたことだった。

ジョブズは中退したからこそ好きなクラスに潜り込み、学びたい科目を学べたのだ。

グランチは私たちが学ぶ科目までもコントロールしている。そしてそれが、数億人の人々が今日の財政危機に陥った原因だ。

九歳の時、私は先生に質問した。「お金についてはいつ勉強するんですか?」

先生の答えは「学校ではお金については教えない」だった。

そこで私はお金のことを教えてくれる教師を探しはじめ、ついに見つけたのが金持ち父さんだった。

フラーはこうも言った。「真実を希求する心理に突き動かされた、自分の選択による教育は人生をより清浄に、より幸福にし、リズミカルで芸術的なものにするだろう」

つまり、本当の教育とは私たちの魂が真実を欲することなのだ。

●セカンドチャンスのための教え

忘れないでほしい、金持ちは貯金しない。金持ちはお金を動かすのだ。

ファイナンシャル教育はコインの裏側を見せてくれる。

人生とは選択そのものだ。コインの縁に立つと、その両側を見渡すことができ、今までの教育や思考がいかに金持ちになる方法とかけ離れているかが理解できる。

お金を動かすこと——それも素早く動かすこと——は、長期間お金を留めて置くこととは正反対なのだ。

第十九章

「非常事態はよくないもの」の裏側

「すべきこととは、なされる必要があること、あなたがすべきだと感じること、そしてあなた以外の人々はすべきだと感じないことである」——バックミンスター・フラー

ご存知のように、この世界は多くの困難、財政危機よりもずっと大きい困難に満ちている。人々はいぶかる。「一体全体、政府はこの問題をどうするつもりなんだろう?」

私は、これこそが現在の危機の大きな原因だと思っている。あまりに多くの人々が、政府が自分たちの問題を解決してくれると考えている。あまりに多くの人々が収入を政府に頼っている。

フラーは政治にはほとんど関心を示さなかった。彼はこんな言葉を残している。「私の考えは、危機が起こって初めて注目された。世の中がいよいよそれを必要とした時に、それらは受け入れられた」

彼はまた、私たちはこの地上に天国を作るか地獄を作るかの選択ができると語っている。彼は、彼の世代ではなく私たちの世代が、いまだかつてない危機、産業時代が終わり、情報時代の始まりを告げる危機を経験するだろうと警告した。彼の予測は正しかった。今日の私たちは地球規模の巨大な危機の真っただ中にある。

幸いなことに、フラーは「危機の際に浮かび上がる」ための一般化の法則について多くの言葉を残している。彼は、すべての危機の際に、新しい、より良いものが誕生すると言っている。

フラーは殻の中のヒナのたとえを使っている。狭い小さな殻の中に捕らわれ、体が大きくなるにつれて餌や空気、そして空間がなくなっていき、ヒナはパニックに陥る。絶望の頂点に達した時、ヒナは殻を破り新

しい世界に飛び出す。

フラーの懸念は、人間が未来に向かって進化する過程で地上に天国を創造するか、それともすべてを忘れ去ってしまうかのどちらを選択するかということだ。

彼は私たちに、無関心でいてはならない、政治家に人類の未来を決めさせてはならないと教える。また、今まで権力を振るってきた旧世代が力を保持しようと戦いを挑んでくることも警告している。

地球規模の危機における私たちの課題は、誰が私たちの未来を決めるのかということだ。

あなたのセカンドチャンスと未来のために、これらの問題をあなた自身が考えて欲しい。

スティーブ・ジョブズは言った。「前方を見ても点と点をつなぎ合わせることはできない。点をつなぐには過去を振り返るしかない。そしてそれらの点が未来につながっていることを信じるしかないのだ」

セカンドチャンスを始めるために、あなたの過去を振り返ってみてほしい。そして点をつないで自分に質問しよう。「自分の過去の何が、未来を指し示しているだろうか?」

私は自分にこの質問をして、小学四年生の時に「お金についていつ勉強するんですか?」と質問した時に自分の未来が開かれたことに気づいた。

スティーブ・ジョブズは例のスピーチの中で、現代を生きるための最高のアドバイスをしている。

「ハングリーであれ、愚かであれ」

一九八四年、キムと私がしたのはまさに愚かな行為だった。数十年前に発した疑問「なぜ学校でお金について学ばないのか」の答えを求めて見知らぬ世界に飛び込んだのだから。

一九八四年当時、キムと私はとてもハングリーで、愚かだった。スティーブ・ジョブズは正しかった。ハングリーで愚かであることは素晴らしいことだった。もしあの時私たちが知らない世界に飛び込んでいなかったら、ジョン・デンバーと友人になることも、オプラの番組に一時間も出演することも、ドナルド・トランプとの共著を出版することも、スティーブ・フォーブスと知り合いになることも、イスラエルのシモン・

ペレスのような世界のリーダーを読者に得ることも、そして何より、世界中を旅して、数百万の、あなたのような素晴らしい人々に会う機会もなかっただろう。

ハングリーな愚か者であることはずっと素晴らしいことだったし、今後、方針を変えるつもりもない。

以下の質問を自分自身に問いかけてほしい。

1. もし過去の点をつなげたら、私の未来はどこに行くのだろう?
2. 子供の頃、答えが知りたかった質問は何だろう?
3. 私がすべきだと思っていること、そして他の誰もやっていないことは何だろう?

これはとても重要な質問だ。あなたが人にやり方を教わることなく自分に必要なことをすれば、あなたの中の天才が姿を現すからだ。

4. 私が進んでハングリーで愚かであり続けるのは何のためか?
5. 自分の仕事が世界にどのくらい貢献するか?

この質問は私の背中を押した。自分のロックンロールビジネスについて冷静に考えた時、その答えは「大して貢献していない」だった。私は必死に働き、金を稼いではいたが、世界のためになってはいなかった。懸命に働き、雇用を生み出し、金を儲けてはいたが、世界に役立つものではないことに気づいた時、私はロックンロールビジネスの終りが近いことを悟った。仕事を愛してはいたが、その愛は強欲から来ていることを知っていた。

自分の信念に従うことに決め、会社を辞めて程なくして私はキムに出会った。決心がつかず自分の未来を決めかねていたら、彼女に出会えたかどうかは疑わしい。私は神がキムを遣わしてくれたと信じている。なぜなら神は私に助力が必要なことをご存じだったからだ。

●反対のことをせよ

セカンドチャンスがあなたの人生、あなたの魂、家族、未来にどんな意味を持つかを考える時、役立ちそうなことがある。

1．仕事を探すよりも、解決すべき問題を探せ
2．お金のために必死に働くよりも、より多くの人々に貢献するために必死で働け
3．神に助けを求めるよりも、神を助ける道を探せ

この問いへの答えが、あなたをあなた自身のセカンドチャンスに導くと信じている。

最後に、マーガレット・ミードによる知恵の言葉をあなたに贈ろう。「ほんの少数の思慮深い、真剣な市民が世界を変えられるということを決して疑ってはなりません。実際、それだけが世界を変えてきた力なのです」

アルベルト・アインシュタインもこう語っている。「問題というものは、それを生み出した時と同じ思考によっては解決することはできない」

そして最後に、バッキー・フラーの言葉を。「我々は未来の設計者である。断じて犠牲者ではない」

●セカンドチャンスのための教え

現在私たちが直面している危機から、あなたはどうやって浮かび上がるだろうか？　あなたが創造する人生は地上の天国だろうか？　それともその反対のものだろうか？　未来はあなたの選択によって決まるのだ。

ファイナンシャル教育はコインの裏側を見せてくれる。

ほとんどの人が、非常時の中に混乱と危機しか見出さない。コインの裏側は、どんな非常事態にも存在し

ている素晴らしい機会がある。その機会は自分自身のセカンドチャンスを創造するための強力な力となるのだ。

本書を読んで下さったことに深く感謝します。

ロバート・T・キヨサキ

バックミンスター・フラーと
ビジネスの未来のイベントにて。
1981年カリフォルニア州カークウッド

最後に

「私に何ができるだろう？」

バッキー・フラーはよくそうつぶやいた。

「私はただの小男だよ……」

この写真が撮影された三年後、私は自分に出来ることを始めた。

私は、学校でファイナンシャル教育を行うべきだと考えているし、それは貧困層にも富裕層にも等しく与えられなければならないと信じている。また、人々が失敗によって責められるのではなく、そこから学べる教育システムを確立すべきだと思っている。

コインには三つの側、表、裏、そして縁が存在することを教えなければならない。それは三つの視点であり、縁は知性、裏と表の両側を見通せる位置である。

小さな一歩だが、私たちの思考と行動における三つの変化は、やがて世界を変えていくだろう。

あとがき

あなたの魂には驚くべき力が宿っていることを私は知っている。

あなたの頭を水に浸けたら、あなたは力を振り絞って抵抗するだろう。

私はあなたの魂を鼓舞するためにこの本を書いた。あなたの魂をあなた自身のセカンドチャンス、お金や人生、そして世界をコントロールするためのセカンドチャンスの原動力とするために。


私達はスピリチュアルな体験をしている人間ではない。

人間の体験をしているスピリチュアルな存在なのだ。

——ピエール・テイヤール・ド・シャルダン（仏の哲学者）

感謝の言葉

まずリッチダッド・カンパニーのCEO、マイク・サリヴァンと、社長のシェーン・カニグリアに心からの感謝を。二人は過去を清算し、会社のために未来を開いてくれた。また、二人がリッチダッド・カンパニーにセカンドチャンスをもたらしてくれたことに深く感謝する。

リッチダッド・カンパニーのチームメンバーには、困難な時期におけるマイクとシェーンへの助力に対し、特別の感謝を捧げる。

リッチダッド・チーム

キャシー・グラディー　二〇〇一
モナ・ガンベッタ　二〇〇一
ボブ・ターナー　二〇〇二
クリスティーナ・インゲマンスドッター　二〇〇四
グレッグ・アーサー　二〇〇六
マイク・アレン　二〇〇七
ブレット・ボーテッシュ　二〇〇八
ライアン・ナルピンスキ　二〇〇八
マイク・サリヴァン　二〇〇九
シェーン・カニグリア　二〇〇九
ロバート・ボーアマン　二〇〇九
ロブ・ルカウント　二〇〇九
ブラッド・ケンドール　二〇〇九
デヴィッド・リヨン　二〇〇九
ロンダ・ヒッチコック　二〇〇九
イダリア・フエンテス　二〇一〇
ダレン・ムーア　二〇一〇
ジャック・コッホ　二〇一一
ゼケ・コントレラス　二〇一一
デヴィッド・アダムス　二〇一三
デレク・ハージュ　二〇一三
マシュー・スタイン　二〇一三
トニー・フェミノ　二〇一三
メリッサ・マーラー　二〇一三
ジョシュ・ネサ　二〇一四
マット・カーク　二〇一四

シェーン・カニグリア　マイク・サリヴァン

モナ・ガンベッタに特別の感謝を。

　モナがいなければ、この本はもちろん、ほとんどの金持ち父さんの本は存在しなかっただろう。モナは、言ってみれば、長持ちする高性能乾電池のような人だ。勤務時間を過ぎても仕事をすることなどザラで、年がら年中働いている。リッチダッド・カンパニーが軍隊だったら、彼女は戦火をかいくぐった勇気によって間違いなくシルバー・スター（銀星章）を貰っているだろう。

　モナは、プラタ・パブリッシングのチームと、リッチダッド・カンパニーの全スタッフに謝意を示すことに異論を挟まないだろう。彼ら全員が、何らかの形で本書のプロジェクトをサポートしてくれた。ロンダ・ヒッチコック、スティーブ・キング、グレッグ・アーサー、デイヴ・リョン、ジェイク・ジョンソン、ケラー・コッポラ、ギャレット・サットン、そしてダレン・ムーアにも深い感謝を捧げたい。

　私の愛するキム、愛と知性、そして美に溢れた裕福な女性、リッチダッド・カンパニーの静かな力の源泉である彼女にも深い感謝を。

　そしてもちろん、金持ち父さんの本を読み、私たちのゲームをプレイし、その指導をしてくれた、あなたを含む世界中の数百万の読者を忘れてはならない。リッチダッドの原動力となり、私たちの使命、「人々のお金に関する幸福度を向上させる」を推し進める一助となってくれたことに心より感謝する。

類まれなる知恵を分かち合ってくれた
金持ち父さんのアドバイザーたちにも
深い感謝を。

ブレア・シンガー
一九八一年よりリッチダッド・アドバイザー
専門：セールスとチーム作り

ケン・マクロイ
一九九九年よりリッチダッド・アドバイザー
専門：不動産、負債、資本調達

ギャレット・サットン　弁護士
二〇〇一年よりリッチダッド・アドバイザー
専門：財産保全とビジネスプラン

ダレン・ウィークス
二〇〇一年よりリッチダッド・アドバイザー
専門：起業家精神と教育

トム・ウィールライト　公認会計士
二〇〇六年よりリッチダッド・アドバイザー
専門：税金と財産構築

アンディー・タナー
二〇〇六年よりリッチダッド・アドバイザー
専門：金融資産

ジョッシュとリサ・ラノン夫妻
二〇〇八年よりリッチダッド・アドバイザー
専門：社会起業家精神と行動の変革

『キャッシュフロー』のゲームシートに自分の実際の数字を書き込んでみよう

職業

プレーヤー名

目標：支出を上回る不労所得を得て、ラットレースからファースト・トラックへ出ること

損益計算書

収入	
給料	
利子	
配当	
不動産	キャッシュフロー
ビジネス	キャッシュフロー

会計監査役の名前

（あなたの右側に座っている人）

不労所得＝（　　　　　　）
（利子＋配当＋不動産からのキャッシュフロー＋ビジネスからのキャッシュフロー）

収入の合計

支出
税金
住宅ローンの支払
教育ローンの支払
自動車ローンの支払
クレジットカードの支払
小売店への支払など
その他の支出
育児費
銀行ローンの支払

子供の数（　　　　　　）
（最初は0から始める）
子供一人あたりの育児費（　　　　　　）

支出の合計

毎月のキャッシュフロー
（収入の合計ー支出の合計）

貸借対照表

資産		
貯蓄		
株・投資信託・CD	株数	一株あたりの価格
不動産	頭金	購入価格
ビジネス	頭金	購入価格

負債
住宅ローン
教育ローン
自動車ローン
クレジットカード
小売店のつけなど
不動産ローン
負債（ビジネス）
銀行ローン

金持ち父さんシリーズ

●『改訂版 金持ち父さん 貧乏父さん――アメリカの金持ちが教えてくれるお金の哲学』ロバート・キヨサキ著／白根美保子訳／筑摩書房

●『改訂版 金持ち父さんのキャッシュフロー・クワドラント――経済的自由があなたのものになる』ロバート・キヨサキ著／白根美保子訳／筑摩書房

●『改訂版 金持ち父さんの投資ガイド 入門編――投資力をつける16のレッスン』『改訂版 金持ち父さんの投資ガイド 上級編――起業家精神から富が生まれる』ロバート・キヨサキ著／白根美保子訳／筑摩書房

●『改訂版 金持ち父さんの子供はみんな天才――親だからできるお金の教育』ロバート・キヨサキ著／白根美保子訳／筑摩書房

●『改訂版 金持ち父さんの若くして豊かに引退する方法』ロバート・キヨサキ著／白根美保子訳／筑摩書房

●『改訂版 金持ち父さんの起業する前に読む本――ビッグビジネスで成功するための10のレッスン』ロバート・キヨサキ著／白根美保子訳／筑摩書房

●『金持ち父さんの予言――嵐の時代を乗り切るための方舟の造り方』ロバート・キヨサキ著／白根美保子訳／筑摩書房

●『金持ち父さんのサクセス・ストーリーズ――金持ち父さんに学んだ25人の成功者たち』ロバート・キヨサキ著／春日井晶子訳／筑摩書房

●『金持ち父さんの金持ちになるガイドブック――悪い借金を良い借金に変えよう』ロバート・キヨサキ著／白根美保子訳／筑摩書房

●『金持ち父さんのパワー投資術――お金を加速させて金持ちになる』ロバート・キヨサキ著／白根美保子訳／筑摩書房

●『金持ち父さんの学校では教えてくれないお金の秘密』ロバート・キヨサキ著／白根美保子訳／筑摩書房

●『金持ち父さんの金持ちがますます金持ちになる理由』ロバート・キヨサキ著／井上純子訳／筑摩書房

●『金持ち父さんのファイナンシャルIQ――金持ちになるための5つの知性』ロバート・キヨサキ著／白根美保子訳／筑摩書房

●『金持ち父さんの21世紀のビジネス』ロバート・キヨサキ、キム・キヨサキ、ジョン・フレミング著／白根美保子訳／筑摩書房

●『金持ち父さんの「大金持ちの陰謀」――お金についての8つの新ルールを学ぼう』ロバート・キヨサキ著／井上純子訳／筑摩書房

●『金持ち父さんのアンフェア・アドバンテージ――知っている人だけが得をするお金の真実』ロバート・キヨサキ著／白根美保子訳／筑摩書房

●『金持ち父さんのセカンドチャンス――お金と人生と世界の再生のために』ロバート・キヨサキ著／岩下慶一訳／筑摩書房

●『金持ち父さんの新提言 お金がお金を生むしくみの作り方』ロバート・キヨサキ著／井上純子訳／青春出版社

●『金持ち父さんのお金を自分のために働かせる方法』ロバート・キヨサキ著／井上純子訳／青春出版社

●『人助けが好きなあなたに贈る金持ち父さんのビジネススクール セカンドエディション』ロバート・キヨサキ著／マイクロマガジン社

●"Rich Dad's Escape from the Rat Race"

●"The Real Book of Real Estate"

●"Why "A" Students Work for "C" Students"

●"8 Lessons in Military Leadership for Entrepreneurs"

ドナルド・トランプとの共著

●『あなたに金持ちになってほしい』ドナルド・トランプ、ロバート・キヨサキほか著／白根美保子、井上純子訳／筑摩書房

●『黄金を生み出すミダスタッチ――成功する起業家になるための5つの教え』ドナルド・トランプ、ロバート・キヨサキ著／白根美保子訳／筑摩書房

キム・キヨサキの本

●『リッチウーマン――人からああしろこうしろ

と言われるのが大嫌い！という女性のための投資入門』キム・キヨサキ著／白根美保子訳／筑摩書房

- “It's Rising Time—A Call for Women: What It Really Talks for the Reward of Financial Freedom”

エミ・キヨサキとの共著

- 『リッチブラザー　リッチシスター――神・お金・幸福を求めて二人が歩んだそれぞれの道』ロバート・キヨサキ、エミ・キヨサキ著／白根美保子訳／筑摩書房

金持ち父さんのアドバイザーシリーズ

- 『セールスドッグ――「攻撃型」営業マンでなくても成功できる！』ブレア・シンガー著／春日井晶子訳／筑摩書房
- 『勝てるビジネスチームの作り方』ブレア・シンガー著／春日井晶子訳／筑摩書房
- 『不動産投資のＡＢＣ――物件管理が新たな利益を作り出す』ケン・マクロイ著／井上純子訳／筑摩書房
- “Advanced Guide to Real Estate Investing”, Ken McElroy
- “Start Your Own Corporation”, Garrett Sutton
- “Writing Winning Business Plans”, Garrett Sutton
- “Buying and Selling a Business”, Garrett Sutton
- “The ABCs of Getting Out of Debt”, Garrett Sutton
- “Run Your Own Corporation”, Garrett Sutton
- “Loopholes of Real Estate”, Garrett Sutton
- “Tax-Free Wealth”, Tom Wheelwright
- “Stock Market Cash Flow, Andy Tanner
- “The Social Capitalist”, Josh and Lisa Lannon

金持ち父さんのオーディオビジュアル

- 『ロバート・キヨサキのファイナンシャル・インテリジェンス』タイムライフ（ＣＤセット）
- 『ロバート・キヨサキ　ライブトーク・イン・ジャパン』ソフトバンクパブリッシング（ＤＶＤ）
- 『金持ち父さんのパーフェクトビジネス』マイクロマガジン社
- 『金持ちになる教えのすべて』（ＤＶＤ３枚付）マイクロマガジン社
- 『プロが明かす 不動産投資を成功させる物件管理の秘密』（ＣＤ４枚付）マイクロマガジン社

本文中で紹介された本

- 『となりの億万長者』トマス・Ｊ・スタンリー、ウィリアム・Ｄ・ダンコ著／斎藤聖美訳／早川書房
- 『かもめのジョナサン』リチャード・バック著／五木寛之訳／新潮社
- 『バカをつくる学校』ジョン・テイラー・ガット著／高尾菜つこ訳／成甲書房
- 『マネーを生みだす怪物――連邦準備制度という壮大な詐欺システム』Ｇ・エドワード・グリフィン著／吉田利子訳／草思社
- 『ドル暴落から、世界不況が始まる』リチャード・ダンカン著／徳川家広訳／日本経済新聞社
- 『通貨戦争――崩壊への最悪シナリオが動き出した！』ジェームズ・リカーズ著／藤井清美訳／朝日新聞出版
- 『ドル消滅――国際通貨制度の崩壊は始まっている！』ジェームズ・リカーズ著／藤井清美訳／朝日新聞出版
- 『クリティカルパス――宇宙船地球号のデザインサイエンス革命』Ｒ・バックミンスター・フラー著／梶川泰司訳／白揚社
- “Grunch of Giants” R.Buckminster Fuller
- “War on the Middle Class”, Lou Dobbs
- “The New Depression”, Richard Duncan
- “The Crash Course”, Chris Martenson

著者・訳者紹介

ロバート・キヨサキ
Robert Kiyosaki

個人ファイナンス関連書籍で前代未聞のベストセラーとなった『金持ち父さん　貧乏父さん』の著者ロバート・キヨサキは、世界中の多くの人々のお金に対する考え方に疑問を投げかけ、その考え方を変えた。彼は起業家、教育者、投資家であり、今の世界には雇用を創出する起業家がもっと必要だと信じている。

お金と投資に関するロバートの考え方は社会通念と対立することも多い。率直な、そして時として不遜かつ勇気ある発言をするとの定評を世界中で得ている彼は、ファイナンシャル教育の大切さを情熱を持って臆することなく語る唱導者の一人だ。

ロバートと妻のキムはファイナンシャル教育会社リッチダッド・カンパニーの創業者であり、各種『キャッシュフロー』ゲームの開発者でもある。

ロバートは複雑なコンセプト――お金や投資、金融、経済に関するさまざまな考え方――を単純化する才能を持ったビジョナリー（未来を見つめる人）だと言える。彼はまた、経済的自由を得るまでの自分の個人的な体験を、多くの人の心に響くような形で伝えてきた。彼の考え方の中心となっている原理や彼が伝えたいと思っていること――たとえば、「持ち家は資産ではない」「キャッシュフローのために投資をしろ」といったことや、『金持ち父さんの予言』の中で示されたさまざまな「予言」――は当時は多くの批判を浴びたり、馬鹿にされたりしたが、結局この十年ほどの間に、その正しさが証明された。

「大学へ行っていい仕事に就き、お金を貯めて、借金を返し、長期に投資して、投資対象を多様化しろ」という昔からのアドバイスが、今日、急速に変化する情報時代においては時代遅れのアドバイスになっているというのがロバートの主張だ。彼の「リッチダッド哲学」は現状に疑問を投げかけ、お金の知識を身につけ、将来のために投資するように人々を励ます。

国際的なベストセラー『金持ち父さん　貧乏父さん』を含めて二十冊以上の著書があるロバートは、世界中でさまざまなメディアにゲストとして登場し記事に取り上げられている。彼の著書は世界各国で十年以上もベストセラーリストに名を連ね、今も世界中の視聴者、読者を教育し、励まし続けている。

岩下慶一
Iwashita Keiichi

ジャーナリスト・翻訳家。ワシントン大学コミュニケーション学部修士課程修了。主に米国の文化・社会をテーマに執筆を行っている。翻訳書に『みんな集まれ！――ネットワークが世界を動かす』『幸福になりたいなら幸福になろうとしてはいけない』（以上、筑摩書房）、『マインドフル・ワーク』（NHK出版）、『The Trump――傷ついたアメリカ、最強の切り札』（ワニブックス）などがある。

金持ち父さんのセカンドチャンス

お金と人生と世界の再生のために

二〇一六年九月二五日　初版第一刷発行

著者　ロバート・キヨサキ

訳者　岩下慶一（いわした・けいいち）

発行者　山野浩一

発行所　株式会社　筑摩書房
東京都台東区蔵前二-五-三　〒一一一-八七五五　振替〇〇一六〇-八-四一二三

装丁　小田蓉子（井上則人デザイン事務所）

印刷・製本　中央精版印刷株式会社

ISBN978-4-480-86446-8 C0033

定価はカバーに表示してあります。
乱丁・落丁本の場合は、左記宛にご送付下さい。
送料小社負担でお取り替えいたします。
ご注文・お問い合わせも左記へお願いします。
〒三三一-八五〇七　さいたま市北区櫛引町二-六〇四
筑摩書房サービスセンター　電話〇四八-六五一-〇〇五三

『キャッシュフロー101』で ファイナンシャル・インテリジェンスを高めよう!

読者のみなさん

『金持ち父さんシリーズ』を読んでくださってありがとうございました。お金についてためになることをきっと学ぶことができたと思います。いちばん大事なのは、あなたが自分の教育のために投資したことです。

私はみなさんが金持ちになれるように願っていますし、金持ち父さんが私に教えてくれたのとおなじことを身につけてほしいと思っています。金持ち父さんの教えを生かせば、たとえどんなにささやかなところから始めたとしても、驚くほど幸先のいいスタートを切ることができるでしょう。だからこそ、私はこのゲームを開発したのです。これは金持ち父さんが私に教えてくれたお金に関する技術を学ぶためのゲームです。楽しみながら、しっかりした知識が身につくようになっています。

このゲームは、楽しむこと、繰り返すこと、行動すること——この三つの方法を使ってあなたにお金に関する技術を教えてくれます。

『キャッシュフロー101』はおもちゃではありません。それに、単なるゲームでもありません。特許権を得ているのはこのようなユニークさによるものです。このゲームはあなたに大きな刺激を与え、たくさんのことを教えてくれるでしょう。このゲームは、金持ちと同じような考え方をしなくては勝てません。ゲームをするたびにあなたはより多くの技術を獲得していきます。ゲームの展開は毎回違います。あなたは新しく身につけた技術を駆使して、さまざまな状況を乗り切っていくことになるでしょう。そうしていくうちに、お金に関する技術が高まる

『キャッシュフロー101』
家庭で楽しみながら学べる
MBAプログラム

『キャッシュフロー・フォー・キッズ』
6歳から楽しく学べる子供のためのゲーム

と同時に、自信もついていきます。

このゲームを通して学べるような、お金に関する教えを実社会で学ぼうとしたら、ずいぶん高いものにつくこともあります。『キャッシュフロー101』のいいところは、おもちゃのお金を使ってファイナンシャル・インテリジェンスを身につけることができる点です。

はじめて『キャッシュフロー101』で遊ぶときは、むずかしく感じるかもしれません。でも、繰り返し遊ぶうちにあなたのファイナンシャル・インテリジェンスが養われていき、ずっと簡単に感じられるようになります。

このゲームが教えてくれるお金に関する技術を身につけるためには、まず少なくても六回はゲームをやってみてください。そのあと本などで勉強すれば、あなたはこれから先の自分の経済状態を自分の手で変えていくことができます。その段階まで到達したら、上級者向けの『キャッシュフロー202』に進む準備ができたことになります。『キャッシュフロー202』には学習用のCDが5枚ついています。

子供たちのためには、六歳から楽しく学べる『キャッシュフロー・フォー・キッズ』があります。

『キャッシュフロー』ゲームの創案者
ロバート・キヨサキ

「金持ち父さんのアドバイザー」シリーズ

セールスドッグ　ブレア・シンガー著

「攻撃型」営業マンでなくても成功できる！

定価（本体価格 1600 円＋税）　978-4-480-86352-2

不動産投資のABC　ケン・マクロイ著

物件管理が新たな利益を作り出す

定価（本体価格 1500 円＋税）　978-4-480-86372-0

NEW!　**金持ち父さんの公式メールマガジン「経済的自由への旅」**

「金持ち父さん」の最新情報がほしい人のために、メールマガジンが創刊されました。旅の途中でくじけないように励ましてくれる、あなたの心強い味方です（読者登録無料）。

NEW!『**プロが明かす――不動産投資を成功させる物件管理の秘密**』

ロバート・キヨサキと不動産のプロであるケン・マクロイが、物件管理の定石からとっておきのヒントまでを明かします。CD 4 枚のセットです。

発売元　マイクロマガジン社　価格・内容など、詳細は公式サイトで

NEW!『**金持ち父さんの「金持ちになる教えのすべて」**』

“Rich Dad's Teach To Be Rich”の日本語版。371 ページのテキスト＋ＤＶＤ３枚。

発売元　マイクロマガジン社　価格・発売日など、詳細は公式サイトで

NEW! **スマートフォンでも学べる！携帯版キャッシュフローゲーム**

携帯サイト「金持ち父さんの CFG」のスマートフォン版ができました。タッチパネルで簡単にプレーできる「キャッシュフロー 101」、金持ち父さんシリーズの教えが読める「金持ち父さんのキーワード」を好評配信中です。URL 入力か右の QR コードを読み取ってサイトへアクセス！

サイト URL：http://cfg.youmind.jp/　「金持ち父さんの CFG」で検索　開発・配信 YouMind

---

金持ち父さんの日本オフィシャルサイトにようこそ！

ロバート・キヨサキが経済的自由への道案内をします。このサイトで「金持ち父さん」シリーズやキャッシュフローゲーム会の最新情報をチェックしましょう。フォーラムで仲間探しや情報交換をしたり、ゲームや書籍、オーディオＣＤなど、「金持ち父さん」の教材も購入できます。

■金持ちになりたい人は今すぐアクセス→ **http://www.richdad-jp.com**

▲表示されている価格はすべて 2016 年９月現在のものです。

ロバート・キヨサキの「金持ち父さん」シリーズ

改訂版　金持ち父さんの起業する前に読む本
ビッグビジネスで成功するための10のレッスン
定価（本体価格1900円＋税）　978-4-480-86375-1

金持ち父さんの予言
嵐の時代を乗り切るための方舟の造り方
定価（本体価格1900円＋税）　978-4-480-86353-9

金持ち父さんの金持ちになるガイドブック
悪い借金を良い借金に変えよう
定価（本体価格952円＋税）　978-4-480-86359-1

金持ち父さんのサクセス・ストーリーズ
金持ち父さんに学んだ25人の成功者たち
定価（本体価格1500円＋税）　978-4-480-86361-4

金持ち父さんのパワー投資術
お金を加速させて金持ちになる
定価（本体価格1900円＋税）　978-4-480-86367-6

金持ち父さんの学校では教えてくれないお金の秘密
定価（本体価格1200円＋税）　978-4-480-86369-0

キム・キヨサキの本

リッチウーマン
人からああしろこうしろと言われるのは大嫌い！　という女性のための投資入門
定価（本体価格1700円＋税）　978-4-480-86379-9

不動産王ドナルド・トランプとロバート・キヨサキの本

あなたに金持ちになってほしい
定価（本体価格2200円＋税）　978-4-480-86381-2

▲表示されている価格はすべて2016年9月現在のものです。